공급망 불확실시대
물류의 재해석

RE:LOGISTICS

'공급망의 재설계(RE-Design)'와 '물류의 재해석(RE-Interpretation)'

OST 아웃소싱타임스
THE OUTSOURCING TIMES

공급망 불확실시대

물류의 재해석

R E : L O G I S T I C S

'공급망의 재설계(RE-Design)'와 '물류의 재해석(RE-Interpretation)'

이상근 지음

공급망 불확실시대
물류의 재해석 RE: Logistics

1판 1쇄 발행 2022년 11월 1일
1판 3쇄 발행 2024년 9월 25일

지은이	이상근
펴낸이	김용관

편집 · 디자인	㈜아웃소싱타임스 편집부

펴낸곳	㈜아웃소싱타임스
출판등록	2003. 12. 13(제 318-2003-000148)
주소	(07207) 서울시 영등포구 양평로 21길 26 아이에스비즈타워 1107호
전화	(02) 785-3197
팩스	(02) 783-4855
전자우편	kyk@outsourcing.co.kr
홈페이지	www.outsourcing.co.kr

값 17,000원

ISBN 978-89-94818-13-9

Prologue

공급망 불안정으로
노심초사하는
세계 경제

공급망 불안정으로
노심초사하는
세계 경제[1]

글로벌 공급망이 지속적으로 위협을 받고 있다. 이 위협이 증폭되면서 세계 경제는 고물가, 고환율, 고유가의 3중고에 시달리고 있다. 우리 국민이 공급망 위기를 피부로 느낀 사건은 2019년 일본의 우리나라에 대한 반도체 소재 수출금지 사건이다. 이 사건은 우리 주력산업인 반도체의 생산 중단까지 우려했던 사건이다.

생활 속에서 글로벌 공급망 위기를 실감한 사건은 2020년 2월 이후 현재까지 진행 중인 코로나19 사태다. 시민들은 마스크를 사려고 정해진 요일에 약국을 찾아다녔고, 긴 줄을 서서 번호표를 받고, 구매하면 안도의 한숨을 쉬어야 했다. 소위 선진국이라는 미국, 일본, EU의 대형마트의 생활용품 매대가 텅빈 광경이나, 시민들이 화장지 같은 생활용품을 사기 위해 마트가 문을 열기도 전에 긴 줄을 선 모습을 TV나 유

---

(1) 이상근, "글로벌 공급망 리스크와 우리의 대응", 국토교통부 Global Insight vol.10(2022.10)을 바탕으로 작성되었습니다.

튜브에서 보았다. 심지어는 다량구매하는 시민과 구매 못한 시민 간의 주먹다짐 모습의 영상도 볼 수 있었다.

팬데믹 상황 중에도 새로운 사건들이 공급망 위기를 가중시켰다. 에버그린호의 수에즈운하 좌초사건, 수요예측 실패와 자연재해가 겹친 차량용 반도체 수급 불안정 사태, 미·중 갈등에 따른 공급망 재편 문제, 미국 서부항만 적체로 인한 물류대란, 우리나라의 요소수 공급 부족 사태 등이 이어졌다.

2022년 2월에는 우크라이나–러시아전쟁이 발발했고, 중국의 제로코로나정책과 오미크론의 확산으로 인한 재봉쇄 등 예기치 못한 사건들이 계속되었다. 최근에는 칩4동맹으로 대표되는 미·중 간의 반도체전쟁이 본격화되고 있다. 현재에도 글로벌 조달, 생산, 판매, 물류공급망의 병목·지체·단절 등 리스크는 계속 진행 중이다.

코로나19의 공급망 교란

빌 게이츠는 인류의 가장 큰 위협으로 전염병을 꼽았다. 특히 그가 경계하는 것은 호흡기 바이러스에 의한 전염병이다. 가장 두려운 재난은 "핵무기도 기후변화도 아닌, 전염성 강한 인플루엔자 influenza 바이러스"라고 말할 정도다. 실제로 20세기 인류의 목숨을 앗아간 가장 치명적이었던 사건은 전쟁이 아니라 전염병이었다. 1918년 스페인 독감으로 약 7000만 명이 사망했다. 1968년 홍콩 독감, 2009년 신종 플루, 2020년의 코로나19까지 팬데믹의 발생 간격 또한 짧아지고 있다.[2]

세계는 코로나19 팬데믹 이후 공급망 교란에 시달리고 있다. 코로나

---

(2) 빌게이츠, 〈넥스트팬데믹을 대비하는 법〉, 비즈니스북스(2022.6)

19가 가져온 공급망 단절과 붕괴 원인은 다음과 같다.

첫째, 공장 가동 중단이다. 코로나19의 확산방지와 근로자 보호를 위해 출근이 금지되면서 공장과 항만, 공항이 멈췄다. 글로벌 소싱을 통해 조달되던 자동차와 전자산업의 원·부자재의 공급망이 붕괴되면서 멈춘 공장이 급증했다. 또 급격한 소비 위축 분위기는 주문감소와 주문 취소로 이어져, 다시 공장의 가동 중단이라는 악순환을 이어갔다.

둘째, 수출규제이다. 자국 우선주의에 따른 마스크와 위생용품, 생필품, 식량의 수출규제로 공급망이 교란됐다.

셋째, 물류망 단절이다. 국경폐쇄에 따른 화물이동 제한과 항공·해상·육상 운송수단의 운행중단, 항만과 공항 근로자의 출근금지령이 물류망을 단절시켜 공급망이 붕괴됐다.

바이러스와의 전쟁은 한번으로 끝날 사안은 아니다.[3] 우리는 지금의 '위드 With 코로나19' 시대를 지나 앞으로 올 '포스트 Post 코로나19' 시대와 이후 새로운 코로나와 같이 가야하는 '위드 코로나' 시대를 맞이할 수밖에 없다.

각국 정부와 기업들은 물류망의 단절, 복구, 재단절 등이 반복되면서 새로운 변이 출현에 긴장을 늦추지 못하고 있다. 코로나19는 오미크론이 우세종이 되면서 팬데믹에서 앤테믹으로 약화되었다.[4] 하지만 새로운 코로나 변이가 공급망과 산업, 생활 전반을 계속 위협할 것이다.

---

(3) 인간의 질병 중 유일하게 퇴치된 천연두 이외에는 과거의 모든 전염병이 여전히 남아 있다. 대부분의 사람들이 중세와 연결시키는 페스트도 아직 우리 곁에 있다. 2017년 마다가스카르를 강타한 페스트에 2,400명이 감염되었고 200명 이상이 사망했다. 빌게이트, 상게서(2022)

(4) 지역감염 정도에 '아웃브레이크 outbreak'는 특정한 지역에서 작은 규모로 질병이 급증할 때, '에피데믹 epidemic'은 한 국가나 그 이상의 넓은 지역에 더욱 광범위하게 퍼질 때, '팬데믹 pandemic'은 에피데믹이 전 세계로 퍼져 하나 이상의 대륙에 영향을 미칠 때를 말한다. 전염병이 이동 없이 특정한 장소에 계속 머무르는 경우는 '엔데믹 endemic'이라고 한다. 빌게이트, 상게서(2022)

앞으로도 계속될 감염병과의 전쟁은 국민의 적극적인 협력, 지도자와 정부의 리더십, 의료계의 적절하고 빠른 대응, 언론의 정확한 정보 전달이 매우 중요하다. 이를 위해 국민, 정부, 의료계와 언론 등이 공공의 가치를 위해 서로 협력할 때 이 전쟁에서 이길 수 있다. 이러한 협력의 기반에는 방역, 의약, 생필품의 공급망의 안정을 통한 사회 안정성을 확보하는 것이 무엇보다도 중요하다.

에버기븐 Ever Given 호 수에즈 운하에서 좌초

2021년 3월 중국을 출발해 네덜란드 로테르담으로 향하던 초대형 컨테이너선 에버기븐 Ever Given 호가 이집크 수에즈 운하 남쪽 입구에서 6Km 떨어진 곳에서 좌초했다. 너비 59m, 길이 400m, 22만 톤 규모의 에버기븐호는 좌초 6일 만인 3월 29일 아침 4시 30분에 정상 위치로 돌아왔다. 하지만 전 세계 해상 물동량의 13% 정도가 통행하는 글로벌 교역의 핵심 통로인 수에즈 운하의 통행이 막히면서 막대한 피해가 발생했다.

유럽과 아시아를 잇는 최단 노선인 수에즈 운하의 운영이 중단되면서, 전 세계 공급망은 상당한 차질이 발생했다. 이 사고로 매일 90억 달러 약 10조1700억 원 규모의 물동량이 타격을 받았다고 한다.

이 사고로 인한 공급망 단절 우려는 원유, 커피 등 원자재 가격을 급등시켰다. 3월 26일 기준 미 서부 텍사스산 원유 WTI 와 북해산 브렌트유의 가격은 각각 전일 대비 4% 이상 올랐다. '에버기븐'호에 좌초에 따른 운하 봉쇄가 장기화됐다면 세계 경제에 물류 대란을 포함한 '수에즈 위기'가 닥칠 수도 있었다. 수에즈 운하에서 대형 선박의 좌초에 따른 글로벌 공급망 붕괴 사건은 가능성은 있지만 누구도 관심을 두지 않았던 사건이다.

차량용 반도체 수급난

2020년 초 코로나19 팬데믹 사태로 자동차 판매가 감소할 것으로 예측한 완성차 기업들이 차량용 반도체 부품 주문을 줄이면서 파운드리 foundry 업체 역시 차량용 반도체 생산량을 줄였다. 그러나 감염 우려로 시민들이 대중교통을 기피하고, 예상보다 빠른 경기 회복으로 자동차 판매가 급증해 차량용 반도체 공급이 수요를 따라가지 못했다.

여기에 세계 곳곳에서 자연재해가 발생해 반도체 수급난에 기름을 부었다. 주요 파운드리 공장이 들어선 대만과 미국, 일본 등에서 지진과 정전, 가뭄이 발생해 생산 차질이 불가피했다. 전문가들은 반도체 부족 문제가 장기화될 수 있다고 전망하고 있다.

미·중 갈등과 미국의 공급망 리더십 강화

미국 정부는 2021년 6월 8일 '탄력적인 공급망 구축, 미국 제조업 활성화 및 광범위한 성장 촉진 부제: 100-Day Reviews under Executive Order 14017 ' 보고서를 발간했다. 조사의 직접적 배경은 2020년 코로나19 유행 초기에 마스크와 같은 개인보호장비(PPE) 공급 부족과 차량용 반도체 부족으로 미국 사회와 경제가 받은 심각한 타격 때문이다.[5]

---

(5) 2020년 4월 미국에서 확진자가 급증하면서 마스크, 의료기기가 다급한 상황에서 중국 정부는 저품질·불량제품이 수출되지 않도록 하겠다며, 중국에서 생산된 코로나19 대응용 의료기기와 보호장비의 수출 시 정부 승인을 받도록 했다. 여기에는 미국 식품의약국(FDA) 승인을 받은 미국기업이 중국에서 생산한 마스크와 인공호흡기, 진단키트가 포함됐다.
중국 정부의 수출제한으로 중국에 생산시설을 둔 3M(마스크), 퍼킨엘머(PerkinElmer) 진단 장비 등

바이든 행정부의 공급망검토보고서는 반도체, 배터리, 의약품과 희토류 등 4개 핵심 분야에 대한 공급망을 점검하고, 글로벌 시장에서 외부요인에 쉽게 흔들리지 않는 공급망 재편과 강화를 내용에 담았다.

미국 정부의 100일 공급망 검토의 목표는 미래 핵심산업에서 중국의 부상을 저지하는 동시에 글로벌 시장에서 중국의 지배력 증대를 견제하는데 있다. 이 보고서는 미국이 공급망의 안전성을 높이기 위해 동맹국들과 정치적 관계를 강화해야 한다는 점을 강조하고 있다. 이는 미국이 국제관계의 중요 인식을 자국의 공급망 안전성 확보와 더불어 글로벌 공급망 리더십을 확보하려는 의도가 있음을 읽을 수 있다.

미국 서부항만 발※ 물류대란

2021년 후반기, 코로나19 백신 접종이 빠르게 진행되었다. 일상의 공포가 점차 사라지면서, 억눌려있던 소비 심리가 폭발하기 시작했다. 국가마다 생활지원자금의 규모를 늘리고, 봉쇄 조치도 풀기 시작했다. 대면 소비가 증가하면서 생산이 소비를 따라잡지 못하는 상황이 됐다.

미국 서부항만에는 물품을 항구에 내릴 일손이 모자랐고, 상품을 미국 전역으로 운반할 트럭 기사 역시 태부족이었다. 특히 트럭 운송은 미국 내 상품 유통의 70% 이상을 차지하는 물류망의 핵심인데, 미국에서만 트럭 기사 8만여 명이 부족한 상태였다. 코로나19 사태와 열악한 근무 환경이 겹쳐 고령 운전자들의 자발적 은퇴가 늘었고, 국경 폐쇄로

미국 의료장비 제조기업들이 미국이 필요한 때 미국으로 수출할 수가 없었다. GE는 중국에서 만든 인공호흡기 부품이 5일 동안 창고에 쌓이면서 미국 위스콘신주에 있는 생산라인을 멈춰야만 했다. 퍼킨엘머(Perkin Elmer)는 중국 쑤저우 공장에서 코로나19 진단 키트 140만 개를 들여오려 했지만, 중국의 새로운 규제 때문에 막혔다. 상하이 당국은 3M이 현지에서 생산하는 N95 마스크 수출을 제한했다.

이주 노동자가 준 게 영향이 컸다.

2021년 8월 미국에서는 자발적 퇴직자 수가 427만 명으로 역대 최고를 기록했고, 기업 구인건수는 석 달 연속 천만 건을 넘었다. 코로나19 사태 속에서 노동자들이 더 안전하고 더 나은 조건의 일자리를 찾아 이동하면서 항만의 인력난은 더 심해지고 있다.

바이든 대통령은 LA와 롱비치 항구의 24시간 가동을 지시하고, 하역된 컨테이너가 3~9일 사이에 항구 밖으로 이동하지 않는 경우, 컨테이너 하나 당 하루에 100달러의 벌금을 부과하는 초강수를 던졌다. 하지만 인력 부족으로 물류 적체 현상은 계속되었다.

코로나19 사태에 따른 물류대란 여파로 소매업체들은 제품의 재고 확보에 어려움을 겪었다. 글로벌 공급망 병목 현상과 제품을 선박에서 매장으로 가는 운전자 부족까지 겹치며, 소매업체들이 재고확보 문제는 단시간내 해결되기는 어려운 문제로 남았다.

중국의 요소수 수출규제

중국 정부는 2021년 10월 15일부터 요소에 대해 '수출화물표지 CIQ' 의무화 제도를 시행했다. 중국 당국의 승인이 나기 전까지는 수출이 전면 제한됐다. 우리나라 요소 수입량의 66%를 차지하는 중국이 요소 수출을 제한하자, 국내에선 11월 초부터 요소수가 바닥나기 시작했다. 요소수가 없으면 디젤연료 사용 차량과 장비의 운행이 불가능하다. 트럭과 건설장비 등이 멈춰 서면, 바로 물류대란으로 번질 가능성이 매우 높았다.

다행히 범 정부적 대처로 요소수 공급 부족 사태는 조기에 진정되었다. 기 확보했던 중국 물량이 들어오기 시작했고, 호주와 베트남, 사우디아라비아 등 세계 각지에서 요소수와 요소를 모은 결과였다.

전략 물자도 아닌 범용 물자에 가까운 요소수 공급망 훼손 사태는 2019년 일본의 반도체 소재·부품의 대한 對韓 수출금지로 야기된 글로벌공급체인 GSC 의 안전망에 대한 경각심을 더욱 부각시켰다. 이 사건은 정부는 제2의 요소수 사태를 막기 위해 일본의 수출규제로 불거진 338개 소부장 소재, 부품, 장비 품목뿐만 아니라 특정 국가에 의존도가 높은 원료까지 글로벌 공급망 관리시스템을 점검하는 계기가 됐다.[6]

러시아–우크라이나 전쟁

러시아–우크라이나 전쟁은 회복 중이던 세계 경제에 큰 충격을 주고 있다. 특히 러시아발 發 에너지 가격 쇼크에 대한 우려는 가시지 않고 있다. 지정학적 위기가 부각되면서 국제 에너지 가격의 상승세가 빨라졌기 때문이다. 이미 우리나라는 원유, LNG의 가격이 뛰며 2022년 상반기 무역수지 적자는 103억 달러로 역대 최대 규모를 기록했다.

또 주요 곡물 수출국인 러시아와 우크라이나[7]가 전쟁으로 곡물 수출에 차질을 빚으면서 세계적 식량 위기에 대한 우려가 고조되고 있다.

칩 chip 4 동맹

미국 바이든 정부는 우리나라와 대만, 일본을 묶는 칩 chip 4 반도체

---

(6) 이상근, "공급망 불안정으로 노심초사했던 2021년, 내년 우리의 전망은?", 무역경제신문(2021.12.29)

(7) 세계 밀 수출량의 10%가량을 차지하는 우크라이나는 식량 위기가 심각한 중동, 아프리카, 아시아 국가들에 핵심적인 밀 수출국이었다.

동맹을 추진 중이다. 네 나라가 협의체를 만들어 공급망을 안정적으로 관리하고 차세대 반도체 개발도 공동 추진하자는 구상이다.[8]

칩4 동맹은 중국을 타깃으로 한다거나 대중국 수출 통제를 말하는 대목은 없지만 미국이 중국 반도체 제조 능력 발전을 억제하려는 뜻은 명확하다.

2022년 7월 미국 의회에서 통과된 반도체법 The CHIPS and Science Act 은 미국 내 반도체 생산과 연구 등에 총 520억 달러를 지원하기로 했고 그중 390억 달러가 미국에 반도체 생산시설을 짓는 회사에 보조금으로 지급된다. 이 보조금을 받는 회사는 중국에서 최소 10년간 28nm 나노미터 이하 반도체를 만들 수 없게 했다.

자동차와 가전제품을 비롯한 일반 제조업은 물론 군수산업까지 반도체가 필요하지 않은 곳은 없다. 미·중 경쟁에서 반도체가 갖는 절대적 중요성을 감안하면 중국이 반도체 공급망에서 중국을 배제하려는 미국의 '디커플링' 시도를 방관할 수는 없을 것이다.

중국이 칩4 문제를 다른 어떤 문제보다 다급한 이슈로 받아들이는 데는 반도체만은 아직 '굴기'를 이루지 못한 중국의 내부 사정도 있다. 2021년 중국의 반도체 수입액은 3500억 달러 약 458조 5700억 원 로 중국 전체 수입액의 13%였다. 원유와 전체 농산물 수입액보다 많다.[9]

프렌드쇼어링 Friend shoring

---

(8) 미국은 원천기술을 가진 퀄컴이나 엔비디아 같은 설계 전문기업을 통해 반도체 기술을 선도하고 있고, 일본은 소재와 부품 영역에서 독보적이다. 파운드리라고 불리는 시스템반도체 위탁생산 분야에선 대만의 TSMC가 부동의 1위다. 한국은 메모리 분야에서 압도적이며 파운드리 분야에서는 대만에 이어 2위다. 글로벌 반도체 생산 비중을 보면 한국 21%, 대만 22%이고 미국은 12%, 일본 15%다.

(9) 김상철, "미국과 중국 사이, '칩4'와 한국의 선택", 주간조선(2022.8.21)

프렌드쇼어링[10]은 동맹쇼어링 Ally shoring 에서 파생된 단어다. 주로 공급망 이슈를 동맹·우방국을 통해 해결한다는 의미로 사용된다. 코로나19 사태로 글로벌 공급망 이슈가 불거지면서 중국에 대한 의존도를 낮춰야 한다는 의견들이 제시되며 사용됐다.

최근 재닛 옐런 미국 재무부 장관이 러시아의 우크라이나 침공으로 촉발된 새로운 글로벌 경제 질서의 비전으로 프렌드쇼어링을 언급하며 주목받게 됐다. 중국·러시아 의존도를 낮추는 대신 신뢰할 수 있는 동맹국끼리 뭉쳐 광물·에너지·식자재 등 핵심 원재료를 안정적으로 확보하자는 취지에서다.[11] 최근 미국이 한국·일본·대만과 추진하고 있는 '칩4 Chip4 동맹' 역시 프렌드쇼어링의 일환이다.

바이든 행정부의 보고서에서 드러난 미국 정부의 공급망 재편은 모든 품목을 미국이 생산하는 것이 아닌 해당 품목의 제조 경쟁력을 갖춘 우방 국가들과 협력을 통해 안정적이고 회복력 있는 공급망을 미국 중심으로 구축하는 것으로 볼 수 있다.[12]

---

(10) 친구를 뜻하는 프렌드(friend)와 기업의 생산시설을 의미하는 쇼어링(shoring)을 합친 단어로, 동맹국간 촘촘한 공급망을 구축하기 위한 경제적·정치적 행위를 총칭한다. 출처: 더스쿠프(https://www.thescoop.co.kr)

(11) 출처: 연합인포맥스(http://news.einfomax.co.kr)

(12) 이상근, "칩4 동맹과 공급망 자립", 아웃소싱타임스(2022.8.29)

Contents

Prologue

공급망 불안정으로
노심초사하는 세계 경제 · · · · 007

Part I

가중되는
글로벌 공급망 리스크

1. 공급망을 위협한 사건들 · · · · 023
2. 일본의 대한對韓 수출규제 · · · · 030
3. 코로나19 팬데믹 · · · · 042
4. 경제민족주의와 프랜드쇼어링 · · · · 054
5. 미국과 중국의 무역과 기술 분쟁 · · · · 063
6. 수에즈운하 봉쇄 · · · · 073
7. 미국 서부항만발發 글로벌 물류대란 · · · · 079
8. 중국의 요소 수출규제 · · · 088
9. 러시아의 우크라이나 침공 · · · · 096
10. 러시아–우크라이나 전쟁의 장기화 · · · · 103
11. 중국의 제로코로나 정책 · · · · 110
12. 바이든 정부의 반도체와 공급망 자립정책 · · · · 123

Part Ⅱ

공급망 불확실 시대의 생산과 물류

13. 집중생산과 글로벌 공급체계의 붕괴 • • • 137
14. 글로벌 가치사슬 재편 • • • • 146
15. 탄력적 공급망 관리 • • • • 156
16. 산업 경계를 넘는 유연생산시스템 • • • 162
17. 위드코로나 시대의 공급망 상시 관리 • • • 168
18. 글로벌 공급망 다변화와 국가차원의 대응 • • • • 177
19. 탈중국화와 리쇼어링 • • • 186
20. 니어쇼어링과 남북단일경제권 • • • • 197
21. 라스트핏 이코노미와 생산지연전략 • • • 204

Part Ⅲ

공급망 불확실 시대의 유통과 물류

22. 온라인 커머스의 국가간 경계 붕괴 • • • •219
23. 고립경제와 크로스보더 이커머스 • • • • 232
24. 탈집중화와 D2C • • • 241
25. 디지털 기반의 개인 맞춤형 구독경제 • • • • 252
26. 재난물류의 베이스캠프, 유통기업 • • • • 265
27. 멀티 페르소나 소비자와 제조·유통·물류의 합체 • • • 274
28. 공유물류 기반의 탄력적 물류네트워크 • • • • 285
29. 공급망 전체로 확산되는 ESG 경영 • • • • 294

Epilogue

불확실시대_ 물류의 재해석 RE: Logistics • • • 307

Part I.

가중되는
글로벌 공급망 리스크

1. 공급망을 위협한 사건들
2. 일본의 대한 수출규제
3. 코로나19 팬데믹
4. 경제민족주의와 프랜드쇼어링
5. 미국과 중국의 무역과 기술 분쟁
6. 수에즈운하 봉쇄
7. 미국 서부항만발 글로벌 물류대란
8. 중국의 요소 수출규제
9. 러시아의 우크라이나 침공
10. 러시아—우크라이나 전쟁의 장기화
11. 중국의 제로코로나 정책
12. 바이든 정부의 반도체와 공급망 자립정책

1 공급망을 위협한 사건들

    과거 글로벌 공급망 Global Supply Chain 의 단절과 붕괴는 대부분 자연재해에서 발생됐다. 또 제1차, 제2차 세계대전과 같은 국제전, 중동사태와 러시아—우크라이나 전쟁같은 국지전에서, 혹은 UN의 이란과 북한 제재 등 국제사회의 제재, 일본의 대한 반도체 소재 부품 수출금지 같은 국가 간의 갈등으로 유발되기도 한다. 드물지만 자동차용 반도체 공장의 화재와 같은 공급기업 차원의 리스크에서도 발생된다.

    자연재해가 글로벌 공급망에 큰 타격을 준 사례는 1994년 1월 로스앤젤레스 대지진, 1995년 고베 대지진, 2003년 부산 '태풍 매미', 2008년 5월 중국 쓰촨성 대지진, 2011년 3월 일본 후쿠시마 쓰나미, 같은 해 7월 방콕 대홍수, 2016년 4월 일본 구마모토 熊本 현 7.3 규모의 대지진 등이 있다.

    최근 글로벌 공급망 훼손은 코로나19와 같은 감염병 외에도 전쟁, 국가 간 갈등으로 발생이 계속되고 있다. 우리는 2019년 발생한 일본이 우리나라에 가한 반도체 소재, 부품의 수출규제로 공급망 리스크를 경험했다. 이후 2020년 2월부터 코로나19 팬더믹으로 전 세계는 마스크, 의약품 등의 공급망 리스크를 실감했다. 이후 글로벌로 퍼진 경제 민족주의와 미 · 중 갈등으로 리쇼링과 니어쇼링을 넘어 프랜드리쇼링이 진행되고 있다. 2021년 3월 애버그린호 사고로 수에즈운하가 봉쇄되는 사태가 발생되었고, 2021년 가을 미국 서부항만의 근로자와 트럭 운전기사 부족으로 시작된 물류대란은 유럽까지 번졌다. 우리나라에서는 중국의 수출규제로 시작된 요소수 공급중단 사태로 주요 원부자재의 공급망 독립의 필요성이 강하게 대두되었다.

2022년 초 러시아의 침공으로 시작된 우크라이나 전쟁으로 식량, 원유 등의 공급망이 크게 훼손되면서 개별국가 차원을 넘어 글로벌이 신 3고 ^{고금리. 고물가. 고환율} 로 고통을 받고 있다. 우크라이나 전쟁의 장기화는 공급망 교란을 가중시키고 있다.

코로나 재확산으로 중국의 상하이에서 시작된 재봉쇄와 탈중국 가속화는 새로운 공급망 구축을 부추기고 있다.

글로벌 공급망을 다시 생각하는 계기가 된 고베 대지진

일본의 고베항은 1995년 대지진으로 인해 항만기능이 상실되고 그로 인해 2차 피해가 이어진 가장 대표적인 사례이다. 고베항은 대지진으로 항만 인프라 파괴됐으며 이로 인해 원자재와 부품의 공급 차질로 인한 생산 중단 등 2차 피해가 발생해 일본경제에 막대한 손실을 초래했다. 당시 고베항으로 들어오던 화물이 부산항으로 옮겨오면서 부산항은 단숨에 세계 3위의 항만으로 올라섰고 고베항은 2년의 복구과정

후에도 고전을 면치 못했다.[1]

고베 대지진으로 고베항은 치명적 피해를 입었다. 이뿐 아니라 당시 기업들이 도입하기 시작한 글로벌 공급망 관리 SCM: Supply Chain Management 와 재고의 최소화에 초점을 둔 적기생산체계 JIT: Just In Time 를 다시 생각하게 하는 계기가 됐다.

에릭슨의 안이한 대응과 추락

2000년 3월 17일 미국 멕시코주의 앨버커키 Albuquerque 의 필립스 전자 공장은 번개로 작은 화재가 발생했다. 이 한 건의 화재는 유럽 휴대전화 산업의 지형을 영원히 바꿔놓았다. 이날 화재로 필립스가 노키아와 에릭슨에 공급하던 휴대전화 칩의 공급이 전면 중단됐다. 화재 직후 필립스는 이 공장의 마이크로 칩을 공급받는 노키아와 에릭슨에 1주일의 조업 중단이 예상된다고 통보했다.

노키아는 탄력적인 공급망을 활용해 대응에 나섰다. 즉시 필립스의 다른 공장뿐 아니라 당시 거래하던 일본과 미국의 공급업체에 주문을 돌려 제품 생산에 큰 문제가 발생하지 않았다. 반대로 싱글소싱 전략을 선택한 에릭슨의 경우 단지 1주일의 조업 중단으로만 생각하고 가볍게 넘겨버렸다.

화재 발생 2주일 후, 진화 과정에서 반도체 공정의 핵심시설인 클린룸이 오염됐다는 사실이 밝혀졌다. 초동 대처가 빨랐던 노키아는 즉시 필립스에 남은 생산 시설 모두를 노키아 부품을 생산하는 데 사용하도록 요구했다.

---

[1] 신인식, "재난에 따른 물류 인프라 파괴, 통합관리체계로 대응", 물류신문(21.10.14)

에릭슨은 대체 공급원이 없었다. 사업 초기부터 낮은 단가에 좋은 부품을 공급하는 필립스와 독점계약을 맺고 이에 안주했기 때문이다. 에릭슨은 필립스 공장이 화재로 문을 닫은 뒤 다른 공급선을 확보하느라 몇 개월 동안 생산에 차질을 빚었다. 그 결과 에릭슨은 수백만 대의 단말기 공급에 차질을 빚으며 그 해에만 17억 달러의 손실을 기록했고, 노키아에게 자신의 시장점유율까지 내주며 업계 하위권으로 추락했다. 이후 에릭슨은 휴대전화 부문에서 내리막길을 걷게 됐다.[2]

2003년 태풍 매미의 피해액은 4조원이 넘었다

2003년 9월 태풍 매미는 부산항을 강타해 크레인 11기를 붕괴 또는 이탈시켰다. 부산항 신항 호안, 수로, 잔교 방파제, 부두 등에도 막대한 피해가 발생했다. 수출입 선적과 하역이 마비됐다. 태풍 매미로 인한 부산, 울산, 포항, 거제, 마산, 창원, 여수, 광양 지역의 산업시설 피해액은 4조 2,225억 원에 달하는 경제적 손실이 있었고, 정상 회복까지는 많은 시간이 소모됐다.

2011년 3월 일본 도호쿠 東北 지방의 강진과 초대형 쓰나미

2011년 3월 일본 도호쿠 東北 지방에서 리히터 규모 9.0의 강진과 이후 발생한 초대형 쓰나미로 인해 큰 피해가 발생했다.

피해 지역은 석유화학, 제철소, 정유업체와 자동차 토요타, 닛산, 혼다, 전자 소니, 파나소닉, 도시바 등의 공장 가동을 중단시켰다. 이중 글로벌 공급망과 복잡하게 엮여 있던 자동차, 전자, 기계, 반도체 기업들이 장비와

---

(2) "지속적 성공을 위한 4가지 법칙" https://blog.naver.com/aswpr/120044106515

부품 조달 차질로 큰 피해를 입었다.

대지진으로 센다이 仙台 등 13개 항만이 지진으로 인해 운영이 중단되면서 수출입 화물의 선적과 하역도 일시 중단되었다. 복구 과정에서 글로벌 기업들은 대체 수입처 확보와 글로벌 공급망 재설계에 많은 시간과 자금을 투입했다.

동일본 대지진이 발생하면서 JIT 적기생산 생산 방식에 대한 의구심이 증폭됐다. 이 지역에 위치한 600여 개 부품 공급업체가 생산 타격을 입어 2~3만 개 부품 중 2~3% 부품이 부족해 완성차 생산이 전면 중단되었다. 핵심 부품의 재고가 순식간에 바닥을 드러내, 글로벌 자동차 산업의 공급망이 일 순간에 붕괴되었기 때문이다.

대지진 이후 도요타 등 제조업체는 JIT의 변화 필요성을 절감하여 네비게이션 집적회로 등의 재고를 2개월분 늘리는 등 재고를 최대 4개월까지 늘렸다. 실제로 2011년 11월 기준으로 일본 기업의 재고는 전년 대비 8% 증가했다.

2011년 7월부터 11월까지의 태국 대홍수

이 대홍수로 태국 77개 지역 중 63개 이상의 지역이 침수피해를 입었다. 대홍수로 400명 가까운 인명피해와 함께 산업단지 7곳도 침수되었다. 이들 산업단지에는 혼다, 도요타, 포드 자동차와 미쉐린 타이어 등 제조기업과 자동차와 컴퓨터 관련 글로벌 부품 공급업체들이 대규모 입주해 있었다. 이 홍수는 글로벌 공급망과 복잡하게 엮여 있던 전 세계 자동차 산업과 컴퓨터 산업의 글로벌 공급망 체계에 심각한 영향을 미쳤다. 많은 글로벌 기업들은 공급망 상의 위기관리시스템 구축이 필요하다는 큰 교훈을 얻었다.

2016년 4월 14일과 16일 일본 규슈 구마모토 熊本 현 지진

2016년 4월 14일과 16일 일본 규슈 구마모토 熊本 현에는 규모 6.5 이 상의 지진이 발생했다. 지진 이후 조립라인 폐쇄 상황이 2011년 동일본 대지진과 쓰나미 이후와 유사하다고 월스트리트저널 WSJ 은 평가했다. 도요타, 혼다, 닛산 등 일본 자동차 업체들의 공장 가동이 중단됐다. 지진 발생 직후 혼다와 닛산은 해당 지역 공장의 생산을 중단했다. 혼 다 자동차는 이 지진으로 규슈 구마모토현에 위치한 오토바이 조립 라 인을 임시 폐쇄했다. 하지만, 남부 이외 다른 지역의 혼다 공장들은 가 동이 계속됐다. 닛산 자동차는 임시 폐쇄했던 규슈 공장의 가동을 18일 재개했다. 혼다와 닛산은 2011년 동부 대지진 이후 충분한 재고를 확보 하고 공급선을 다변화하여 이 지진에서 상대적으로 피해를 줄일 수 있 었다.

도요타는 일본 내 26개 공장이 모두 가동 중단됐으며 재가동에 들어 간 시기도 가장 늦었다. 도요타는 기존 재고를 최소화하고, 2차와 1차 협력업체를 거쳐 최종 조립 공정에 이르기까지 낭비없이 완벽히 동기 화한 도요타생산시스템 TPS Toyata production system 을 고수하면서 리스크에 는 오히려 취약했다. 월스트리트저널 WSJ 은 4월 18일 토요타의 부품공 급망이 지진으로 마비된 것에 대해 토요타가 최고의 효율성이라고 자 랑하는 '유연한 제조 시스템'이 얼마나 재난에 취약한지를 여실히 보여 주는 실례라고 지적했다. 각종 재해에 따른 잦은 조업 중단은 토요타의 이른바 '저스트인타임 JIT Just In Time ' 재고 시스템 때문이라고 WSJ은 지적했다. 재고를 쌓아 두지 않고 필요한 제품만 구비해 재고비용을 극단적으로 압축해 최고의 효율이라고 자랑하는 토요타생산방식이 지진과 같은 재난에 취약성을 드러냈다는 설명이다.[3]

(3) Japan Earthquakes Rattle Toyota's Vulnerable Supply Chain, Wall Street Journal (2016.4.18)

2 일본의 수출규제 [1]

일본 정부는 2019년 7월 1일 OLED 유기발광다이오드 패널 등의 필름 재료로 쓰이는 플루오린 폴리이미드 fluorinated polyimide 와 반도체 회로의 패턴만 남기고 불필요한 부분은 깎아내는 공정과 반도체 세정에 사용되는 고순도 불화수소 에칭가스 etching gas , 반도체기판 제작에 사용하는 포토리지스트 photoresist 감광제 를 한국에 수출할 때 매 건당 최대 90일이 걸리는 심사와 허가를 받도록 했다. 실제로 수출규제 대상 품목인 고순도 에칭가스 제조사인 모리타 森田 화학공업은 이 조치가 시작된 7월 4일 이후 수출허가가 나오지 않아 한국으로의 공급을 멈췄다.

---

(1)   이상근, "일본의 수출규제와 공급망 리스크", 아웃소싱타임스(2019.7.22)을 바탕으로 작성되었습니다.

(2)   이권진, "수출규제 등 日경제보복 돌파구 다각도 모색", 중소기업뉴스(2019.7.8.)

[표 1] 일본의 대對 한국 수출규제 반도체 소재 품목 (2)

품 목	용 도	영 향
플로오린 폴리이미드	불소처리를 통해 안정성등을 강화한 필름 디스플레이 제조에 쓰이는 다양한 PI 중 하나 (일본의 세계시장 점유율 90%)	폴더블 스마트폰, 디스플레이, 반도체 패키징, 전기차 경량화 소재, 3D프린팅 소재
리지스트	반도체 기판제작에 쓰이는 감광액 재료 (일본의 세계시장 점유율 90%)	반도체기판 포토마스크 제작
애칭가스	반도체 세정에 쓰이는 고순도 불화수소 (일본의 세계시장 점유율 70%)	반도체 제작공정

반도체 산업은 우리나라 산업에서 가장 큰 규모의 산업 중의 하나이며 수출 1위 품목이다. 국가 기간산업으로써 반도체 산업의 중요성은 아무리 강조해도 지나침이 없다. 일본의 반도체 소재 수출규제와 한국에 대한 백색국가 제외조치로 국내 반도체 산업에 불확실성을 고조시켜 다양한 측면에서 부정적인 영향을 줄 것으로 우려되는 상황이 일어났다.

일본 정부는 ①한국과의 신뢰 관계가 손상되어 수출관리에 임하는 것이 어렵게 된 점 ②대한국 수출과 관련하여 '부적절한 사안'이 발생하여 엄격한 수출관리제도를 운용할 필요가 있다는 점을 수출규제 조치의 실시 이유로 제시했다.

일본이 한국을 화이트리스트에서 제외하면서 전략물자 1,120개에 대해서는 수출 허가를 받아야 한다. 이 전략물자에는 반도체, 디스플레이, 배터리 등의 소재 장비가 다수 포함되어 있기 때문에 일본이 이들 물량에 대해 수출 허가를 지연하거나 막아서면 우리나라 산업도 타격을 받을 수밖에 없는 구조이다.

[표 2] 일본의존도 높은 품목(2018년 기준)

품 목	전체 수입중 일본 차지 비율(%)	수입금액(억달러)
반도체 제조용장비	33.8	52.42
프로세스와 콘트롤러	11.7	19.22
기타 정밀화학원료	15.2	19.00
기타 플라스틱제품	42.8	16.34
고철	61.4	16.24
철 및 비합금강열연강판	64.8	12.62
기타 화학공업제품	30.9	12.03
자일렌	95.4	10.85
기타 개별소자반도체	33.7	10.52
반도체 제조용장비부품	28.7	9.49

　특히, 글로벌 시장에서 70% 이상을 차지하고 있는 D램, 낸드플래시 NAND Flash 메모리와 유기발광다이오드 OLED 패널의 경우 구글, 아마존, 화웨이, 소니, 필립스 등 미국 중국 일본 유럽 등의 글로벌 기업들이 국내 제품을 사용한다. 일본의 화이트 리스트 제외는 결국 글로벌 경제 생태계에 큰 영향을 미치게 된다.

　반도체, 디스플레이 업계에 따르면 일본이 수출규제에 나선 고순도 불화수소, 포토레지스트 등 핵심 소재 뿐 아니라 반도체 생산과 관련된 대부분의 품목들은 전략물자 리스트에 포함되어 있다. 이 때문에 우리 국민들은 삼성전자와 SK하이닉스는 정상적인 반도체 생산이 어려울 것으로 생각했다.

삼성전자와 SK하이닉스는 데이터센터를 구축하는 글로벌 공룡 IT 업체들의 반도체 핵심 공급처이다. 구글, 아마존, 페이스북, 마이크로소프트 등 글로벌 IT 기업들이 모두 삼성전자와 SK하이닉스와 거래하고 있다. 애플 역시 메모리는 삼성전자와 SK하이닉스에서 공급받고 있으며 모바일 기기용 아이폰 올레드 패널은 삼성디스플레이 ^{탕정} 에서 공급받고 있다. 특히 아이폰 올레드 패널의 경우 삼성디스플레이에 대한 의존도가 사실상 100%이다.

[표 3] 일본의 대^對 한국 수출규제 관련 주요일지 [3]

2019년	수출규제 내용
7월 1일	일본, 반도체 소재 등 3개 품목 한국 수출규제 발표
8월 7일	일본, '백색국가서 한국제외' 시행령 공포
12일	일본, 대 한국 수출규제 대상 품목 1건 허가
19일	한국, 백색국가(수출절차 우대국) 명단에서 일본 제외
21일	중국서 한일 외교장관 회담
22일	청와대, 한일군사정보보호협정(GSOMIA · 지소미아) 종료 결정
28일	일본, 한국 '백색국가 제외'시행
9월 11일	한국 WTO에 '日 수출 규제' 제소
18일	한국, 일본 '백색국가 제외' 시행
11월 22일	한국, 한일군사정보보호협정 종료 통보 효력 정지 및 WTO 제소 절차 정지
11월 23일	일본서 한일 외교장관 회담
12월 16일	한 · 일, '제7차 수출관리 정책 대화'

(3) 장예진, "일본의 대 한국 수출규제 관련 주요 일지", 연합뉴스(2020.06.02)

중국의 화웨이, 샤오미 등의 스마트폰 업체도 역시 우리나라에서 반도체를 조달하고 있다. 일본 정부가 실제 우리나라 기업들에 규제를 가해 반도체와 디스플레이 생산에 차질이 생기면 전 세계 ICT 업계가 술렁거리게 되는 것은 피할 수 없다. 또자동차와 화학 업계에서도 배터리와 수소차 등 미래 산업에 미칠 영향도 우려하고 있었다.[4]

산업통상자원부에 따르면 일본 정부는 7월1일부터 약 100일 동안 3개 수출규제 품목에 대한 허가를 7건만 내줬다. 반도체 공정에 사용되는 포토레지스트와 불화수소 기체 는 각각 3건씩 허가했다. 휘어지는 디스플레이에 사용되는 플루오르 폴리이미드는 1건만 허가했다. 특히 일본 정부는 반도체용 불화수소 액체 에 대해서는 유엔 무기금수국가에 적용되는 각종 서류제출을 요구하며 수출허가를 내주지 않았다. 산업통상자원부는 "일본 정부는 한국을 4대 수출통제체제에 가입하지 않은 국가들보다 더 차별적으로 취급하며 제도를 운영하고 있다"며 "일본의 태도는 선량한 의도의 민간거래를 저해하지 않아야 한다는 국제수출통제체제의 기본정신과 어긋난 것"이라고 비판했다. 일본의 수출규제가 한국 경제뿐 아니라 글로벌 밸류체인에 미칠 영향도 클 수 밖에 없다. 국제금융센터에 따르면 JP모건체이스는 전 세계 테크 중간재 공급에서 한국산이 차지하는 비중이 7.9%를 차지한다며 테크 중간재 공급망

---

(4) 출처: 지우파파 | https://blog.naver.com/sjw110427/221603174133 블로그
http://naver.me/FTnHiVMd

에 미칠 잠재적 리스크가 상당하다고 밝혔다.[5]

일본 니케이신문 오타 야스히코 기자는 아베 정권의 대한 對韓 수출 규제에서 배워야 할 것으로 "첫째, 일본이 자랑하는 반도체 소재에 전략물자로서의 파괴적인 위력이 있다는 점이다. 일반적으로는 이름이 알려지지 않은 전문 업체가 외국 경제를 죽일 수 있다. 그런 숨은 공격 수단이 일본의 손아귀에 있음을 전 세계가 깨달았다. 미국 군사력의 우산 아래 있을 뿐 아니라 일본에는 독자적인 '무기'도 있는 것이다. 두 번째는 세계 각국이 '필요하다면 일본은 무기를 사용할지도 모른다'는 인식을 가진 것이다. 소재 메이커의 존재는 일본에 있어서 억제력이 된다고도 할 수 있지만, 동시에 타국으로부터의 공격 대상이 되는 리스크도 될 수 있다는 점을 잊어서는 안 된다. '옥죄기'가 즉각적인 효과가 있다고 해도 장기적으로는 자신에게 돌아온다. 자유무역 원칙을 왜곡하고 스스로 자신을 '옥죄기' 때문이다."라고 지적했다.[6]

우리 반도체 기업은 과연 리스크를 예상하지 못했을까?[7]

일본의 우리나라에 대한 수출규제로 인한 공급망의 단절은 일반인이 쉽게 예측하기 어려운 사태였다. 하지만 웬만한 국가의 정보기관을 뺨 치는 정보력을 가진 삼성전자와 SK하이닉스의 경우 충분히 감지했고 대비했을 것이 예상된다.

삼성은 그룹 차원의 '비즈니스연속성관리체계 Business Continuity

(5) 이신형, "日 수출규제 단기 영향 제한적… 장기화 시 성장 둔화 · 세계 중간재 공급망 타격 불가피", 아시아 타임즈 코리아(2019.7.19.)

(6) 오타 야스히코, 〈2030 반도체 지정학〉, 성안당(2022.8)

(7) 이상근, "일본의 수출규제와 공급망 리스크", 아웃소싱타임스(2019.7.22)

^{Management}'를 갖춘 것으로 알려져 있다. 계열사인 삼성SDI는 대규모 재해, 재난에 대비한 체계적 위기관리 체제를 잘 갖춘 기업으로 꼽힌 다.

2011년 동일본 대지진은 글로벌 공급망 체계의 대혼란을 일으켜 기 업들을 바짝 긴장시켰지만, 삼성SDI는 이에 따른 공급 차질 문제를 겪 지 않았다. 대지진에 따른 예상 피해 파악과 이후 대응책 마련까지 걸 린 시간은 불과 24시간에 불과했다.

이 기업은 2009년 8월에 영국표준협회 ^{BSI} 의 까다로운 심사를 통과 해 BS 25999 '비즈니스연속성관리체계인증'을 국내 제조기업 최초로 취득했다. 이 인증은 '갑작스러운 사건 사고나 자연재해가 발생했을 때 기업의 생산 활동을 최대한 신속하고 효율적으로 복원하기 위한 체계 적인 프로세스이다.

삼성전자의 공급망 관리 ^{SCM Supply Chain Management} 역량 순위는 전세 계 기업을 대상으로 실시되는 'Gartner Supply Chain Top 25' 조사에 서 10위권 안에 드는 최우수 기업 중 하나이다.

삼성전자가 과연 일본에서 수입되는 주요 부품에 대한 공급망관리 차원의 대비가 없었을까? 삼성전자는 2011년 동일본대지진 이후 리스 크 헤징 ^{Risk Hedging} 을 위한 공급망 점검과 재설계를 통해, 일본에서의 공급 ^{조달} 을 줄이는 공급망 재설계를 완성했을 것으로 예측할 수 있다.

반도체 소부장에서의 공급망 관리의 불확실성은 개선되었다

우리 정부는 일본으로부터의 수입 의존을 줄이기 위해 반도체 소재 및 제조장치의 국산화로 방향을 틀었다. 한국무역협회에 따르면 일본으로부터의 불화수소 수입은 규제가 발동된 2019년 7월을 기점으로 급감해, 2018년 6,685만 달러^{약 863억 원}에서 2020년 937만 달러^{약 12억 원}까지 떨어졌다. 수입액 전체에서 차지하는 일본 제품의 비율도 2018년의 42%에서 2020년 13%로 떨어졌다. 산업통상자원부의 움직임은 빨랐다. 자체 공급망을 구축하기 위해 2022년 국산화 비율을 소재는 70%, 장치는 30%로 올리는 목표를 즉각 발표했다. 2021년 소재, 제조장치의 기술개발 지원금으로 전년 대비 30% 증가한 2조2000억 원의 예산안도 마련했다. 또한 지역을 지정해 세제 혜택 제도를 마련했다. 외국기업 유치도 추진하여 미국의 대형 화학 업체인 듀폰이 새 공장을 짓기로 하는 등의 성과가 나오기 시작했다.⁽⁸⁾

국내 반도체 기업들은 일본에 70~90%를 의지해오던 핵심소재의 대체재를 찾기 위해 필사적으로 노력했다. 그 결과 반도체 산업에서 공급망관리의 불확실성은 많이 개선되었다. 특히 가장 우려됐던 불화수소^{에칭가스}는 대체재를 확보에 어느 정도 성과를 거둔 것으로 알려졌다. 삼성전자는 반도체 공정 일부에 대해 솔브레인 등 국내업체가 만든 불화수소를 대체 투입하기 시작했고, SK하이닉스도 중국산 원료를 수입해 재가공하는 램테크놀로지의 액체 불화수소로 연간 사용량의 절반가량을 충당할 계획으로 최종 품질 시험을 마무리한 것으로 전해졌다.

국내 반도체와 소재 제조사들은 일본의 수출규제로 발생한 공급망의 불확실성을 신속하고 과감하게 대응하여 국가 기간산업인 반도체 산업의 불확실성을 해소했다. 이에 더해 장기적으로 국내 소재 산업의 발전 가능성도 확보했다.

---

(8) 오타 야스히코, 전게서(2022)

삼성전자의 일본 수출규제로부터 발생한 공급망의 불확실성에 대한 대응전략은 한마디로 "탈일본"으로 요약할 수 있다. 실제 삼성전자에서는 J– Risk TF를 구성하여 일본으로부터 수입되는 모든 장비, 부품, 소재에 대해 내재화를 추진하였다.

SK하이닉스는 공급망에서 발생한 위기를 수직계열화의 기회로 활용하는 것으로 전략을 수립한 것으로 보인다. 일본 수출규제 이후 여러 소재 계열사를 통해 포토마스크, 포토레이지스, 웨이퍼 등을 자체 공급하기 위한 투자가 진행되고 있다. 외부요인으로 인해 발생할 수 있는 공급망 관리의 불확실성을 공급망 자체를 내재화하는 방식으로 해결하고자 하는 것이다. 그러나 이러한 방식은 자칫 SK하이닉스의 제조원가 상승으로 인한 경쟁력 약화를 초래할 수 있다는 의견도 있다.

국내 반도체 소재 제조사들은 일본의 수출규제를 기회로 인식하였으며 최종 제품뿐만 아니라 원재료부터 일본의 수출규제 리스크를 관리하기 위해 공급망관리를 시작했다. 이는 일본의 수출규제가 반도체 공급망에서 일본 기업들을 공급에 대한 불확실성이 있는 기업으로 인식하게 하는 결과를 초래했다고 볼 수 있다.

삼성전자의 경우 반도체용 소재의 납품기업에게 중간재 뿐 아니라 3차 원재료까지 일본산이 있는지 조사를 요청했다. 장기적으로 일본산 소재를 타 국가에서 생산된 소재로 변경할 계획이 있는지 혹은 변경이 필요할 경우 이를 수용할 의지가 있는지 조사함으로써 삼성전자에 소재를 공급하는 업체들로부터 일본산 소재에 대한 리스크가 있음을 묵시적으로 느낄 수 있게 되는 일이 되었다.[9]

(9) 김진수, "공급망관리 관점에서의 국내 반도체 및 소재 제조사의 일본 수출규제 대응전략 분석", 서울

일본 → 한국 → 미국·중국·일본·EU로 연결되는
가치사슬이 교란될 수 있다

반도체 소재 수출규제로 인해 실질적으로 가장 큰 타격을 받은 기업은 일본 정부가 의도한 삼성전자가 아니라 일본 내 반도체 소재 생산 기업이었다. 고순도 불화수소 세계 시장의 70%를 차지하는 일본 스텔라케미파 ステラケミファ, Stellachemifa Corporation 의 수출규제 후 영업이익은 1년 전의 10분의 1 수준으로 급감했다. 일본 정부가 한국으로의 불화수소 수출을 규제한 여파가 실적 폭락이라는 부메랑이 돼 돌아온 것이다. EUV 용 포토레지스트를 공급하던 JSR의 경우 자국 내 공장에서 생산한 제품의 삼성으로의 수출이 막혀 유럽에 위치한 생산시설로 생산 공정을 옮겨 생산하여 삼성에 공급할 수 있었다.

이런 결과로 국내로 수입되는 벨기에산 포토레지스트의 수입액이 폭발적으로 증가했다. 이는 일본 정부가 7월 EUV 포토레지스트를 포괄 허가 대상에서 개별 허가 품목으로 바꾸면서 삼성전자, SK하이닉스 등 국내 반도체 업체가 급박하게 벨기에 거래처를 타진한 것으로 풀이된다. 이렇듯 수출규제 소재를 생산하는 일본업체는 글로벌 반도체 벨류체인에 잔류하기 위해 스스로 탈일본을 하는 방식으로 대응전략을 수립했다고 볼 수 있다.[10]

이 점은 시사하는 바가 매우 크다. 글로벌 시대에는 국가가 자국의 기업을 더이상 인위적으로 조절할 수 없다는 것을 보여주는 사례이다. 글로벌 시대에서 이러한 글로벌 벨류체인에 속한 기업들은 지정학적

과학종합대학원(2020.7.21)

(10) "일본의 對韓 수출규제 불가 5가지 이유는", 에너지경제신문(2019.7.15)

요인보다는 해당 기업이 속한 벨류체인의 영향력이 훨씬 크다.

우리 기업들은 중국으로부터의 소재 조달도 고려하고 있다. 중국은 소재 원료나 광물자원이 풍부해 불화수소 원료인 플루오라이트는 세계 생산의 60%를 차지하고 있다. 중국 기업의 기술 수준은 현시점에서 일본과 비교가 안 된다고는 하지만 꾸준히 실력을 높이고 있는 것도 사실이다. 일본의 제재가 거꾸로 한국을 중국 쪽으로 몰아간 측면이 있는 것은 아닐까? 어부지리를 얻은 중국이 공급망 지배력을 강화할 우려도 있다.[11]

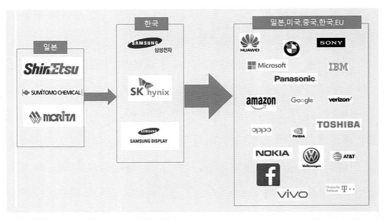

[그림 1] 반도체 디스플레이 글로벌 공급사슬　　　　　　출처: 에너지경제신문

미국, 독일 등의 소재 제조사들도 일본 수출규제로 발생한 일본 반도체 소재 기업의 공급 불확실성으로 한국 반도체 소재 시장에서의 점유율을 높일 기회가 되었다. 글로벌 벨류체인에 속한 기업들은 자신들

(11)　**오타 야스히코, 전게서(2022)**

이 속한 시장을 안정시키는 것이 해당 기업의 이익에 부합된다고 판단하고 일본 수출규제로부터 발생한 한국 반도체 기업의 공급망 리스크를 해결하여 전체 글로벌 밸류체인을 안정시키고 자신들의 성장 기회로 만들고 있다.

3 코로나19 팬데믹

    빌 게이츠는 인류의 가장 큰 위협으로 전염병을 꼽았다. 특히 그가 경계하는 것은 호흡기 바이러스에 의한 전염병이다. 가장 두려운 재난은 "핵무기도 기후변화도 아닌, 전염성 강한 인플루엔자 ^{influenza} 바이러스"라고 말할 정도다. 실제로 20세기 인류의 목숨을 앗아간 가장 치명적이었던 사건은 전쟁이 아니라 전염병이었다. 1918년 스페인 독감으로 약 7,000만 명이 사망했다. 게다가 1968년의 홍콩 독감, 2009년의 신종 플루, 2020년의 코로나19까지 팬데믹의 발생 간격 또한 짧아지고 있다. [1]

    감염병이 글로벌 공급망에 타격을 준 사건은 1918년 3월부터 1920년 6월까지 대 유행하면서 7,000만명 이상이 사망한 스페인 독감, 2002년 11월 발생해 2003년 7월에 종식된 사스 ^{SARS}, 2015년 5월부터 12월까지 대 유행한 메르스 ^{MERS} 가 대표적이다. 근세에 우리를 공포에

---

(1) 빌게이츠, ,〈넥스트팬데믹을 대비하는 법〉, 비즈니스북스(2022.6)

떨게 만든 악명 높은 전염병들은, 대개 동물을 숙주로 삼아 자신을 번식시키고 변이시킨 바이러스라고 한다.

이중 가장 큰 피해를 준 스페인독감 ^{Spainish flu, Spanish influenza} 은 1918년 초여름 프랑스 주둔 미군 부대에서 처음 환자가 발생한 것으로 알려져 있다. 1차 세계대전이 끝난 뒤 미군 병사들이 본국으로 귀환하면서 그해 9월부터는 미국 본토까지 확산됐다. 이후 1920년 6월까지 극지방은 물론 태평양의 도서까지 전 세계로 확산되어 2년 동안 창궐했다.

이 2년 동안 스페인독감으로 약 7000만 명이 사망했는데, 이는 1차 세계대전의 전사자 ^{900만 명} 보다 많은 사람이 희생되어 20세기 최악의 감염병으로 일컬어진다. 당시 우리나라에도 스페인독감 ^{무오년 독감} 이 퍼져 인구 1670만 명 가운데 절반 정도인 740만 명이 감염됐으며, 이 중 14만 명이 사망한 것으로 기록돼 있다.

[표 4] 감염병과 함께한 인류 [2]

명칭	유행 시기	영향
흑사병 (Fest))	540년 ~1900년경	− 3차에 걸쳐 유행을 반복 − 1348년 시작한 2번째 팬데믹으로 7천만 명 희생
콜레라	1817년 ~1920년	− 현재도 연간 4만 명 희생 − 수도 보급, 염소 소독으로 안정화
황열증	1600년대 ~1980년	− 모기 매체의 바이러스 출혈열 − 아프리카, 남아메리카에서 주로 발생
천연두	1500년대 ~1980년	− 인간만이 감염되는 바이러스 − 유럽 제국의 아메리카 대륙 침략전쟁에 커다란 영향

---

(2) 로날트 D. 게르슈테, 〈질병이 바꾼 세계의 역사〉, 미래의 창(2020)을 기초로 작성

결핵	1800년대 ~1900년대 전반	– 열악한 환경의 집단생활 – 세계적인 집단감염 – 치료제의 보급, 위생관리로 감소
스페인 독감	1918년 ~1920년	– 전세계 7,000만~1억 명 희생 – 국내 740만명 감염, 14만명 사망
홍콩 프루	1968년 ~1970년	– 2차에 걸친 유행(2차가 더 치명적: 전세계 100만명 사망) – 영국(우편, 철도), 프랑스(제조업), 독일(제조업)붕괴 – 정부의 선제적 대응 없었음: 숙명적으로 죽음 받아들임 – 백신출시 기간 3년
사스 (SARS)	2002.11 ~2003.7	– 사스-코로나 바이러스가 인간의 호흡기를 침범하여 발생 – 8,096명의 감염자가 발생하고 774명 사망
메르스 (MERS)	2012년 ~2015년	– 2012년 중동지역 발생 – 2015년 국내 첫 환자 발생후 186명 감염, 38명 사망

코로나19 사태가 위기일발의 순간을 모면하는 것으로 끝날지 혹은 대재난으로 역사에 남을지 아직 아무도 모른다. 일부 병리학자들은 세계 인구의 절반이 감염될 수 있다고 우려한다. 이 말이 맞다면 사망률이 2%인 코로나19 바이러스로 인해 현재 인구의 1%가 사망한다는 것이다. 이를 환산하면 독일 혹은 터키 전 국민의 수가 조금 안 되는 7,800만 명의 인구가 목숨을 잃게 된다. 말로 다 표현할 수 없는 대대적인 위기인 것이다.[3]

코로나19는 전세계의 조달·생산·물류에 걸친 공급망을 크게 흔들고 있다[4]

미국에서는 코로나19 발생 초기부터 공급망 리스크를 우려했다.

---

(3) 찰스 위폴로즈, 〈코로나 경제전쟁〉, 매일경제신문(2020.4)

(4) 이상근, "코로나19와 공급망 리스크", 아웃소싱타임스(2020.3.2)

2020년 2월 발간된 미국 웰스파고은행 보고서는 "바이러스의 공급망 리스크에 대해 걱정하기 시작할 때가 왔다. 수입 소비재의 최대 공급원인 중국의 상황이 계속된다면 4월 중순에는 일상용품들이 고갈될 수 있다"고 밝혔다. 글로벌 생산의 15%를 차지하며 세계의 공장이라 불리는 중국 경제가 코로나19 사태로 멈춰서면서 글로벌 경제에 심각한 타격을 줄 것이란 예상이었다.

이 예상은 현실이 되었다. 블룸버그통신은 2020년 3월 24일 보도에서 3월 21일까지 1주간 중국 경제의 가동률이 50~60%에 불과했다고 보도했다. 코로나19 진원지인 후베이성湖北省 의 경우 3월 17일 기준으로 전체 46%의 공장만 가동됐고 이마저도 원래 노동자의 3분의 1 정도로 가동됐다.

글로벌 기업들이 전 세계에 부품 생산과 공급 네트워크를 구축하기 시작한 것이 공급망 리스크를 키웠다. 2020년 2월 25일 마켓워치에 따르면 동년 1월 1일부터 2월 13일까지 실적 발표를 한 미국 364개 기업 중 한 번이라도 '코로나 바이러스'를 언급한 기업은 38%에 달했다.[5]

당장 중국의 산업활동이 위축되면서 글로벌 공급망에 적지 않은 차질이 빚어졌다. 전 세계의 주요 자동차·철강·전자·정보통신회사 등 제조기업들은 중국에서 부품을 생산하고 조립해 중국 시장에 공급하거나, 제3국에 수출하거나, 중국 생산 부품을 자국으로 역수출해서 조립하는 공급망을 가지고 있다. 그 결과 코로나19 사태로 중국 내 공장 가동이 멈추자, 전 세계는 상품과 부품의 조달·생산·물류에 걸친 공급망이 붕괴되었다.

(5) 강기준, "코로나로 콜라 못마시나… 전세계 공급망 위기", MT(2020.2.7.)

블룸버그통신은 "애플을 비롯해 코카콜라, 중국 서드파티 판매자 비중이 큰 아마존, 스마트 칫솔, 랍스터까지 중국 공급망 차질에 재고로만 버텨야 하는 상황"이라고 전했다. CNBC 방송은 LA항의 2월 화물 물동량은 전년 대비 25% 급감할 것으로 예상했다.[6]

아마존, 월마트도 공급망 리스크의 직격탄을 맞았다

미국은 미·중 무역전쟁으로 인해 일부 제조사들이 베트남과 다른 아시아 국가로 생산 공장을 이전하고 있었다. 특히 미국 유통기업들은 미·중 무역전쟁으로 중국산 제품에 대한 고율 관세 부과되기 전인 2019년 말부터 제품을 대량으로 사들였다. 따라서 미국 내 유통기업의 재고상태는 평소보다 높은 상태였다. 그럼에도 2020년 초부터 전문가들은 코로나19로 재고 부족 위기가 머지않아 현실이 될 것 경고했다. 이 경고는 팬데믹이 시작되면서 이내 현실이 되었다.

팬데믹이 시작되면서 미국 아마존과 월마트는 중국산 상품의 공급이 제한되면서 재고 부족 위기에 봉착했다. 마스크와 화장지 등 위생·생활용품의 극심한 부족 현상이 발생했다. 아마존과 월마트가 직면한 재고 부족 리스크는 코로나19 팬데믹 이후 공급망 리스크에 예민한 미국 산업계에 큰 부담을 안겨주었다.

아마존은 코로나19 확산으로 폭증하는 생필품 구매에 대응하기 위해 미국과 유럽 일부 지역에서 비非 생필품 판매를 사실상 중단했다. 아마존은 2020년 3월 17일부터 4월 5일까지 가정용 생활필수품, 의료용

---

(6) DHL, "포스트코로나 시대, 공급망 리스크 해법은?" https://blog.naver.com/dhl_korea/222077563741

품과 기타 고수요 제품 이외의 상품군은 미국과 유럽 물류창고 ^{풀필먼트센} ^터에 입고하지 못한다고 공지했다.

아마존이 배송 가능한 필수품으로 분류한 상품에는 유아용품, 의료용품, 가정용품, 식료품 산업과 과학관련용품, 애완동물용품, 도서 등이 포함됐다. 아마존은 이 제품들을 우선 풀필먼트센터에 입고해 더욱 신속한 고객 배송을 위한 조치이며, 처리량을 늘리기 위해 미국 전역에서 정규직 및 파트타임직 약 10만 명을 채용했다. 3월 23일에는 프랑스와 이탈리아 지역은 비생필품의 고객 주문도 일시 중단한다고 공지했다.

코카콜라도 팬데믹이 시작되면서 중국으로부터의 인공 감미료 수입이 어려워졌고, 제로콜라와 다이어트콜라의 생산에 차질을 빚었다. 애플도 투자자들에게 중국발 코로나19로 아이폰 생산에 차질이 생겨 2020년 2분기 목표 달성이 어려울 것이라는 사실을 밝혔다. 2020년 2월 아이폰을 위탁 생산하는 폭스콘 중국 공장의 가동율은 1월 대비 10% 이상 줄었다. 이후 중국 내의 모든 애플 공장은 다시 문을 열었지만, 생산량의 회복은 매우 서서히 이뤄졌다.

PC 분야의 글로벌 공급망이 흔들리면서
마이크로소프트 ^{MS} **의 주가도 급락했다**

2월 28일 로이터통신에 따르면 MS 주가는 PC 사업의 실적 악화가 예상되면서 전날 뉴욕 증시에서 4%나 떨어졌다. 애플, 구글, 아마존, HP 등 다른 IT 대기업들도 일제히 하락세를 보였다.

중국발 코로나19는 홍콩 시계제조업체, 미국의 보드게임 제조사, 뉴질랜드의 랍스터 공급까지도 차질을 빚게 만들고 있다. 블룸버그통신에 따르면 홍콩의 고급 시계인 메모리진 Memorigin 와치는 중국에서 수백 개의 부품을 조달하지 못해 생산을 멈췄다. 뉴질랜드에선 중국의 수입 취소로 150~180톤에 달하는 랍스터를 잡았다가 보관장소가 부족해서 일부 방류하기도 했다. 미국 보드게임 업체 레니게이드 Renegade 는 중국 상하이와 선전 주변 공장들로부터 재료를 공급받지 못하면서 2~6주 출시를 미루기도 했다.[7]

독일 자동차제조사 다임러가 "생산과 부품 조달 시장, 공급 사슬에 중대한 악영향을 미칠 수 있다"면서 코로나19로 인한 손실을 언급하고 나서는 등 유럽 산업계의 '바이러스 충격'도 휩싸이는 분위기로 돌아섰다. 애덤 포젠 피터슨 국제경제연구소 소장은 "유럽에서 상황이 상당히 나빠질 것"이라고 전망했다.[8]

한국 경제도 코로나19 직격타로 휘청였다

코로나19 사태는 중국에 진출한 현대·기아차, 삼성전자, LG전자, 포스코, SK 등 2만7681개 2019년 말 기준 기업의 상당수가 조업을 중단했다. 코로나19가 국내에 급속히 확산된 2020년 2월 중순부터는 국내 산업계에도 피해가 속출했다. 임직원이 코로나19 확진 판정을 받아 사업장을 폐쇄하는 사례가 잇따랐고, 부품공급망 불안정자동차 업계는 중국에서 코로나 19가 확산한 이래 어려운 상황이 이어졌다.

---

(7) "전방위로 확산하는 코로나19… 세계경제 '속수무책'", 한국무역신문(2020.2.24)

(8) "코로나19 충격, 2008년 금융위기 규모 될 수도", 헤럴드경제(2020.2.28)

[표 5] 마스크·거리두기·대유행·백신… 되돌아본 코로나19 1년[9]

날 짜	코로나 상황
1월 20일	국내 코로나19 첫확진자 발생
2월 18일	31번째 확진자 발생(신천지대구교회)
3월 9일	마스크5부제 시행
4월 15일	21대총선(선거관련 확진자 전무)
5월 5일	황금연휴기간 이태원 소재 클럽에서 코로나19 집단감염
6월 10일	고위험시설 QR코드 전자출입명부시스템 시행
7월 12일	공적마스크 제도 폐지
8월 15일	광화문 대규모 집회 후 서울 성북구 사랑제일교회 관련 확진자 수 급증하여 2차대유행 시작
9월 25일	정부, 추석특별방역대책 발표
11월 13일	정부,버스와 병원등에서 마스크 착용 의무화
12월 6일	수도권 사회적 거리두기 단계 2.5로 격상
2021년 1월 8일	정세균총리 "2월 후반 접종 시작, 가을전 집단면역 가능"

　　자동차산업은 3만여 개 부품으로 구성된 특성상 모든 산업을 통틀어 가장 길고 복잡한 가치사슬을 갖고 있다. 부품 하나에 협력업체는 10개 이상까지 하류로 내려간다. 현대·기아차는 '와이어링 하네스 wiring harness'라는 부품을 80% 이상 중국에서 수입했다. 코로나19 사태로 이 부품이 일시 공급이 중단되면서 국내 완성차 공장이 적게는 4일에서 16일간 셧다운 됐다. 국내공장의 생산 차질은 12만 대, 피해 금액은 2조 2,000억 원 발생했다. 국내 완성차 5사는 15만대 정도의 생산 중단 피해를 입었다. 중국이 아닌 국내 부품공급 불안정으로 인한 생산 차질

(9) "코로나19 팬데믹 마스크·거리두기·대유행·백신…되돌아본 코로나19 1년", KBS(2021.01.16)

도 빚어졌다. 현대차 울산4공장의 소형 화물차 포터 생산 라인은 포터 적재함 철판(데크)을 납품하는 1차 협력업체인 직원 중 코로나19로 사망자가 발생하면서 사업장을 임시 폐쇄했다.[10] 이에 따른 생산 차질도 현실이 되었다.

삼성전자도 '폴더블폰', '갤럭시Z플립' 등 프리미엄 스마트폰을 생산하는 구미 사업장에서 확진자가 발생하자 사업장을 일시 폐쇄했다. LG전자와 LG디스플레이 역시 생산직 일부의 구미 사업장 출입을 막았다. 이미 중국발 부품 대란으로 한 차례 '셧다운 Shut Down' 사태를 겪은 제조업들의 생산 중단 사태가 추가로 발생하면서 산업 전반의 피해가 불가피했다. 현대자동차도 울산 2공장이 멈춰서면서, 인근 산업단지 긴장감도 높아졌다.

코로나19가 한·중·일 동시 확산됐다면
글로벌 공급망의 대혼란을 부를수 있었다

미국 월스트리트저널 WSJ 는 2020년 2월 24일 보도에서 코로나19가 급속도로 확산하면서 '수출 허브'인 한국이 위험에 처했다고 보도했다. WSJ은 "한국에서 코로나바이러스가 빠르게 퍼지고 있는 것은 글로벌 제조업체들에겐 암울한 소식"이라며 "전 세계 공급사슬에서 자신의 덩치 이상으로 비중이 큰 한국이 중국처럼 공장을 폐쇄할 가능성이 커지고 있다"고 전했다. WSJ은 한국의 코로나19 위기로 공급망 리스크가 증대되면 전 세계 기업들은 연쇄 충격을 받을 것으로 봤다.

한국이 글로벌 무역에서 중요한 점은 수출 품목 중 완성품의 비중은

---

(10) "산업계 코로나19 피해 속출…사업장 폐쇄에 부품공급망도 불안", 연합뉴스(2020.2.25.)

작지만 전 세계 다른 제조업체가 필요로 하는 중간재의 비중 ^{수출품 중 90%}이 압도적이라는 점이다. 2월 24일 기사에서 "한국은 특히 전자제품 부문에서 지도적인 위치에 있고, 반도체와 디스플레이 부문 중 일부에선 시장 지배적인 만큼 한국 기업들이 코로나19의 확산을 늦추기 위해 중간재 공장을 폐쇄한다면 다른 지역에서 즉각 영향이 나타날 것"으로 예상했다.

중국국제금융공사 ^{CICC} 의 분석가들도 코로나19가 한국에서 빠르게 퍼지면 더 많은 기업이 생산량을 줄이거나 문을 닫아야 한다면서 전자제품, 철강, 자동차, 조선 부문 등을 우려했다.[11]

다행히 한·일 양국의 공급망 동시 단절은 없었다

한국과 일본은 코로나19에 총력 대응하면서 산업현장의 가동 중단은 극히 제한적이었다. 글로벌 공급망에서 한·중·일 3국에서 동시에 생산과 공급 차질이 일어났다면 전 세계 경제에 큰 악재가 될 수 있었다.

2020년 2월 28일 홍콩 사우스차이나모닝포스트 ^{SCMP} 보도에 따르면, 한·중·일 3국의 국내총생산 ^{GDP} 합계는 세계의 24%에 달하며 연간 무역 규모는 7200억 달러가 넘었다. 이들 3국은 세계에서 가장 통합된 경제 블록 중 하나를 형성하고 있다고 밝혔다. SCMP는 만약 코로나19가 발생 초기에 중국에 이어 우리나라와 일본으로 동시에 확산됐으면 '공급망 2차 쇼크'로 글로벌 공급망은 대혼란에 빠졌을 것이다.

일본 TSR의 2020년 2월 조사에서도 일본 기업 1만2348곳 중

---

(11) "코로나19 확산 여파, 중국 이어 한국·일본 강타", 이코노뉴스(2020.2.29.)

66.4%가 이미 코로나19의 영향을 받았거나 받게 될 전망이라고 답했다. 최악의 타격을 받은 건 제조업 부문으로, 약 30%의 기업이 영향을 받았다고 밝혔다. 또 51.7%는 미래 손실을 예상했다. 중국 궈타이쥔난 증권은 일본에서 코로나19 사태가 더 심각해지면 차, 기계류, 광전자 장비, 화학제품 생산과 연계된 공급망이 단기간 충격을 받을 수 있다고 밝혔다.

유럽의 경우, 팬데믹이 시작되면서 애덤 포젠 피터슨 국제경제연구소 소장은 "유럽에서 상황이 상당히 나빠질 것"을 전망했다. 독일 자동차제조사 다임러는 "생산과 부품 조달 시장, 공급사슬에 중대한 악영향을 미칠 수 있다"등 유럽 산업계의 '바이러스 충격'도 점차 현실화되는 분위기였다.[12]

WSJ은 2월 23일 각국 관리와 이코노미스트들의 말을 인용, 코로나19가 글로벌 공급망을 위협하며 세계 경제가 휘청이고 있다고 전했다. 특히 중국의 공장 폐쇄가 길어질 경우 전 세계 제조업에 심각한 손상을 입혀 최대 1조 달러 손실을 기록할 수 있다고 덧붙였다.[13]

글로벌공급망관리와 적기생산체계는
재난 사태 땐 리스크를 키우는 독

코로나19는 기존의 정설이었던 '재고의 최소화'와 2차와 1차 협력업체를 거쳐 최종 조립 공정에 이르기까지 '낭비 없이 완벽히 동기화'한 '글로벌공급망관리 GSCM Global Supply Chain Management'와 재고를 최소화하

---

(12) "코로나19 충격, 2008년 금융위기 규모 될 수도", 헤럴드경제(2020.2.28.)
(13) "코로나발 부품 공급망 붕괴", 파이낸셜뉴스(2020.2.25.)

는 '적기생산체계 JIT Just In Time '의 공급망 측면의 리스크를 되돌아보고, 공급망의 위기관리시스템 구축이 필요하다는 교훈을 주었다.

블룸버그통신은 "중국발 공급 차질로 기업들은 다른 국가로부터 대체 수입을 늘리려 하지만 전 세계로 코로나19가 확산하면서 이마저도 어려워질 가능성이 있다"면서 "글로벌 공급망 구축이 기업들의 효율성을 올리는 한편, 재난 사태 땐 리스크를 키우는 독이 되고 있다"고 보도했다. 블룸버그통신은 "애플을 비롯해 코카콜라, 중국 서드파티 판매자 비중이 큰 아마존, 스마트 칫솔, 랍스터까지 중국 공급망 차질에 재고로만 버텨야 하는 상황"이라고 전했다. 팬데믹 초기부터 이미 미국 내 주요 항만별로 공급망 차질이 현실화하고 있다는 신호가 감지되고 있었다. 포린폴리시 FP Foreign Policy 는 "중국의 항구를 떠나는 선박은 90% 감소했다"고 발표했다. CNBC방송은 LA항의 2월 화물 물동량은 전년 대비 25% 급감할 것으로 예상했다. 중국발 컨테이너가 대량으로 들어오는 사우스캐롤라이나 찰스턴 Charleston 항 역시 화물 취급량이 크게 줄어든 것으로 알려졌다.

4 경제민족주의와 프랜드쇼어링 ⁽¹⁾

　우리는 코로나19 팬데믹 상황에서 공급망 위기의 공포를 눈으로 직접 목격했다. 마스크를 사려고 수 백미터 줄을 서고, 번호표를 받고, 시간을 맞춰 줄을 다시 섰다. 마스크를 손에 쥐면 마치 대학 입학 합격증을 손에 쥔 것 같은 안도감을 느끼는 경험을 했다.

　우리는 또 TV나 유튜브를 통해 선진국이라고 부러워했던 미국에서 월마트, 코스트코같은 대형마트에서의 대혼란을 시청했다. 휴지 등 생필품을 사기위해 매장 문도 열기 전에 긴 줄을 서는 모습을 봤다. 먼저 줄을 서 대량의 화장지를 구입하는 고객과 뒤늦게 줄을 서 구매하지 못한 고객의 주먹다짐하는 장면도 보았다. 선진국 대형마트의 텅 빈 판매대의 장면도 볼 수 있었다. EU, 호주, 캐나다, 심지어는 지진이나 쓰나미에도 얄밉도록 차분하게 대처하던 일본에서도 같은 장면이 연출되었다.

---

(1)　이상근, "경제민족주의 vs 국제공조, 공급망 위기의 돌파구는?", 무역경제신문(2020.5.13.), 이상근, "공급망 리스크와 프랜드쇼어링", 아웃소싱타임스(2022.7.18.)을 바탕으로 작성되었습니다.

코로나19로 글로벌 공급망 GSC Global Supply Chain 붕괴는 현실로 나타났다

공급망 붕괴 원인은 크게 세 가지 경우이다.

먼저 공장 가동의 중단이다.

2020년 2월 중국 상하이를 시작으로 세계 각국은 코로나19 감염으로부터 근로자를 보호하기 위해'출근금지령'을 발동했다. 근로자의 이동제한과 출근금지로 공장은 문을 닫고 생산은 중단되었다. 이어진 주문취소, 신규주문의 감소나 단절로 판매가 막히면서 가동이 가능한 공장들도 셧다운 shutdown 됐다.

미국 백화점 콜스 Kohl's 가 우리나라 의류업체 10곳에 발주한 1,200억 원 규모의 주문을 일방 취소하여 우리 의류업체에 크게 타격을 주었다. [2] 또 다른 경우는 외국 외부 에서 원 · 부자재 공급이 중단된 경우로 코로나19 사태 초기인 2020년 2월 중국에서 공급받던 와이어링 하네스 wiring harness 의 공급 중단으로 국내 완성차 공장이 적게는 4일에서 16일간 셧다운 됐다.

둘째는 각국의 수출규제다

코로나 사태로 약 90개국이 의료물자 수출을, 29개국이 식품 수출을 중단했고, 국가 간 여행 제한으로 국경도 막혔다. [3] 2020년 4월 16일 월스트리트저널 WSJ 보도에 따르면, 중국 정부는 4월 초부터 중국

---

(2) "나이키로는 못 버텨…'공임비 1,500원' 마스크 생산 뛰어든 속사정", 서울경제(2020.6.16.)

(3) KT경제경영연구소, 〈코로나 이코노믹스〉, 한스미디어(2020.7)

에서 생산한 코로나19 대응용 의료기기와 보호장비는 해외 수출시 정부 승인을 받도록 했다. 저품질·불량 제품이 수출되지 않도록 하겠다며, 미국식품의약국 FDA 승인을 받은 물품도 포함시켰다. 이에 따라 한때 3M, 오웬스앤드마이너 Owens & Minor, 퍼킨엘머 PerkinElmer, GE 등 미국 기업들이 중국에서 만든 마스크와 인공호흡기, 진단키트가 미국으로 가지 못한 채 중국 내 창고에 쌓였다.

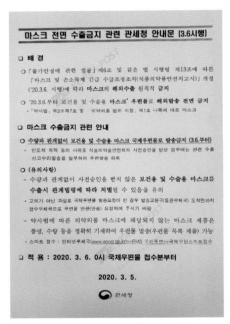

[그림 2] 마스크 수출금지 안내문 (출처: 관세청)

WSJ이 입수한 미 국무부 보고서에 따르면 의료장비 업체인 퍼킨엘머는 중국 쑤저우 공장에서 코로나19 진단 키트 140만 개를 들여오려

했지만, 중국의 새로운 규제 때문에 막혔다고 한다. 또 상하이 당국은 3M이 현지에서 생산하는 N-95 마스크의 수출을 제한하면서, 중앙 정부 허가가 필요하다고 통보했다. 이에 따라 퍼킨엘머, 3M은 중국 정부와 협의 결과 선적 물량은 예전보다 줄어들었다. 이처럼 각국의 수출규제는 글로벌 공급망 단절의 한 원인이 되었다.[4]

셋째, 물류망의 단절이 공급망을 붕괴시킨다

코로나19로 인한 물류망 단절의 원인은 각국의 국경폐쇄, 항공기와 선박의 운행중단, 출근금지령에 따른 공항과 항만의 조업 중단, 수출입 규제 등에 따른 화물이동 제한 등이 있다. 2020년 5월 11일 국제항공운송협회 IATA 집행위원장은 대부분 항공사의 90% 이상 항공기를 놀리고 있다고 밝혔다. 코로나19 사태 후 세계 각국의 항공사들은 외국인의 입국제한 조치로 여행객이 급감하면서 여객기 운항이 중단되거나 운항편 수를 크게 줄이는 수 밖에 없었다.

여객기와 화물기가 절반 정도씩 분담해왔던 국제 항공화물 운송은 운송 능력이 반으로 줄었다. 여기에 공장의 생산지연과 해상운송의 어려움으로 긴급화물이 많이 발생하는 상황이 계속되면서 항공화물 운송 수요는 더 늘어났다. 하지만 화물기 편수를 갑자기 늘리기 힘든 상황이라 일부 여객기를 화물기로 개조해 투입했지만 역부족이었다.

운송은 늦어지고 운임은 크게 뛰었다. 항공운송은 의약품 등을 우선으로 처리하고 공간을 많이 차지하는 부피화물의 경우 비용이 크게 올랐다. 물류 운송 차질로 제조업의 부품, 소재, 기기의 공급이 제대로

---

(4) "미국 코로나19 급한데…중국 규제에 의료장비 수입 지체", 연합뉴스(2020.4.17.)

이루어지지 않아 생산 중단과 지연이 계속되고 항공화물 운송수요는 증가하는 악순환이 반복되었다.

해운업도 사정도 마찬가지였다. 덴마크 해운컨설팅 기업인 씨인텔리전스 Sea Intelligence 에 따르면 코로나19 사태로 물동량 수요가 급감하면서 감편 또는 감선으로 운항이 취소된 컨테이너 서비스가 총 456회에 달하는 것으로 조사됐다. 세계 컨테이너 수요의 10% 감소와 약 170억 달러 수준의 선사 매출 하락으로 이어질 수 있다고 예상했다.[5]

세계 최대 해운사 머스크는 2020년 2분기, 아시아-유럽 간 10개 노선 중 2개 노선의 운항을 중단했다. 평소 대비 30% 가량 줄어든 셈이다. 미국 제프리즈 투자은행은 2020년 1분기는 5~10% 축소, 2분기 해운 수송능력이 최대 30%까지 감소할 것으로 내다보기도 했다. 곡물 수송이 많은 북미-일본노선 등의 일정이 더 늦어지고 있다. 코로나19 확산방지를 위해 선원의 상륙을 거부한 사례도 많아졌다.

공급망 단절을 경험한 글로벌 각국의 대응은 어디로 갈 것인가?

코로나19 확산 초기에는 중국 공장의 가동이 멈추며 완성차산업 등 부분적인 영향만을 주었다. 하지만 3월 들어 코로나19가 전 세계로 확산되면서 전세계 대부분 생산 공장의 가동이 중단되었다. 각국의 국경 봉쇄, 수출규제와 글로벌 물류망의 단절이 동시에 발생되면서 글로벌 가치사슬 Value chain , 공급사슬 Supply chain 이 붕괴되었고, 이와 연계된 전 산업으로 피해가 확대되었다.

미·중 G2, 선진국, 개도국 할 것 없이 코로나19 이후 글로벌 공급

---

(5) "해운업계, 저유가에 운임 급등 기대감↑… 장기 수요가 문제", 브릿지경제(2020.3.19.)

망 정책을 어떤 방향으로 정할지의 문제로 고민에 빠져있다. 공급망 정책은 다음 두 가지로 가닥을 잡아갈 것으로 예상된다.

먼저, 리쇼어링, 니어쇼어링이 힘을 받을 것이다

'방역안보', '경제안보', '경제민족주의', '자국우선주의' 차원에서 보건 · 의료 · 방역산업과 FMCG ^{fast-moving consumer goods 일용소비재} 산업은 리쇼어링 ^{Reshoring} 이나 니어쇼어링 ^{Near-Shoring} 이 힘을 받을 것이다.

그 동안 자유무역주의의 근간이 되어왔던 집중생산과 글로벌 분업은 자국이 가장 잘할 수 있는 분야에 집중 투자해 효율을 극대화하는 것이었다. 하지만 미 · 중간 무역분쟁에 이어 터진 코로나19는 국가의 안전, 건강과 직결되는 전략물자, 보건 · 의료 · 방역제품과 FMCG의 해외 공급이 갑작스럽게 단절되었다. 이에 국민들이 기본생활에 큰 불편을 겪으면서, 이들 제품은 자국이나 인접국, 동맹국에서 직접 생산해야 한다는 생각이 강해졌다.

이처럼 코로나19는 각 국가에 '탈세계화'와 '고립주의경제'로 돌아가려는 움직임을 몰고 왔다. 부품의 글로벌 연관 관계는 적지만, 생산비용 ^{특히 인건비} 문제로 해외에서 생산하여 수입하던 생필품을 중심으로 해외 진출기업이 국내 복귀를 유도하는 정책을 추진하고 있다. 기업들을 자국이나 인접국, 동맹국으로 복귀시켜 제조업 역량을 강화하고, 국가 안전망 구축하는 동시에, 국내경제 파급효과를 높이는 정책을 추진하고 있다.

우리나라도 해외 진출 대기업 공장 한 곳만 유턴해도 다수의 공급 협력기업이 따라 돌아올 수 있는 만큼, 일본의 수출규제와 코로나 19로 타격을 입은 국내 제조업의 활성화와 공급망 보완에도 도움을 줄 수 있을 것이라는 판단하고 있다.

국내 유턴기업 지원제도와 관련해서는 정부에서는 국정과제로 정하고 국내 투자 활성화와 일자리 증대 등을 위해 유턴기업 유치 전략을 추진했다. 이를 통해 기업들의 국내 복귀는 양적으로나 질적으로나 확대되는 추세다. 2014년부터 2020년까지 연평균 11.7개사였던 국내 복귀 기업은 2020년 24개사, 2021년 26개사로 늘었다.

또 중소기업 중심이었던 국내 복귀는 점차 중견기업이나 첨단 부분으로 확장되고 있다. 대기업과 협력업체가 결합한 형태의 국내 복귀 기업 사례도 늘고 있다. 2019년 현대모비스는 5개 부품기업과 함께 국내로 복귀해 대기업 국내 복귀 첫 사례를 기록했다. 현대모비스의 국내복귀 투자금액은 약 3,640억 원, 고용효과는 800여 명이었다.[6]

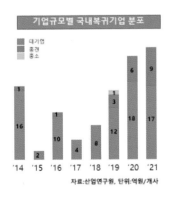

[그림 3] 해외진출 기업의 국내복귀 추이

(6) "탈글로벌화…"기업 '내셔널리티' 중요한 변수", 중기이코노미(2022.6.7)

둘째, 국제공조와 프랜드쇼어링 friend-shoring 을 강화하는 정책도 강구할 것이다

글로벌 공급체인은 각국 간에 복잡하게 연결돼있어 공급망의 일방 단절은 다시 자국에 더 큰 피해로 돌아온다. 수출규제와 방역을 앞세운 과도한 입국 제한과 통관, 검역 절차를 통한 규제는 상호주의에 따라 또 다른 보복을 일으키고, 이는 다시 보복 조치를 초래한다.

코로나19 확산에 따른 공급망 단절의 영향을 최소화하기 위한 국제 적 공조를 강화하는 흐름도 기대할 수 있다. 2020년 3월 전경련과 미 국상공회의소도 코로나19 사태 해결을 위해 국제협력이 필수라는 공동 합의문을 발표했다. 특히 의료물자의 원활한 유통을 위해 항공운송 차 질이 없어야 한다는 데 인식을 같이했다. 합의문에서 의료물자가 신속 히 유통되도록 물류업계와 협력할 것을 건의했다. 또 필수 의료물품은 수출규제를 자제할 것을 요청했고, 항공화물 조종사와 승무원 등은 이 동 보장을 하라고 촉구했다. 이에 더해 대중과 접촉하지 않는 인력은 14일간의 격리 의무를 면제해달라고 요청한 바 있다.

2020년 5월 G20 특별 통상장관회의에서도 육로·해운·항공 등 물 류의 원활화 및 통관절차 간소화 등을 통한 글로벌 공급망 유지의 필요 성을 적극적으로 제안된 바 있다.

코로나19 사태 이후 G20, 선진국, 개도국 등 각국은 자국의 이익 정 도와 사안의 중요도에 따라 생산 공장의 자국 내 복귀 리쇼어링 정책과 국제공조 강화 정책을 사안에 따라 적절하게 구사할 것으로 예측된다.

국제공조는 프랜드쇼어링 friend-shoring 의 방향이
주를 이룰 전망이다

다만 국제공조는 우방국과의 교류를 중심축으로 하는 동맹쇼어링Ally shoring, 프랜드쇼어링 friend-shoring (7)의 방향이 주를 이룰 전망이다. 2022년 4월 13일 워싱턴 DC Atlantic Council에서 열린 연설에서 엘렌Janet Yellen 미 재무장관은 friend-shoring이라는 용어를 처음 사용했다.

엘렌 장관은 글로벌 공급망 차질이 미국 경제와 사회에 피해를 입히고 있기에 핵심부품과 원자재에 대한 해외 의존도를 낮춰야 한다고 강조했다. 따라서 비우호적인 국가보다 미국과 가치를 공유하는 우방국과 교역을 해야 한다고 주장했다. 엘렌 장관은 서로 우호적인 경제는 위기 중에 거래를 멈추지 않을 것이기 때문에 모든 품목이 모든 국가에서 제작될 필요는 없다고 말했다. 이는 단순한 가격보다 더 복잡한 측면에서 경쟁을 측정함으로써 비우호적인 국가에서 만든 제품이 반드시 우호적인 국가에서 만든 제품이 경쟁하도록 허용치 않는다는 것을 의미한다.(8)

---

(7) 프렌드쇼어링이란? 친구를 뜻하는 프렌드(friend)와 기업의 생산시설을 의미하는 쇼어링(shoring)을 합친 단어로, 동맹국간 촘촘한 공급망을 구축하기 위한 경제적·정치적 행위를 총칭한다.(출처: 더스쿠프(https://www.thescoop.co.kr))
원자재나 기술, 생산 능력 등 공급망의 핵심 요소들을 통해 시장의 지위를 보유한 국가가 무역 질서를 일으키는 것에 반대해 상호·다자간에 합의된 무역 질서를 지키며 신뢰를 구축한 국가들이 모여 공급망을 구축하는 형태의 무역 전략을 말한다.

(8) 데일리미국증시, "공급망 해결을 위해서 리쇼링이 아닌 프랜드쇼링으로 대체 중인 미국과 동맹국들" https://naver.me/5THdhrnG

5 미국과 중국의 무역과 기술 분쟁 [1]

세계 경제는 코로나19와 미·중 관계 악화 이전까지는 '가치사슬 GVC, Global Value Chain '이라는 개념 아래 세계 경제를 각국의 부가가치를 중심으로 분석해 왔다. 가치사슬은 상품과 서비스의 설계, 개발, 부품 조달, 생산, 물류, 유통과 판매, 사용, 서비스, 폐기 등 전 범위에 이르는 기업의 가치 창출 활동이라고도 이해할 수 있다.

지난 20~30년간 철저히 비용 생산+물류+관세 등 과 시장 수요를 고려해 공급사슬 supply chain 을 구축하는 것이 글로벌 트렌드로 자리 잡았다. 가치사슬이 제품 생산에 있어서 공정별로 누가 얼마만큼의 부가가치를 가져가는지에 초점을 맞추고 있다면, 공급사슬 개념은 상품이 차질 없이 생산되고 적시에 적량이 소비자에게 공급이 되는지 상품의 전체적 흐름에 초점이 맞춰져 있다.

---

(1) 이상근, "미·중 갈등으로 가속화되는 글로벌 공급망 재편, 무역경제신문(2021.7.26)을 바탕으로 작성되었습니다.

임금 상승, 물류비 급등으로
세계화의 실익은 점점 약해지고 있다

1990년 독일 통일, 1991년 소비에트 연방의 해체 이후 전 세계는 냉전체제에서 국제화 단계를 넘어 하나의 단일 시장과 공급망으로 움직이는 글로벌 시장이 됐다.

글로벌 제조기업들은 글로벌 공급망의 기반 위에 적극적인 오프쇼어링 off shoring 을 추진해 원가를 절감할 수 있게 되었다. 하지만 2008년 세계금융위기 이후 영국의 브렉시트, 트럼프 대통령의 미국 우선주의, 미·중 간 무역분쟁, 일본의 반도체 소재부품의 수출규제 등 보호무역주의 현상은 지속해서 발생해왔다. 경제협력개발기구 OECD 의 서비스무역제한지수 Services Trade Restrictiveness Index 와 IMF의 세계 불확실성지수 World Uncertainty Index 에 따르면, 2009년부터 2021년 사이에 중국은 2957개의 무역 제한 조치를 발표했다.

미국과 독일도 각각 2647개, 1993개의 무역 제한 조치를 발표하면서 자국우선주의의 확산에 일조했다. 여기에 글로벌 경기 침체까지 겹치면서 이런 자국 중심의 조치들은 앞으로도 강화될 것으로 예상되며, 자유무역을 전제로 한 글로벌 공급망은 큰 위협에 처하게 됐다.[2]

다국적 제조 기업 입장에서는 최근 몇 년간 생산거점 국가들의 급격한 임금 상승으로 원가 상승 압력이 높아지고 있다. 따라서 저임금 국가에 생산거점을 확보한 기업들은 자동화, 무인화로 무장한 고임금 선진국에서 생산하는 기업에 비해 장점이 사라지고 있다.

여기에 유가 급등과 해운, 항공, 육상 운송수단의 스페이스 부족과

---

(2) 권영대,"글로벌화의 종말, 공급망의 재정비" [한경 CFO Insight](2022.7.8)

항만, 공항, 터미널, 물류센터의 인력 부족은 해상, 항공, 육상운임과 하역비, 보관비 등 물류비 전반의 급상승으로 오프쇼어링의 실익이 점차 감소되고 있다. 이런 이유로 이미 많은 글로벌 기업들이 기존의 생산거점, 물류거점과 판매거점을 생산비, 유통비, 물류비와 관세 등을 종합적으로 고려하여 오프쇼어링 유지냐, 리쇼어링 또는 니어쇼어링 할 것인가를 고려하고 있다.

팬데믹 상황에서 중국의 수출규제로 미국의 자존심은 타격을 받았다

팬데믹 상황에서 중국의 마스크, 진단 장비 등 방역용품의 수출규제로 미·중 간의 갈등이 발생했다. 중국은 전 세계 의료용 마스크, 장갑, 고글, 방호복의 40%를 생산하는 대체 불가능한 공급국이었다. 미국은 항생제 수요량의 80% 등 많은 의료용품을 중국에 의존하는 형편이었다.

2020년 4월 미국에서 확진자가 급증하면서 마스크, 의료기기가 다급한 상황에서 중국 정부는 저품질·불량제품이 수출되지 않도록 하겠다며, 중국에서 생산된 코로나19 대응용 의료기기와 보호장비의 수출 시 정부 승인을 받도록 했다. 여기에는 미국식품의약국 FDA 승인을 받은 미국기업이 중국에서 생산한 마스크와 인공호흡기, 진단키트가 포함됐다.

중국 정부의 수출제한으로 중국에 생산시설을 둔 3M 마스크, 퍼킨엘머 PerkinElmer 진단 장비 등 미국 의료장비 제조기업들이 미국이 필요한 때 미국으로 수출할 수가 없었다. GE는 중국에서 만든 인공호흡기 부품이

5일 동안 창고에 쌓이면서 미국 위스콘신주에 있는 생산라인을 멈춰야만 했다. 퍼킨엘머 Perkin Elmer 는 중국 쑤저우 공장에서 코로나19 진단키트 140만 개를 들여오려 했지만, 중국의 새로운 규제 때문에 막혔다. 상하이 당국은 3M이 현지에서 생산하는 N95 마스크 수출을 제한했다.

미국에서 100명 미만의 확진자가 발생하고, 사망자는 한 명도 발생되지 않았던 2020년 2월 23일 폭스 비즈니스에 출연한 피터 나바로 Peter Navarro 미국 백악관 무역 · 제조업국장은 저임금과 불공정한 무역 관행 등으로 너무나 많은 공급망이 해외로 빠져나가고 있다면서 "위기 때에는 동맹이 없다", "공급망을 다시 미국 내로 옮겨야 한다"고 밝혔다. 그는 중국이 바이러스 차단율이 높은 N95 마스크의 수출에 제한을 두고 있다며 "공급망을 안전하게 확보해 우리가 필요로 하는 것을 가질 수 있도록 해야 한다"고 강조했다. [3]

2018년부터 본격화된 미국과 중국의 무역과 기술 분쟁도 기존 GVC에 부정적이다

미국은 무역 상대국이 반도체 제조 장비 등 첨단기기의 중국 공급도 가능한 한 막고 있다. 화웨이의 네트워크 장비를 비롯해 중국산 제품 사용을 줄일 것을 요구하고 있다. [4]

---

(3) "피터 나바로 "中이 WHO 망처…위기엔 동맹없어", 동아일보(2020.2.24)

(4) 화웨이의 LTE · 5G 네트워크에서 보안 사고가 발생했던 적은 셀 수도 없이 많다. 폴란드 최대 이동통신사인 오렌지폴스카의 통신 서버에 사용된 화웨이 장비, 인도 국영통신사 바랏산차르니감(BSNL)의 서버에 적용된 화웨이 장비, 호주 정부망 서버에 사용된 화웨이 장비, 네덜란드 이동통신 3사가 도입된 통신망에서 모두 백도어가 발견됐다. 이들 백도어는 최초 보안 검사와 운용 단계에서 식별되지 않았을 만큼 잘 숨겨져 있었지만, 이상 데이터 트래픽, 즉 서버에서 몰래 데이터를 절취해 중국으로 보내는 과정에서 발생한 트래픽 때문에 덜미가 잡혔다. 출처: 신인균, "스파이 위험 경고등 켜진 中 부품, 한국군 통신장비와 내무반까지 침투", 주간동아(2020년 1268호)

2021년 들어 반도체 칩 공급 부족은 글로벌 자동차 회사들이 줄줄이 생산을 멈추는 사태를 발생하고 있다. 이는 미국의 중국 반도체 기업들에 대한 제재로 중국 내 반도체 생산이 차질을 빚어 공급이 줄어들고, 세계 각국의 기업들이 미·중 간의 갈등에 따른 공급 불안정 확대를 우려해 반도체 칩을 사재기한 것이 원인으로 알려져 있다.

바이든 대통령이 반도체 공급 부족에 따른 대처방안을 위해 진행하는 회의에 세계 19개 기업이 참석했지만 중국 기업은 없었다. 이는 바이든 행정부의 반도체 산업에서의 중국 배제 정책을 한눈에 보여주는 사례이다.

미국 조 바이든 Joe Biden 대통령은 2021년 2월 24일 각 행정부처에 4대 품목 및 6대산업에 대한 공급망 조사와 대응방안 수립을 지시하는 행정명령 Executive Order 14017 을 발동했다. 이 조사의 직접적 배경은 2020년 코로나19 유행 초기 마스크와 같은 개인보호장비 PPE Personal Protective Equipment 공급 부족과 이어 발생한 차량용 반도체 부족으로 미국 사회와 경제가 받은 타격이다.

이 행정명령은 미국 내 산업과 안보에 중대한 영향을 미치는 핵심 전략 품목 및 첨단기술산업의 공급망 재편을 위한 사전 정지 작업이다. 반도체, SW, 통신 네트워크 등 첨단기술에 대한 미·중 간의 기술패권 경쟁이 계속되고 있는 가운데, 코로나19 팬데믹은 미국 내 관련 산업의 공급망 회복성, 다각성과 안전성 확보의 필요성을 다시 생각하는 계기가 되었다. 이 공급망 조사·분석을 통해 미국은 현재 직면하고 있는 각 품목·산업별 공급망 상의 취약요인을 찾고, 이에 대한 정책 대안을 찾는데 목적이 있었다.

'100-Day Reviews under Executive Order 14017' 보고서는
6월 4일 발간됐다

미국 정부의 100일 공급망 검토의 목표는 미래 핵심산업에서 중국의 부상을 저지하는 동시에 글로벌 시장에서 중국의 지배력 증대를 견제하는데 많은 부분 할애했다.

[표 6] 4대 핵심품목 100일간 검토 결과[5]

• 공급망 취약원인

NO	공급망 취약 원인	세부내용
1	불충분한 미국 제조능력과 중국의 부상	제조 역량 상실이 혁신 능력 저하로 연결
2	시장 내 어긋난 인센티브와 단편적 접근	단기 수익확대에 치중, 장기적 차원의 투자는 미흡
3	중국 등 동맹/경쟁국의 산업지원책 확대	中 정부, 핵심공급망 내 시장확보 위한 공격적 지원
4	글로벌 조달에서의 높은 지리적 집중도	낮은 생산비용 등 이유로 소수 국가에 공급망 집중
5	제한적인 국제 협력	공급망 안보 증진 위한 외교적 차원의 노력 미흡

• 정책제언

NO	정책제언	내용
1	반도체	-최소 U$500억 규모 생산 투자에 대한 의회의 지원 -한국 기업 U$170억 對美 투자 사례와 같은 동맹국 투자 유치 확대 -단기 공급난 해소를 위한 태스크포스(TF)구성

---

(5) 김지선, "미 바이든 행정부 '4대 핵심품목' 공급망 검토결과 및 시사점", 포스코경영연구원 (2021.6.16.)

2	배터리	–정부차량 국산EV 전환(U$50억), 충전 인프라 확충 등 지원(U$150억) –EV 소비자 세제혜택, 셀/팩 제조 U$170억 대출프로그램 가동 –자국 공급망 발전 10년 계획 수립, 차세대 배터리 투자확대
3	핵심광물	–잠재적 생산 및 프로세싱 지역 파악, 국제 투자 프로젝트 확대 –네오디뮴 자석 대상 무역확장법 232조 적용 검토
4	의약품	–의약품 제조, 유통 과정의 경제성 향상 지원 –100여 종의 필수 의약품 자국 생산위한 민관 컨소시엄 구성
5	기타	–정부조달 활용 강화, 중소기업 지원, 환경, 노동 기준 강화 –무역대표부(USTR)주도 '공급망 무역기동타격대' 신설 –동맹국, 민간참여 대통령 주재'공급망회복 글로벌 포럼' 소집

    이 보고서에서는 미국이 공급망의 안전성을 높이기 위해 동맹국들과 정치적 관계를 강화해야 한다는 점을 강조하고 있다. 이는 미국이 국제 관계의 중요 인식을 자국의 공급망 안전성 확보와 더불어 글로벌 공급망 리더십을 확보하려는 의도가 있음을 읽을 수 있다.

    행정명령에 따라 분석 결과와 정책 제언을 담은 탄력적인 공급망 구축, 미국 제조업 활성화 및 광범위한 성장 촉진 ^{부제: 100-Day Reviews under Executive Order 14017} ' 보고서는 6월 4일 발간됐다. 이 공급망 ^{Supply Chain} 검토보고서는 반도체, 배터리, 의약품과 희토류 등 4개 핵심 분야에 대한 공급망을 점검하고, 글로벌 시장에서 외부요인에 쉽게 흔들리지 않는 공급망 재편·강화를 내용에 담았다. 보고서에서는 미국의 ①국내 제조 역량 부재 ②질적 성장을 위한 인센티브 제공 부족 ③미국 정부의 산업정책 부재 등을 문제점으로 지적하고 있다.

    보고서에서는 산업정책에 있어서 정부의 역할이 제한적이었으며, 비교우위에 입각한 철저한 분업화가 오히려 미·중 간 전략적 경쟁 국면에서는 공급망 상의 리스크로 작용했다는 문제의식이다. 특히 신뢰할 수 없는 특정 국가에 대한 공급망의 의존은 국가 안보에 리스크라는 점이 공급망에 대한 강조의 근본적인 배경이라고 볼 수 있다.

미국 정부는 핵심산업 분야에서 동맹국들과의 협력을 통해 안전한 공급망을 구축하는 동시에 가장 위험한 잠재적 경쟁자 중국에 대한 의존도를 줄이고 미래 국제표준 제정 등에 있어서 중국을 제외시키려 하고 있다. 이를 위해 미국 내 생산시설 확충과 동맹국과의 협력 강화를 통해 중국 기업들과의 거래를 제한하는 것이다.[6]

미국 상원은 '미국 혁신 경쟁법'을 가결했다

미국 상원은 2021년 6월 8일 중국 견제, 첨단기술 확보 및 공급망 재편 등을 위한 초강력 법안인'미국 혁신 경쟁법 US Innovation and Competition Act of 2021'을 가결했다. 이 법은 미국이 중국과의 경쟁이 치열한 중점산업에 2500억 달러를 지원하는 내용이 포함된 법이다. 중국 견제와 첨단산업 육성을 위해 미국 의회 내 여러 위원회에서 발의된 법안을 통합한 패키지 법안으로 총 7개의 Division으로 구성되어 있다.

미국 혁신 경쟁법은 중국 견제 및 전략산업 공급망 확보를 위해 국익의 관점에서 초당적으로 추진되었다. 이 법은 미국이 국가적 차원에서 전략산업의 산업 경쟁력을 확보하면서 동시에 안보적 차원에서 중국 견제와 공급망 의제를 관리하기 위한 목적을 포함하고 있다.

미국의 첨단기술과 산업의 공급망 재편에 대한 인식과 대응은 예상

---

(6) 이준 외, "미국의 공급망 조사 행정명령에 따른 시나리오별 영향 분석과 대응전략", 산업연구원 (2021.12.31)

보다 빠르고 강도 높게 진행되고 있다. 바이든 정부는 트럼프 정부와 같이 첨단기술에 대한 중국 배제와 억제 기조를 일관되게 유지하고 있다. 반도체, AI 등 핵심 전략기술에 대한 중국 견제와 더불어 이번 공급망 분석과 정책 제언은 미국이 자국 중심의 공급망 재구축을 장기간 진행할 것임을 시사하고 있다.

[표 7] 미국혁신경쟁법 지원규모 [7]

기술 개발	1900억 달러	5년간 총 2500억 달러
반도체 지원	520억 달러	
기타	80억 달러	

첨단산업과 관련 공급망 확보가 산업 경쟁력뿐만 아니라 국방·안보 역량과 직결되면서 산업과 안보가 통합된 형태로 관리되고 있다. 미국은 중국과의 첨단기술 경쟁을 '가치의 경쟁 Value Competition'으로 간주하고 있으며, 이는 과거 미·소 간 냉전에 버금가는 수준의 인식으로 평가하고 있다.

코로나19로 글로벌 공급망이 크게 훼손되면서
GVC는 심각한 타격을 받았다

기존의 GVC 전략인 '규모의 경제'를 위한 '집중생산', '재고의 집중화'와 '지연전략'은 효율성을 달성하는 데는 유리하다. 하지만 코로나19 팬데믹 시대에는 특정한 사슬 Chain 고리 에서 문제가 생기면 전체 GVC가

---

(7) "中 견제 '원팀'된 美의회·백악관···반도체·배터리에 2500억弗 지원", 한국경제신문(2021.6.9)

무너지는 취약성에 직면하면서, 최적은 아니라는 것을 실감하고 있다.

각국 정부와 기업은 미국 정부의 100일 공급망 검토보고서 발표 이후 미·중의 패권 경쟁에서 글로벌 공급망 어떤 방향으로 재편될지 촉각을 세우고 있다. 이번 보고서에서 주요 품목에 있어서 국가 간 상호 의존도는 생각보다 높았다. 공격받은 국가는 동일 품목의 생산 공정상 다른 지점에서 보복할 수 있고, 다른 전략 물자의 수출 통제로 보복도 가능하기 때문이다.

이런 현실에서 어느 한 국가가 공급망을 이용하여 일방적으로 다른 국가를 공격하는 것은 현실적으로 어려울 것으로 보인다. 가장 큰 우려는 가장 효과적인 원자재 조달, 생산, 물류, 유통의 글로벌 가치사슬 경제적 논리 에서 미·중 동맹 사이의 국제정치적 논리에 의해 좌우되는 '동맹쇼어링 Ally-shoring '에 기반을 둔 글로벌 공급망 구축으로 급격히 변화할 것이다.

이 변화에서 두 동맹 중 하나를 선택해야 할 경우, 우리 산업은 어떤 선택을 해도 큰 타격을 받을 우려가 있다. 우리도 기존의 패러다임에서 벗어난 새로운 전략 짜기에 돌입해야 하며, 지속가능한 성장을 위한 신속하고도 치밀한 전략이 요구되는 시점이다.

6 수에즈운하 봉쇄 [1]

2021년 3월 23일 오전, 중국에서 출발해 네덜란드 로테르담으로 향하던 에버기븐 Ever Given 호가 수에즈 운하에서 좌초했다. 너비 59m, 길이 400m, 22만 톤 규모의 에버기븐호는 좌초 6일 만인 3월 29일 아침 4시 30분에 정상 위치로 돌아왔다.

전 세계 해상 물동량의 12~13%가 통행하는 글로벌 교역의 핵심 통로인 수에즈 운하의 통행이 막히면서 막대한 피해 발생을 예상했다. 영국 파이낸셜타임스 FT 는 운하에 좌초된 '에버기븐'호에 따른 봉쇄 사태가 장기화되면 세계 경제에 물류 대란 등을 포함한 '수에즈 위기'가 닥칠 수 있다고도 진단했다.

**국내 컨테이너 선사인 HMM은
희망봉 노선으로 우회를 결정했다**

[1]   이상근, "수에즈운하 봉쇄와 공급망 리스크",무역경제신문(2021.3.30.)을 바탕으로 작성되었습니다.

[그림 4] 수에즈운하에 에버 기븐호가 좌초돼 있는 모습.　출처: 프랑스 우주청 CNES 위성사진

3월 28일 국내 컨테이너 선사인 에이치엠엠 HMM, 옛 현대상선 이 유럽－아시아 노선 선박 4척을 아프리카 남단으로 돌아 희망봉 노선으로 우회를 결정했다. 유럽－아시아 왕래 노선 선박이 희망봉을 돌게 된 건 1970년대 중반 이후 약 45년 만이다. HMM은 수에즈 운하를 지날 예정이었던 2만4천TEU급 'HMM 스톡홀름호', 'HMM 로테르담호', 'HMM 더블린호', 그리고 5천TEU급 부정기선 'HMM 프레스티지호'를 남아프리카공화국 희망봉으로 우회하는 노선 변경을 결정했다. 로테르

담호와 더블린호, 프레스티지호는 유럽에서 아시아로, 스톡홀름호는 아시아에서 유럽으로 여러 기업의 화물을 싣고 이동하는 중이었다. 가장 먼저 수에즈 운하 진입이 막혔던 2만4천TEU급 'HMM 그단스크호'는 인근 해상에 대기 중이었다.

이 노선 변경은 수에즈운하 재개가 수일 더 걸릴 수 있다는 우려가 커진 데 따른 것이었다. 희망봉을 돌면 약 9640㎞를 더 항해해야 한다. 소요 기간도 7일~10일 더 걸린다. 수에즈운하 개통 이후 해운회사들은 희망봉 노선을 잘 이용하지 않았다. 1960년대 말부터 1970년대 중반까지는 이집트와 이스라엘이 수에즈 운하를 사이에 두고 군사적으로 대립하면서 8년 동안 다시 희망봉 항로를 이용한 바 있다.[2]

수에즈 '에버기븐호' 부양 성공[3]

AP통신에 따르면 에버기븐호가 수에즈운하 제방을 들이받아 운하를 가로막은 지 약 일주일 만에 29일 오후, 만조의 도움을 받아 에버기븐호 완전 부양 작업이 성공했으며 운하 통항이 재개됐다. 수에즈운하 관리청 SCA 과 구난 작업에 합류한 업체들은 수심이 높아지는 만조 때를 선체 부양의 적기로 판단하고 전날 밤늦게까지 준설 작업을 강화했다. 선박 뱃머리가 박혀 있던 제방에서 총 2만7000㎥의 모래와 흙을 퍼냈고 18m 깊이까지 굴착했다. 선박 인양은 밀물이 들어올 때 예인선 10척이 선체를 밀면 준설선이 배 아래에 깔려 있는 모래와 흙을 빨아들이는 식으로 진행됐다.

(2) "수에즈 운라 재개통됐지만 HMM컨테이너 4척 예정대로 희망봉 우회", 이투데이(2021.3.30)

(3) "수에즈운하 열렸지만…물류정상화까진 1주일 더 걸린다", 매일경제(2021.3.29)

수에즈운하가 통행 재개했지만, 하루 50척의 배가 통과하는 수로는 지연 대기 중이던 450여 척의 선박이 다 빠지고 완전 정상화까지 일주일 이상이 더 필요했다.

4월 4일 월스트리트저널 WSJ 에 따르면 전날 수에즈운하관리청 SCA 이 정체 해소를 선언했을 때 만해도 61척의 배가 운하에 여전히 대기 중이었지만, 이날은 이들 선박과 에버 기븐호 부양 이후 도착한 배를 포함해 총 85척이 무리 없이 통과했다.

평상시 수에즈 하루 평균 통항량이 40~50척인 점을 고려하면 평소보다 많은 양의 배가 운하를 지나간 셈이다. WSJ은 "최근 운하를 통과 선박 다수가 제한 최고속도 7.6~8.6노트 · 시속 약 14~16km 보다 빠른 8~10노트로 운항했다"고 전했다. 정체 해소를 돕기 위해 선박들이 예전보다 속도를 높여 운하를 지났다는 의미다.

이번 사고로 인한 공급망 단절 우려로 원유, 커피 등 원자재 가격도 한때 급등했다. 3월 26일 미 서부 텍사스산 원유 WTI 와 북해산 브렌트유의 가격은 각각 전일 대비 4% 이상 올랐다. 다행히 수에즈운하가 다시 열리면서 글로벌 물류 대란에 따른 해상 운임과 원자재 가격의 급등이나 커피 · 휴지 등 생필품 공급난은 빠르게 진정됐다. 하지만 유럽과 아시아를 잇는 최단 노선인 수에즈운하의 운영이 중단되면서 전 세계 원자재 공급망에 상당한 차질이 있었다. 이번 사고로 매일 90억 달러 약 10조1700억 원 규모의 물동량이 타격을 받았다고 한다. 해상물류업계는 이번 사고로 하루에만 1400만~1500만 달러의 손실이 생긴 것으로 추정하고 있다.

수에즈운하 대신 남아프리카공화국 희망봉 항로로 우회하기로 결정한 HMM 소속 선박 4척은 수에즈운하 정상화 여부와 관계없이 희망봉 항로로 나아갔다.

HMM 관계자는 "선박이 물에 떴다는 것만으로 운항이 정상화됐다고 판단하기엔 이른 감이 있어 현재 진행 상황을 면밀히 지켜보는 중"이라고 말했다. 다만 가장 먼저 수에즈운하 진입이 막힌 2만4000TEU급 'HMM 그단스크호'는 인근 해상에서 대기했다.

향후 관심사는 사고 원인과
책임 소재 규명에 집중될 전망이다[4]

책임 소재와 피해 보상을 놓고 후폭풍이 상당할 전망이다. 오사마 라비 SCA 청장은 현지 언론과 인터뷰에서 "이집트 정부가 입은 손해가 하루 1400만 달러 ^{약 158억 원} 로 추산된다"고 밝혔다.

블룸버그는 "이번 사고와 관련해 지급해야 할 보상금이 수억 달러일 수 있다"며 "이해당사자 간 치열한 책임 전가가 예상된다"고 보도했다. 이집트 당국은 이미 손해배상 청구를 공언했다. 오사마 라비 SCA 청장은 4월 2일 현지 언론 인터뷰에서 "10억 달러 ^{약 1조1000억 원} 이상의 배상금을 청구하겠다"고 밝혔다. 운송료, 준설·인양 작업에 따른 운하 파손, 장비 및 인건비 등을 고려한 추정치다. 이집트 정부는 피해를 배상하지 않으면 에버 기븐호를 석방하지 않겠다고 말했다.

운송 정체로 엄청난 손실을 입은 기업들도 선박 좌초 책임 규명 결과에 촉각을 곤두세우고 있다. 국제 해상무역 물동량의 14%, 해상 운송 원유 10%가 지나는 수에즈 운하가 가로막히면서 전 세계 통상에 큰 혼

---

(4) "11일 만에 정상화된 수에즈 운하… 배상 '제2 라운드' 시작", 한국일보(2021.4.5.)

란이 일었다.

앞서 해운정보업체 로이드리스트는 운하 운영 중단으로 매일 아시아와 유럽간 96억 달러 ^{10조 8,000억 원} 어치 화물 운송이 지연된 것으로 추산했다. 독일계 보험사 알리안츠는 무역 손실을 하루 약 60억~100억 달러 ^{6조 8,000억~11조 3,000억 원} 로 봤다. 정확한 피해 액수 산정에는 오랜 시일이 소요될 것으로 예상되지만, 천문학적 배상이 불가피한 것은 분명하다. 여기에 수에즈운하 대신 아프리카 대륙 우회 항로를 선택한 화물선들의 추가 비용 등을 감안하면 전체 피해 규모는 눈덩이처럼 불어날 수 있다.

다만 이집트 당국과 피해 업체들이 어느 곳에 배상금을 청구할지는 불투명하다. 일단 당국의 사고 조사 결과가 나오면 에버 기븐호 선주인 일본 '쇼에이 기선'과 선박 운용사 대만 '에버그린'부터 상대에게 책임을 떠넘길 가능성이 크다.

수에즈 운하에 좌초된 초대형 컨테이너선 '에버기븐'호에 따른 글로벌 공급망 붕괴 사태는 가능성은 있었지만 누구도 관심을 두고 있지 않았던 사태이다. 수에즈운하 봉쇄에 따른 공급망 리스크는 해소되고 있지만, 언제 어떤 유형의 공급망 리스크와 위기는 다시 재현될 수 있다.

7 미국 서부항만 발^發 글로벌 물류대란 [1]

아무 준비없이 시작된 코로아19의 세계적인 유행 ^{팬데믹}은 세계 경제 뿐 아니라 우리 생활을 마비시켰다. 2021년 하반기부터는 전 세계 일부 국가를 제외하곤 코로나에 적응해 가는 위드코로나 단계에 이르렀고, 글로벌 경제도 여러 악재가 계속되고 있지만 2020년 초반보다는 회복세로 돌아서고 있다.

여러 경제 지표들이 회복되고 생활은 점차 적응되고 있긴 하지만, 글로벌 공급망 붕괴에 대한 우려는 계속 커지고 있다. 해상물류, 항공물류, 육상물류 운송수단이 턱없이 부족하고, 항만과 공항의 하역 인력, 트럭 운전기사의 부족으로 글로벌 공급망은 더욱 혼란스러운 상황이 연속되고 있다.

여러 악재 속에서 국제해상, 항공 운임의 급격한 상승과 운송 지체 등으로 인한 원자재 수급에 차질로 제조업 경기에 비상등이 켜지며 장

---

(1)　이상근, "글로벌 물류대란과 수급불안정", 무역경제신문(2021.10.31.)을 바탕으로 작성되었습니다.

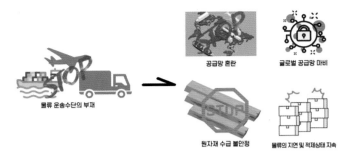

공급망 혼란　글로벌 공급망 마비

물류 운송수단의 부재

원자재 수급 불안정　물류의 지연 및 적체상태 지속

[그림 5] 글로벌 물류 대란의 원인과 영향

기적인 경제 회복에 먹구름을 드리우고 있다.

운임 상승과 물류 지연 등
물류대란의 근본적인 원인은 수급불균형

코로나19의 세계적인 유행으로 2020년 초부터 2021년 중반까지는 생산라인 가동이 중단되고, 국경이 폐쇄되고, 항만과 공항이 셧다운되면서 수출입 물동량은 얼어붙었다. 2021년 후반부터 미국을 비롯한 서구세계에서는 코로나 사태에 따른 경기침체에 선제 대응하기 위해 막대한 경기부양 자금을 푼 효과가 본격화되고, 백신 접종률이 크게 높아지고, 코로나19 팬데믹 생활에도 어느 정도 익숙해지면서 보복 소비에 따른 소비 수요는 일시에 폭발했다.

하지만 원자재 조달, 생산, 유통, 물류는 정상으로 회복되지 못하면서 수급 불안정이 계속되었다. 컨테이너선은 부족하고 항만 노동자와 트럭 운전사, 창고 노동자는 웃돈을 줘도 못 구하는 상황이 악순환되면서 글로벌 공급망 마비로 인한 물류의 지연과 적체 상태는 해결책 없이 계속되었다.

특히 미국 서부항만 중신의 해상물류 대란은 글로벌 선사들이 코로나 19 이전부터 선박의 발주를 미루고 있다가 급격히 늘어난 물류 수요에 대응할 선박이 마련되지 못한 것도 원인을 더했다. 델타 변이 확산에 따른 항만과 공항 직원의 코로나 확진자 발생과 이들 시설의 폐쇄, 수에즈 운하 사고 등 인프라 악재가 연이어 발생한 것도 원인 중 하나이다.

해상 운임의 급증으로 물류비 부담을 짊어지게 된 기업들은 선적거래조건 변경, 통관수수료율 재협상 등에 나서고 있지만, 더 빠른 속도로 상승 중인 해상 운임을 따라잡기엔 역부족일 뿐더러 당장 화물을 실어 나를 선적 공간 ^{스페이스} 확보조차도 어려운 실정이다.

부산–LA간 상품 배송기간은 최대 4달, 운임은 10배까지 상승했다. 미국 내 대표 항구들이 병목 현상으로 몸살을 앓았다. 선박들이 항구로 들어오지 못하면서 로스앤젤레스 ^{LA} 항만 주변 연안이 거대한 대기실로 변했다. 2021년 10월 19일 현재 최대 항구인 LA항과 롱비치 ^{Long Beach} 항에는 157척의 화물선이 입항하지 못하고 두 항구 주변을 맴돌고 있었다. 대기 선박 기준으로 사상 최대치다.

이미 도착한 선박의 컨테이너도 멈춰 있기는 마찬가지였다. 인력 부족으로 화물 하역 작업이 제때 이뤄지지 못했기 때문이다. 연말 쇼핑 대목을 앞두고 아시아에서 미국으로 들어오는 관문인 두 항구가 사실상 멈췄다. 미국 서부항만의 병목 현상은 동부항만에도 영향을 미치고 있다. 미국 경제전문 매체인 폭스비즈니스는 "조지아주의 서배너 ^{Savannah} 항 앞바다에 20척에 달하는 화물선이 입항을 기다리고 있다"고

보도했다.[2]

부산에서 LA까지 배로 10~12일이 걸리고 항만 병목 현상으로 상품을 받는데 20일이 추가로 소요되었다. 해상 운임도 크게 올랐다. 한인 기업들은 컨테이너 운임이 최대 10배까지 뛰었다고 한다. 미국 대형 유통업체에 한국산 제품을 공급하는 박진규 전 LA 한인 상공회의소 부회장은 "컨테이너 1대 가격이 2021년 2월 1천800달러였으나 최근에는 한때 2만 달러를 넘었다"며 "급행료를 줘도 배를 못 구하는 상황"이라고 밝혔다.

중국에서 디스플레이 제품을 수입해 미국에 판매하는 인아 디스플레이 조시 김 대표는 "물류대란 이전과 비교해 컨테이너 운임이 최대 10배 뛰었다"고 말했다. 글로벌 컨테이너 선사와 거래 관계를 유지해온 대기업 현지 법인들도 컨테이너 운송비가 7~8배 올랐다며 어려움을 호소했다.[3]

대기업 미주 법인들은 해상 운임 상승으로 원가가 올라 수지를 맞추지 못하게 되자 일부 품목의 미국 현지 판매를 접었고, 트럭 운전사 부족으로 미국 내륙 지역 상품 배송을 중단했다.

**LA항 앞바다에 대기 중인 화물의 가치는
262억 달러 30조 원에 달했다**

미국은 물류대란이 좀처럼 해소될 기미를 보이지 않자, 항만 당국에

---

(2) "미국 LA 앞바다 화물선 157척 입항 대기…물류대란 더 악화", SBS 뉴스(2021.10.20)

(3) 정윤섭, "장사 접을 판"…미 물류대란에 한국 · 동포기업 아우성", 연합뉴스[특파원 시선] (2021.10.24)

서 강력하게 대처하는 모습을 보였다. 항만 당국은 LA항과 롱비치항 화물 터미널에 선적된 컨테이너가 9일 이상 머물면 컨테이너 하나 당 하루에 100달러의 벌금을, 열차에 실려 이동하는 컨테이너는 3일마다 벌금을 추가한다고 발표했다.

미국의 물류대란은 매우 심각한 상황을 이어갔다. 조 바이든 대통령이 물류대란 해소를 위해 LA항과 롱비치항의 24시간 가동을 지시했지만, 인력 부족으로 물류 적체 현상이 계속되었다. 트럭 기사가 부족하고, 컨테이너 하역 작업자도 모자라자 백악관은 군 병력 투입 가능성까지 언급했지만, 사재기 급증과 물가 상승에 대한 우려는 미 전역으로 퍼져갔다.

코로나19 사태에 따른 물류대란 여파로 소매업체들은 상품 확보에 어려움을 겪고 있었다. 글로벌 공급망 병목 현상과 제품을 선박에서 매장으로 가는 운전자 부족까지 겹치며, 소매업체들은 재고 확보에 난항을 겪었다.

물류노동자 감소로 발생한 물류 대란은
쉽게 진정되지 않았다

미국에는 당장 물품을 항구에 내릴 일손이 달리고, 이걸 미국 전역으로 나를 트럭 기사 역시 태부족이다. 특히 트럭 운송은 미국 내 상품 유통의 70% 이상을 차지하는 물류망의 핵심인데, 미국 전역에서는 2021년 말 기준 8만여 명의 트럭 기사가 부족한 상황이다.코로나19 사태와 열악한 근무 환경이 겹쳐 고령 운전자들의 은퇴가 늘고, 국경폐쇄로 이주 노동자가 준 게 영향이 컸다. 2021년 8월 미국에서는 자발적 퇴직자 수가 427만 명으로 역대 최대를 기록했고, 기업 구인건수는 석 달 연속 천만 건을 넘었다.코로나19 사태 속에서 노동자들이 더 안전하고 더 나은 조건의 일자리를 찾아 움직이면서 물류기업의 인력난은 더 심해졌다. 이른바 노동자들의 몸값이 높아지면서 임금 인상과 근로환경 개선을 요구하는 파업도 잇따랐다. 2021년 8월 이후 미국 내 파업 건수는 1년 전보다 두 배 가까이 증가한 것으로 추산된다. 미 세인트루이스 연방은행이 베이비부머 1955~1963년생 은퇴 경향 비교·분석한 자료에 따르면, 이 세대의 은퇴 경향을 비교·분석한 결과 2021년 8월 현재 '초과 은퇴자'가 300만 명 이상으로 코로나19 사태 후 일자리를 떠난 525만 명의 절반이상을 차지했다. 이 시기에 조기 은퇴자가 많았던 이유로는 두 가지 가설이 제시됐다. 하나는 코로나19 감염과 사망 위험에 취약한 고령층이 일찍 퇴직을 결심했다는 것이고, 나머지는 코로나19 사태 후 자산 급등에 힘입어 주머니가 두둑해진 근로자들이 더는 일하러 나갈 필요성을 느끼지 못했다는 것이다.[4]

[표 8] 미국 퇴사율 높은 직종과 늘어난 은퇴자 [5]

• 미국에서 퇴사율 높은 주요 업종	
숙박 및 외식업	6.8%
소매업	4.7%
예술 및 엔터테인먼트	3.7%
전문직 및 비즈니스서비스	3.4%

(4) "미 노동력 부족에 노조 힘 세진다…파업 늘고 조합설립 '활발'", 연합뉴스(2021.10.19)
(5) 이지현, "주가 100% 뛰고 비트코인 10배 폭등…'일 안 할래' 줄퇴사",한국경제신문(2021.11.2)

평균	2.9%

• 팬데믹 기간 급격히 늘어난 美 은퇴자

날짜	미국 인구대비 은퇴율	베이비붐 세대비율 (예상 은퇴율 기준선)
2019년 1월	18.05 %	17.98 %
2020년 1월	18.29 %	18.26 %
2021년 1월	19.01 %	18.53 %
2021년 8월	19.33 %	18.69 %

※2021년 8월 기준, 자료: 미노동통계국

영국도 트럭 운전기사 부족으로 초래된 물자 수송난이 심각

2021년 9월 말부터 영국 전역에서는 극심한 주유 대란이 빚어졌다. 주유소들의 기름 재고가 바닥나면서 영업 중단 간판을 내걸었다. 그러지 않은 주유소들은 밀려드는 차량들로 홍역을 치렀다. 슈퍼마켓 등 상점들도 물건이 채워지지 않아 진열대가 비어 있는 상태로 방치되는 경우가 속출했다. 트럭 운전기사의 부족으로 초래된 물자 수송난이 갈수록 심각해질 것이라는 우려가 확산되면서 사람들이 이른바 '패닉 바잉 panic buying ' 사재기와 같은 상황 에 나섰다.[6]

코로나19 회복에 따른 수요 증가 등으로 유럽에 트럭 운전사 40만 명이 부족한 가운데 이 중 4분의 1인 10만 명이 영국의 부족분으로 추산되고 있다. 국내총생산(GDP) 기준 세계 5위 경제를 자랑하는 영국이 절대적인 노동력 부족 상황에 내몰리게 된 것은 브렉시트와 코로나19가 한데 맞물렸기 때문이다. 코로나19 확산으로 외국인이 대거 귀국

---

(6) 기획재정부, "크리스마스 선물은 준비하셨나요?, 영국의 물류대란", 생활속 e야기(2021.11.4)

한 상태에서 브렉시트로 입국 비자 발급이 제한되면서 EU로부터 인력이 제대로 공급되지 못했다.[7]

글로벌 물류대란은
원자재와 부품 수급 문제로 이어지고 있다

원자재와 부품, 생산장비 수급의 어려움으로 생산에 차질을 겪고 있는 기업이 크게 증가하고 있다. 대표적으로 언급되어온 자동차 업계 외에도 전자와 일반 기계류, 컴퓨터, 가구 등 전 산업계가 공급 위기로 인한 어려움을 겪고 있다.

재고 부족의 여파를 나타내듯, 온라인 쇼핑 흐름을 추적하는 어도비는 2021년 온라인 판매 시장에서 뜬 '품절창' 수가 2020년 1월보다 172%에 증가했다고 밝혔다.

할인율도 대폭 낮아졌다. 2021년 노동절 연휴에 팔린 남성복의 평균 할인율은 54%로 1년 전 74% 대비 20%포인트 감소했다. 신발의 평균 할인율도 2020년 62%에서 2021년 51%로 줄어든 것은 물론이다.[8]

가격인상은 '임금 · 물가의 악순환적 상승' 효과를 초래했다

원가상승에 따른 가격인상은 임금 인상으로 이어져 '임금 · 물가의 악순환적 상승' 효과를 초래했다. CNBC는 "도시의 하이퍼 인플레이션 Hyper-Inflation 경고는 미 소비자물가지수 CPI 가 30년 만에 최고치에 육박하는 등 물가 상승 우려 속에 나왔다"고 전했다. 미국의 2021년 9월

---

(7) "주유 대란 · 진열대 텅텅… 英, EU와의 이혼에 '불만의 겨울' 오나", 서울신문(2021.10.25)

(8) "물류대란에 美 연말 할인 행사 대폭 줄어들 듯", 조선비즈(2021.10.27)

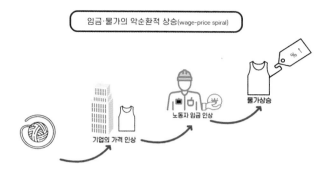

임금·물가의 악순환적 상승(wage-price spiral)

기업의 가격 인상   노동자 임금 인상   물가상승

[그림 6] 임금·물가의 악순환적 상승

CPI 상승률은 5.4%로 5개월 연속 5%를 넘었다.

원가상승 압박에 기업은 제품 가격을 올리고 있다. 미 생활용품업체 프록터앤드갬블^{P&G}은 2021년 8월 미국 내 10개 제품군 가운데 9개 가격을 인상했다. 테슬라도 10월 23일 미국 내 차량 가격을 2000~5000달러씩 인상했다. 기업의 가격 인상은 노동자의 임금 인상 요구를 키우고, 이에 다시 물가를 올릴 수 있다. 이른바 '임금·물가의 악순환적상승^{wage-price spiral}'효과다.⁽⁹⁾

공급망 병목 현상의 충격은 일파만파로 퍼지고 있다. 위드 코로나 시대로 접어들면서 찾아온 글로벌 물류대란은 조달, 생산, 유통, 물류를 넘어 물가 상승에 더해, 광고 가뭄으로 인한 빅테크 실적 악화 우려까지 퍼지고 있다. 또 지역주의를 강화하려는 움직임 등 글로벌 물류대란의 영향은 글로벌 경계에 일파만파로 퍼지고 있다.

---

(9) "美 급격한 임금 상승…커지는 인플레이션 우려", 연합인포맥스(2021.9.8)

8 중국의 요소 수출규제 [1]

    2021년 10월 15일 국내 요소 수입량의 약 3분의 2를 차지하는 중국이 요소 수출을 규제했다. 국내에서는 11월 초순부터 디젤 차량 운행에 반드시 필요한 요소수가 시중에서 바닥나기 시작했다. 요소수가 없으면 디젤연료 사용 차량의 운행이 불가능해지는 만큼 화물차들이 멈춰서는 물류대란으로 번질 우려가 컸다.

[표 9] 요소 수입 현황과 SCR 부착현황   <small>자료: 환경부</small>

• 요소 수입 현황(2020년 기준)

용도	수입량	비중
농업용	46만5000 t	55.5 %
산업용	29만 t	34.7 %
자동차용	8만 t	9.8 %
계	83만5000 t	100.0 %

(1) 이상근, "요소수사태와 공급망 자립정책", 무역경제신문(2021.11.30.)을 바탕으로 작성되었습니다.

• 질소산화물 환원촉매장치(SCR) 부착 현황(2020년 기준)	
차종	대수
승용차	133만2606 대
화물차	54만5066 대
승합차	27만8577 대
계	215만6249 대

요소수는 디젤차에 탑재된 '선택적 촉매 환원 Selective catalytic reduction, SCR' 시스템에 쓰이는 제품이다. 배기가스에 요소수를 분사해 질소산화물 NOx 을 깨끗한 물과 질소로 바꿔준다. 트럭과 버스 등 현재 출시되는 대부분 디젤연료 차량에는 SCR이 의무 장착된다. SCR 장착 차량은 요소수가 없으면 시동이 걸리지 않거나 출력이 제한된다.

요소수 품귀 현상은 10월 11일 중국의 관세청인
해관총서의 고시에서 비롯됐다

이날 해관총서는 29종 비료 품목에 대한 수출 검역 관리방식을 변경키로 했다. 10월 15일부터 그동안 검사를 받지 않은 요소, 칼륨비료, 인산비료 등 총 29개 비료 품목에 대해 '수출화물표지 CIQ' 의무화 제도를 시행하면서 중국 해관총서가 자료를 검토한 후 승인이 나기 전까지 수출이 전면 제한됐다.

2021년 봄 호주가 중국을 겨냥해 코로나19의 발원지를 조사해야 한다고 하자, 중국은 호주산 소고기, 와인, 보리에 고율 관세를 매기는 보복 조치를 발표했고, 10월에는 호주산 석탄 수입을 중단했다. 중국은

인도네시아 석탄으로 대체하는 전략을 세웠지만 기대한 물량을 확보하
지 못하고 탄소중립 정책의 영향으로 석탄 채굴이 줄면서 전력난을 겪
었다. 석탄 가격상승과 재고 감소, 전력난으로 요소 생산이 줄자 10월
15일 요소 등 비료 품목의 수출제한에 나섰다.[2]

국내 요소수 가격은 급상승하고 품귀현상이 발생했다

중국 당국은 중국 내에서 쓸 요소도 부족해지자 서둘러 수출을 제한
했다. 수출제한 이후 불과 2주 사이에 국내 요소수 가격이 50% 이상
오르고 사재기까지 벌어지기 시작했다. 국내 요소수 제조사들은 요소
를 전량 수입에 의존하고 있다. 경제성이 떨어진다는 이유로 2010년경
부터 요소 생산을 중단하고 중국에 의존한 우리가 큰 피해를 보게 됐
다.

[표 10] 국내 차량용 요소 및 요소수 확보 현황(2021.11.23. 기준)[3]

• 요소 수입 현황(2020년 기준)

구분		품목		도입시기	예상 공급량
		요소수	요소		
국내 재고량		1561만 ℓ	–	–	26일분
군 재고량		20만 ℓ	–	–	0.3일분
수입	중국산	–	1만300 t	11월 둘째주	51.5일분
		–	1100 t	미정	5.5일분
		–	1000 t	11월 24일	5일분

(2) 이상근, "공급망리스크와 자립정책", 아웃소싱타임스(2022.8.1)

(3) 출처: 기획재정부(2021.11.23) biggerthanseoul@newspim.com

호주산	2만7000 ℓ	-	11월 셋째주	0.1일분
	8만 ℓ	-	미정	0.1일분
베트남산	-	200 t	11월 셋째주	1일분
	-	(산업용혼합)5000 t	12월 초	(25일분)
	-	8000 t	미정	40일분
	-	100 t	12월 중순	0.5일분
	60만 ℓ	-	1월 초	1일분
사우디산	-	2000 t	미정	10일분
일본산	-	1000 t	미정	5일분
말레이시아산	100만 ℓ	-	미정	1.8일분
멕시코산	10만 ℓ	-	미정	0.2일분
러시아산	-	320 t	11월중	1.6일분
아랍에미리트산	150만 ℓ	-	11월중	2.5일분
총계	1911만7000 ℓ	3만1020 t	-	152.1일분 (177.1일)

※ 예상공급량은 1일 사용량 요소 200톤 · 요소수 60만 ℓ 기준. 자료: 기획재정부

중국에서 수입하는 요소수 비중은 전체 수입량의 66%에 달한다. 인도네시아, 카타르 등에서도 수입하고 있었지만, 세계 요소 생산의 30%를 책임지는 중국이 수출제한에 나서면서 요소 부족 현상은 도미노처럼 다른 국가로 번지고 있었다. 업계는 요소수 부족으로 수백만 대의 중대형 트럭과 건설장비, 항만과 공항의 하역장비 등 국내 물류와 화물 운송이 마비되는 피해를 예상했다.

다행히 요소수 공급 부족 사태는 11월 후반에 들어서면서 진정 기미를 보였다. 기존에 확보했던 중국 수입 물량이 들어오기 시작했고, 호

주와 베트남, 사우디아라비아 등 세계 각지에서 요소수와 요소를 모은
노력 덕이었다.

공급망 불안정은 국내경제에
여러 차례 위기를 발생시켰다

2021년 요소수 파동 이전에도 공급망 불안정으로 국내경제는 여러
번 위기를 맞았다. 2019년 일본의 반도체 소재부품에 대한 수출금지
사건은 공급망 불안정이 우리 주력산업인 반도체 산업을 흔들 수 있는
무기가 된다는 사실을 경험하는 계기가 되었다. 2020년 코로나19 팬데
믹 사태에서 중국 협력공장의 셧다운으로 와이어링하네스가 수입되지
못하면서 국내 완성차 공장 모두가 셧다운되는 사태도 겪었다. 같은 해
국내와 해외에서 모두 MB 필터의 부족으로 마스크 생산을 제대로 못
해 극심한 품귀 현상이 일어났다.

예측 가능한 경영을 위해 공급망의 안정은 필수지만 우리 경제가 공
급망 불안정으로 위기를 맞은 대표적인 사건은 〈표 11〉과 같다.

[표 11] 국내 차량용 요소 및 요소수 확보 현황(2021.11.23. 기준)

시기	품목	국가	주요 내용
2019	불화수소 등	일본	한국법원, 일본 전범기업에게 피해자 배상 판결 →일본 정부 불화수소 등 3개 품목 수출금지 보복 조치 →국내 반도체 생산 중단 우려
2020	와이어링 하네스	중국	코로나19 확산→ 중국 공장 근로자 출근 금지 →생산 중단 →부품 수입 차질 발생 →국내 5개 완성차 공장 4~16일 생산 중단
2020	마스크 MB필터	중국	코로나19 팬데믹으로 마스크 수요 폭발적 증가 →중국 조업 중단으로 마스크 제조용 MB필터 부족 →필터 부족으로 생산차질→ 국내 마스크 품귀

| 2021 | 요소수 | 중국 | 중국의 호주산 석탄 수입금지로 요소수 수출 중단
→국내 디젤연료 차량 · 장비의 요소수 부족
→디젤연료 차량 · 장비 운행중단으로 물류대란 우려 |

정부는 2020년 7월에

'소재 · 부품 · 장비 2.0 전략'을 이미 발표했다

　정부는 '첨단산업의 세계적 크러스터를 통한 소부장 강국 도약'을 비전으로 하는 '소재 · 부품 · 장비 2.0 전략'을 2020년 7월에 발표했다. 전략의 골자는 정부가 글로벌 공급망 재편에 선제적으로 대응하기 위해 소재 · 부품 · 장비 공급망관리 대상 품목을 기존 100개에서 338개 이상으로 확대했다. 또 2022년까지 5조 원 이상을 들여 차세대 전략 기술 확보에도 나섰다. 특히 한국을 '첨단산업의 세계공장'으로 만든다는 비전 아래 첨단투자지구를 신설하고 토지용도 규제 특례, 각종 부담금 감면 등을 지원했다.

　이 전략의 핵심은 '글로벌 소부장 강국 도약'과 '첨단산업의 세계 공장화'로 '일본의 수출규제에 대한 대응 차원을 넘어 소부장 산업의 근본적인 경쟁력을 키운다'로 요약된다. 2019년 8월 발표한 '소부장 경쟁력 강화 대책'이 일본 수출규제에 대응하기 위한 방어적 성격이 강했다면 이번 전략은 GVC 재편에 선제적이고 공세적으로 대응하고 소부장 강국 도약을 위한 근본적인 청사진인 셈이다.[4]

---

(4) "소부장 관리 품목 100→338개로…2022년까지 차세대 전략 기술 R&D 5조 원 투자", 이투게이 (2020.7.9)

비전 : 첨단산업의 세계적 클러스터화를 통한 소부장 강국 도약

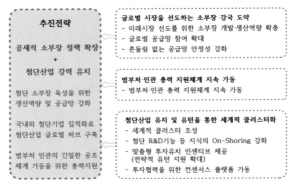

[그림 7] '소재·부품·장비 2.0 전략' 주요 내용

대외 의존도가 높은 20개 품목을
'우선 관리 대상'으로 선정해 관리하기로 했다

한국무역협회 자료에 따르면 2021년 1~9월 수입품목 1만2586개 중 단일국 수입 의존도가 80% 이상인 품목은 3941개다. 산업연구원이 2021년 11월 발표한 보고서에 따르면 2020년 대중국 수입 의존도가 50% 이상인 '관심 품목'은 요소, 실리콘, 리튬, 마그네슘을 포함해 1088개이다. 전체 중국 수입품목의 5분의 1 수준이다. 리튬과 마그네슘은 우리의 주력산업인 화학과 이차전지, 반도체 등에서 사용하기 때문에 유사시 이들 품목의 공급이 중단될 경우 피해가 커질 수 있다.

전략 물자도 아닌 범용 물자에 가까웠던 요소수 사태는 글로벌 공급망이 훼손되면서 글로벌밸류체인 GVC 안전망에 대한 경각심이 부각시켰다. 정부는 제2의 요소수 사태를 막기 위해 대외 의존도가 높은 20개 품목을 '우선 관리 대상'으로 선정해 관리하기로 했다. 또 대외 의존

도가 높은 3000~4000개 품목에 대한 조기경보 체제를 가동하는 한편 경제안보 핵심품목 200여 개를 선정했다. 이중 시급성이 큰 20개 품목은 우선 관리 대상으로 분류해 국내 생산 역량을 높이는 한편 비축량을 늘리고 수입선을 다변화하겠다고 발표했다. 일본의 수출규제로 불거진 338개 소부장 품목뿐만 아니라 특정 국가 의존도가 높은 원료까지 글로벌 공급망 관리시스템을 점검했다.

글로벌 공급망은 좀처럼 안정되지 못하고 교란 상태에 있다. 글로벌 공급망 훼손과 불안정으로 각국의 정상들이 직접 나서서 공급망 자립 정책을 세우고 있다. 미국과 중국, EU 등이 반도체와 배터리 등 핵심 부품과 소재의 공급망 주도권을 자국으로 가져오기 위한 경쟁을 강화하고 있다. 주요국은 자국 산업 보호와 경제안보 차원에서 공급망 주도권 경쟁에 뛰어들면서 글로벌 산업 생태계 큰 변화가 예상된다.

요소수 사태에 따른 정부 대응

수입선 다변화   GVC 경각심 부각   공급망 점검

[그림 8] 요소수사태에 따른 정부대응

9 러시아의 우크라이나 침공 [1]

글로벌 경제는 2021년에는 코로나19에도 불구하고 플러스 성장률을 회복했지만 하반기부터 회복세가 뚜렷하게 약해졌다. 2022년에도 팬데믹이 계속되는 가운데 경제 정상화는 지연되고, 성장률에도 계속 악영향을 미치고 있다.

2022년 2월 시작된 러시아-우크라이나 전쟁은 세계 경제의 큰 짐이되고 있다. 이 전쟁은 글로벌 공급망 교란을 가져와 식량, 원유, 자원 등의 가격과 해운, 항공 운임 등 물류비의 인상을 초래해 글로벌 전체의 물가 상승을 가져왔다.

'풍요 사회' 미국도 흔들리고 있다

미국은 2020년 마스크 등 보호장구와 각종 의료장비가 모자라 국방물자조달법 DPA 까지 발동시켰다. 또 2022년 들어 분유 대란이 수개월

---

(1) 이상근, "우크라이나사태와 공급망 검증", 무역경제신문(2022.3.2.)을 바탕으로 작성되었습니다.

계속되었고, 석유 공급 부족으로 유가가 급등했으며, 변압기 수요가 증가하면서 수급 발란스가 무너졌다.

특히 여성들의 중요한 위생용품인 탐폰 진열대가 텅텅 비어 있는 곳이 적지 않았다. CNN 비즈니스는 인스타카트가 구매자 주문을 처리하는 능력이 67% 낮아졌고, 이는 코로나 팬데믹 이후 가장 낮은 수준이라고 보도했다.

이런 탐폰 부족 사태는 근본적으로 마스크 등 개인보호장비 PPE 를 만드는 데 쓰는 면·플라스틱의 공급에 문제가 생겨 발생했다. 팬데믹 초기부터 면, 플라스틱에 대한 수요가 많았다. 러시아와 우크라이나는 면화 재배에 쓰는 비료의 주요 수출국이다. 이 때문에 우크라이나 전쟁이 이들 물자의 부족을 악화시켰다. 또 미국 텍사스에 닥친 가뭄도 목화의 작황에 나쁜 영향을 미쳤다.

한국무역협회 국제무역통상연구원이 국내 1301개 수출기업을 대상으로 실시한 '2022년 3/4분기 수출산업경기전망조사'에 따르면 3분기 수출산업경기전망지수 EBSI 는 94.4로, 수출기업의 체감 경기는 지난 2분기보다 악화될 것으로 전망됐다.

수출환경 평가에서는 '수출상품 제조원가 69.1', '국제 수급상황 70.4', '수출대상국 경기 83.1' 등 10개 중 7개 항목에서 향후 수출환경이 나빠질 것으로 예상했다. '수출계약 105.6', '수출 상담 102.8', '설비 가동률 102.2' 등의 항목은 최근 흐름과 비슷하게 이어지거나 소폭 개선될 것으로 전망했다.

3분기 수출 애로 요인을 묻는 항목에서는 '원재료 가격상승 84.9%', '물류비 상승 74.4%'으로 응답한 기업이 가장 많아 수출업계 전반에서 원가 압박을 받는 것으로 나타났다. 특히 '환율 변동성 확대 [32.7%]' 애로가 전 분기 [22.5%] 대비 10% 이상 증가하면서 수출기업에는 추가 압박으로 작용할 전망이다.[(2)]

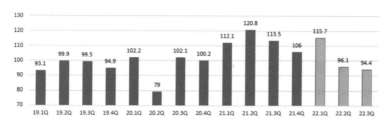

[그림9] 수출산업 경기전망지수(EBSI) 추이   자료: 한국무역협회 국제무역통상연구원

우크라이나 침공은
회복중인 세계 경제에 큰 충격을 주고 있다

2022년 2월 러시아의 우크라이나 침공은 코로나19 팬데믹, 반도체 대란, 미국 서부항만의 물류대란, 미·중 무역분쟁, 수에즈운하 사태, 요소수 대란을 누르고 글로벌 공급망 생태계의 최대 악재가 됐다.

주현 산업연구원 [KIET] 원장은 코로나19 팬데믹의 지속과 인플레이션, 복잡한 국제정세 등의 여파로 2022년 글로벌 성장률이 2021년에 비해 낮을 것을 예측했다. 주 원장은 2022년 세계 경제성장률은 IMF 국제통화기금 가 4.4%를, WB 세계은행 가 4.4%, OECD 경제협력개발기구 가 4.5% 로 내다봤다고 발표했다. 발표 시점은 2021년 12월 ~2022년 1월로 3

(2) "무협, 3분기 수출 '흐림'…러시아-우크라이나 전쟁 장기화 및 물가 상승 여파", e대한경제신문 (2022.6.26)

개 기관이 모두 직전 전망치 대비 0.5~0.1% 낮춰 잡았다.[3]

특히 러시아발發 에너지 가격 쇼크에 대한 우려는 가시지 않고 있다. 지정학적 위기가 부각되며 국제 에너지 가격의 상승세가 빨라졌기 때문이다. 앞서 우리 정부는 2022년 국제 유가가 배럴당 70~80달러 수준을 예상했는데, 우크라이나 사태로 7월 17일 현재 WTI[101.80], 브랜트유[105.37], 두바이유[103.58] 모두 배럴당 100달러 이상으로 치솟았다. 에너지경제연구원은 우크라이나사태에 군사 개입과 G7의 대對 러시아 고강도 경제·금융 제재가 있을 경우, 국제 유가는 125달러까지 치솟을 수 있음을 전망했다.

국제 유가 강세는 휘발유 가격과 전기·도시가스 요금 등에 즉각 영향을 미치고 물가 상승도 자극하게 된다. 이미 우리나라는 원유, 액화천연가스[LNG] 등 가격이 뛰며 3월 이후 6개월 연속 무역수지 적자를 보고 있는 상황이다.

러시아의 우크라이나 침공에
반도체와 자동차 공급망이 타격을 받았다

러시아는 미국과 서방의 계속되는 추가 제재에도 아랑곳하지 않고 우크라이나 공격을 계속하고 있다. 미국은 우크라이나를 침공한 러시아를 향해 반도체 등 첨단장비 수출을 제한하기로 했다. 미국 상무부는 자국 행정부의 러시아 대상 제재에 유럽연합[EU] 등 동맹국도 등 협력한다고 밝혔다. 상무부의 대러 수출통제 조치는 주로 러시아의 국방·항공우주·해양 산업에 사용되는 기술에 타격을 입히도록 통신설비,

---

(3) 주현, "2022년 경제·산업 전망 및 정책현안"제157회 KITA 최고경영자조찬회(2022.2.28)

정보 · 보안설비, 반도체와 컴퓨터, 레이저, 센서 등에 적용한다.

[표 12] 우크라戰, 반도체 영향

• 러시아 · 우크라이나 사태 영향 주요 반도체 특수가스 수입 비중

	활용공정	러시아 수입 비중	우크라이나 수입 비중	대안 수입 국가 (수입액 순)
네온	노광	5.2%	23.0%	중국, 미국
크립톤	식각	17.5%	30.7%	중국, 미국, 프랑스
크세논(제논)	식각	31.3%	17.8%	미국, 프랑스, 중국

자료: 2021 수출입무역통계

반대로 우크라이나와 러시아발 반도체 소재 부족 현상도 글로벌 공급망을 훼손시킬 우려가 크다. 우크라이나와 러시아는 글로벌 반도체 제조의 핵심소재인 네온가스와 팔라듐, 크세논 제논 의 주 생산국이다. 자동차 업체와 전자업체를 계속해서 괴롭히고 있는 반도체 공급 부족 문제는 우크라이나 전쟁으로 더 악화될 전망이다. 미국과 중국은 반도체 기판인쇄 과정에 쓰이는 네온가스 대부분을 러시아와 우크라이나에서 수입한다. 네온 생산은 러시아에서 철강을 생산하는 과정에서 나온 부산물에서 우크라이나의 기업이 추출하고 순도를 높이는 과정을 거쳐 생산되고 있다. 2014년 크림반도 병합으로 이어진 러시아의 우크라이나 침공 당시에도 네온 가격은 600% 폭등한 바 있다. 러시아는 전 세계 팔라듐 수요의 약 33%를 담당한다. 팔라듐은 반도체 생산의 핵심소재 뿐 아니라 자동차의 촉매전환 장치의 주요 금속이기도 해 자동차 업체들은 공급 차질의 위험을 이중으로 겪을 위험이 있다. 우리나라도 반

도체 공정에 필요한 네온, 크립톤, 크세논 등 일부 희귀 가스에 대한 대^{對} 우크라이나, 러시아 수입 의존도가 상대적으로 높은 편이다.[4]

공급망 차질, 실물경제 회복세 제약 등 부정적 영향을 주고 있다[5]

한국무역협회 자료에서는 우리 기업들이 러시아에 다수 진출한 화장품 [444개], 기타 플라스틱 [239개], 자동차부품 [201개], 합성수지 [137개] 업종을 중심으로 수출에 차질이 생긴다고 밝혔다. 러시아로의 수출이 차단되면 현지 공장의 부품 조달에 어려움을 겪을 수 있다. 러시아, 우크라이나와의 교역 규모를 떠나 복잡하게 얼킨 글로벌 공급망에서 어떤 위험이 언제 어떤 모습으로 찾아올지 정확히 예측하기 어렵다.

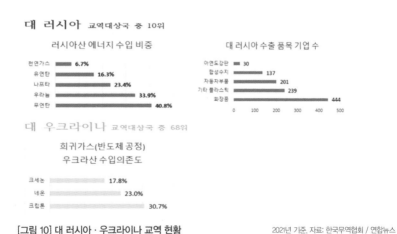

[그림 10] 대 러시아 · 우크라이나 교역 현황   2021년 기준. 자료: 한국무역협회 / 연합뉴스

---

(4) "우크라戰, 韓 반도체 영향···네온가스값 200% '급등'", 전자신문(2022.2.27)

(5) 김필수, "최근 러시아-우크라이나 사태 현황 및 우리기업 영향", 한국무역협회 Trade Brief(2022.2.18)

우리 정부는 러시아와 우크라이나와의 교역 규모가 크지 않아 직접적 영향은 크지 않을 것으로 보고 있다. 하지만 우크라이나와 러시아발 반도체, 자동차 등의 핵심소재 쇼크로 인한 영향은 상당한 리스크를 잠재하고 있다. 또 러시아나 우크라이나와 교역 규모가 큰 나라에서 받은 공급망 타격은 간접적으로 우리 기업에 타격이 돌아와 사실상 같은 수준의 영향을 받을 수 있다는 분석이 나온다. 이 사태가 장기화되면 발생할 수 있는 공급망 차질, 실물경제 회복세 제약, 금융시장 불확실성 확대 등 부정적 영향도 염두에 두어야 할 것이다.

10 러시아-우크라이나 전쟁의 장기화 [1]

　　코로나19의 발생으로 글로벌 물류시장과 공급망이 큰 혼란을 겪기 시작하면서 해상운임이 급상승했다. 물류 관련 운임 조사업체인 Infogram이 발표한 세계 컨테이너 운임지표에 따르면 2021년 세계 해상운송 비용이 2020년과 비교해 약 6배 정도 오른 것으로 나타났다. 해상운송을 통해 수출하던 화주들은 높아진 해상 운임을 피해 러시아를 통하는 TSR ^{시베리아 횡단철도}을 대안으로 찾았다. 해상운송 물량이 TSR로 방향을 바꾸면서 러시아는 글로벌 물류의 중추 역할을 담당하게 됐다. 러시아 최대의 복합 운송 솔루션 기업인 FESCO가 발표한 자료에 따르면 2021년 1월에서 11월까지 러시아 내 철도망을 통해 운송된 컨테이너 화물 처리량이 2020년 대비 12.6%나 증가한 것으로 나타났다. 글로벌 물류에서 러시아를 통해 유럽으로 향하는 TSR의 비중이

---

[1] 이상근, "우크라이나 사태 장기화와 가중되는 공급망 교란", 무역경제신문(2022.3.30)을 바탕으로 작성되었습니다.

그만큼 커졌다는 것을 나타내는 것이다.[2]

전쟁으로 러시아를 통한 철도수송이 애먹고 있다

물류기업들은 우크라이나 전쟁 이후 러시아를 통한 철도수송 예약을 접수하지 않고 있다. 2021년 이후 물류대란으로 러시아는 아시아와 유럽 간 해상운송이 지연되고, 비용도 급증함에 따라 양 대륙을 잇는 철도수송의 중심지로 부상했다. 2021년 상반기에만 중국에서 유럽연합 EU 으로 30만TEU 이상의 컨테이너가 철도로 러시아를 거쳐 운송된 것으로 조사됐다. 이외에도 러시아와 벨라루스를 통과하는 시베리아횡단철도 TSR 도 전쟁과 서방세계의 제재로 제한되면서 육로 운송까지 위태로운 상황이다. 특히, 군수물자 수송이 우선시되면서 화물 열차의 출발이 지연되고 있다. 운송사들이 러시아로 향하는 운행을 꺼리면서 물류비가 급증하고 있다.

항공운송 상황도 마찬가지다

러시아 영공은 유럽과 환태평양을 이어주는 최단 항로이지만 러시아와 서방세계 간 제재와 보복 조치로 하늘길이 막혀 있다. 주요 항공사들이 러시아와 우크라이나의 출발과 도착 서비스를 중단했다. 러시아가 30여 개 국가의 항공사를 대상으로 자국 영공을 폐쇄하면서 유럽으로 향하는 화물 수송에도 차질을 빚게 됐다. 화물 항공운송업체들은 중동 등의 우회 항로를 이용하고 있다.

---

(2) "러시아-우크라이나 전쟁, 물류에는 어떤 영향?", 물류신문(2022.3.15)

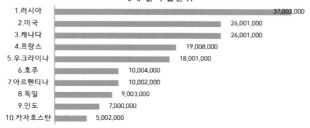

세계 밀 수출순위

1.러시아	37,003,000
2.미국	26,001,000
3.캐나다	26,001,000
4.프랑스	19,008,000
5.우크라이나	18,001,000
6.호주	10,004,000
7.아르헨티나	10,002,000
8.독일	9,003,000
9.인도	7,000,000
10.카자흐스탄	5,002,000

[그림 11] 세계 밀 수출순위　　　　　　　　　　　단위: T, 2020년 기준 수출량

해상운송은 더 심각하게 전개되고 있다

대부분의 선사들이 러시아로 향하는 서비스를 중단했다. 특히 해상 운송은 우크라이나 최대 항구 도시이고 경제 심장인 오데사 ^{Odessa} 가 러시아군의 주요 공격 대상이다. 오데사는 흑해 연안에 위치한 전략적으로 매우 중요한 항구 도시다.

우크라이나는 아시아, 중동, 아프리카와 아메리카 대륙과 주로 교역하며 수출입의 70%가 해상을 통해 이뤄지는데, 이 중 약 4분의 3을 오데사가 담당하고 있다. 오데사마저 러시아군에 점령당하게 되면 우크라이나의 해상 교역로는 완전히 차단된다. 우크라이나군을 지원하기 위한 보급품은 공급은 물론, 우크라이나에서 생산되는 식량, 원자재 등의 수출 길도 막힌다.

러시아는 우크라이나 남부 흑해 연안의 또 다른 항구 도시 헤르손과 남동부 아조프해의 항구 도시 마리우폴 ^{Mariupol} 을 이미 장악했다. 러시아가 오데사를 점령하면 흑해를 통한 해상 교역로를 차단, 이에 따른 물류난이 식량·에너지는 물론 다른 산업의 공급망까지 위협할 것이라

는 전망이다.[3]

식량난과 에너지난, 반도체와 2차 전지 등의
산업 공급망 타격이 우려된다

전 세계 밀 생산량의 약 30%를 차지하는 흑해 지역이 전쟁터가 되면서 수확량 감소가 예상되는 데다, 오데사항의 선박 입출항이 통제되면서 밀 수출은 중단됐다. 당장 세계적인 식량위기에 대한 우려가 나온다. 2022년 3월 4일 기준 시카고상품거래소 CBOE 에서 밀 가격은 부셸 27kg 당 13.4달러까지 치솟았다. 우크라이나 전쟁 이후 50% 정도 급등한 가격이다. 그러나 침공 이후 흑해 수출길이 막히면서 세계 식량시장에 수급 불안이 가중됐고, 우크라이나와 러시아는 7월 22일 유엔, 튀르키예의 중재를 받아들여 곡물 수출선이 안전하게 항해할 수 있도록 하는 데 합의했다. 합의 이후 첫 곡물 수출선이 8월 1일 흑해로 출항한 것을 시작으로 15일까지 24척의 배가 식량을 싣고 수출길에 올랐다.[4]

미국과 유럽 국가들은 러시아산 원유 수입을 금지하는 방안을 적극 검토하고 있다. 러시아는 세계 공급량의 약 7% 하루 700만 배럴 가량의 석유와 정유제품을 수출하고 있다. 그 여파로 국제 유가는 한때 배럴당 130달러 선을 돌파했다. 2008년 7월 이후 최고치다.

전쟁의 장기화로 자동차, 전자, 휴대폰 업체에도

---

(3) "러시아 "마리우폴항 곡물수송 재개 준비"…세계 식량위기 풀릴까", 한겨레(2022.6.8)
(4) "우크라 곡물수출선 5척 입항…흑해 봉쇄 해제 후 최대 규모", 글로벌경제신문(2022.8.18)

상당한 위험이 있다

전쟁이 장기화되면서 세계적인 반도체 부족 현상이 더욱 악화하고, 자동차, 전자, 휴대폰 업체에도 상당한 위험이 되고 있다. 2022년 2월 28일 미국 월스트리트저널의 보도에 따르면 우크라이나에는 전자부품, 배전 시스템, 좌석 등 자동차 부품을 제조하는 외국 기업이 28개사가 있다. 독일의 폭스바겐은 우크라이나에서 생산되는 배선 시스템을 구할 수 없어 동부 작센주 츠비카우 공장의 가동을 중단될 상황으로 생산이 재개 되기 전까지 8천 명가량 직원을 일시 해고했다.

반도체 제조에 필수인 네온과 자동차 주요 부품에 사용되는 팔라듐 등 희소자원 조달에도 비상이 걸렸다. 중국에서는 공급 충격이 가시화하고 네온의 현물 가격이 연초대비 65% 급등했다. 2021년 우크라이나는 전 세계 네온 생산량의 70%를, 러시아는 전 세계 팔라듐 생산량의 43%를 각각 담당하고 있다. 네온 역시 오데사항을 통해 수출된다. 2차 전지 생산용 니켈과 알루미늄 생산량은 러시아가 전 세계 3위의 위치에 있다. 팔라듐과 더불어 이들 러시아산 원자재는 러시아 상공에 대한 항공 운항 제약으로 항공운송이 어려움에 처해 있다.

동유럽에 생산 공장을 두고 있는 한국 배터리업계는 우크라이나 전쟁이 물류 대란으로 이어질지 예의 주시하고 있다. 폴란드와 헝가리 등에 배터리공장을 두고 있는 LG에너지솔루션, SK온, 삼성SDI 등 국내 배터리 업체들은 육상물류 차질에 대비해 대응책을 점검하고 있다.

정부는 경영 활동을 이어가는 현지 진출기업들에 미칠 영향을 최소화하고 공급망 차질에 대비해 업계 부담을 줄이는 조치를 즉각 시행한다는 방침이다. 곡물에 대해선 사료 원료 배합 비중 조정, 정책자금 금

리 인하 등 조치를 즉각 취하기로 했다.[5]

우리 기업의 유럽향발 向發 물류는 더 어려워졌다

우크라이나 항만의 입항이 통제되고, 수출 화물의 반송 사례도 발생했고, 유가 상승으로 인한 유류 할증료도 인상됐다. 이에 물류기업들은 러시아-우크라이나 전쟁으로 인한 물류 대란을 진단하고 어떻게 대응해야 할지에 대한 정보를 파악하고 있다. 실시간으로 각 선사들의 움직임을 모니터링하며 최적의 물류 이동 경로를 파악하고 재편 중이다.

물류기업들은 해상운송은 인접국 양하 Calling Port 와 셔틀도 검토하고 있다. 항공운송의 경우 러시아와 우크라이나의 신규 화물 운송이 금지된 가운데 북극항로 등 우회항로를 검토하고 있다. 철도와 트럭을 활용한 육상물류는 밸라루스 Belarus 와 폴란드의 철도운송으로 전환과 핀란드를 경유하는 트럭을 수배해보는 방안도 검토 중이다. 물론 화주들은 기존의 방안보다 비싼 운임은 지불해야 할 전망이다.

[표 13] 러시아우크라이나 관련지역 주요 한국기업

기 업 명	내 용
SK온	헝가리 코마롬 배터리 공장
삼성SDI	헝가리 괴드 배터리 공장
LG에너지솔루션	폴란드 브로츠와프 배터리 공장
삼성전자	러시아 칼루가주 TV.모니터 공장
LG전자	러시아 모스크바주 냉장고.세탁기 공장

---

(5) "러 · 우크라 인근 韓생산기지 밀집…삼성 · LG · SK도 바짝 긴장", 매일경제(2022.02.15)

현대차	러시아 상트페테르부르크 공장
포스코인터	우크라이나 곡물터미널
현대코퍼레이션	우크라이나 상용차 판매지점

11 중국의 제로 코로나 정책 [1]

중국 정부의 제로 코로나 ^{淸零: 칭링} 정책은 중국 14억 인구 중 단 한 건의 코로나 발생도 용납하지 않겠다는 것이다. 중국은 지속적으로 '제로 코로나'의 무관용 접근법을 유지하고 있다. 코로나19 유행이 가장 먼저 시작된 우한에서 76일간의 봉쇄를 끝낸 2020년 4월 8일, 중국 정부는 '역동적 제로 코로나' ^{動態淸零} 정책을 발표했다. 확진 사례가 발생하면 넓은 지역을 위험 구역으로 지정해 주민을 최소 14일간 이동을 금지시킨다. 100건의 누적 확산 사례가 발생해 감염 경로의 추적이 불가능하다고 판단되면 성 ^시 의 출입구를 막는 '펑청 ^{封城}'을 실시한다. 확진자가 아파트에서 나오면 단지 전체를, 확진자가 공장에서 나오면 공장 전체의 출입을 막고 공무원 등을 동원해 생필품을 가정으로 배달한다.

---

(1) 이상근, "중국의 제로 코로나(淸零 칭링) 정책과 공급망 경색", 아웃소싱타임스(2022.6.16.)을 바탕으로 작성되었습니다.

지린성, 선전시, 시안시와 상하이시도 '펑청'을 겪었다

중국 수출산업 중심지 중 하나인 광둥성 선전시 인구 1750만 명 가 2022년 3월14일부터 일주일 동안 봉쇄됐고, 시안 인구 1300만 명 창춘 인구 800만 명 , 셴양 인구 9백만 명 등도 '펑청'을 겪었다. 지린성에선 2410만 명 주민 전체에 대해 3월 중순 이동을 전면 금지했다.

2020년 2월에 한때 출근금지령이 내려졌던 상하이는 2022년 3월 28일부터 사실상 봉쇄되었다. 중국 상하이 일대는 중국의 자동차와 전자 제조업이 몰려있는 최대 수출산업기지다. 상하이의 방역 통제 장기화는 상하이 한 지역의 문제를 넘어, 중국 전역의 산업 공급망과 물류 운영에 상당한 압력 요인이다. 중국의 내수 소비는 2020년 기저효과로 2021년 초에 크게 올랐다가 하반기부터 증가율이 둔화되던 추세였다. 2022년 들어 오미크론 변이 등 지역별 코로나 확산세가 이어지면서 지역 통제가 강화되었다.

2022년 3월 초~중순 선전이 봉쇄됐다

상하이의 2단계 방역 통제 정책으로 인해 항만, 항공물류가 제한되고 있다. 이로 인한 영향은 3월 초~중순 선전의 봉쇄 사례를 통해 짐작할 수 있다. 상하이 봉쇄 정책 이전 중국 남부 선전에서도 약 7일간의 전면 도시봉쇄 조치가 있었다.

3월 14일, 약 1750만 명의 인구 도시 선전은 늘어나는 확진자 수로 인해 7일간 전면 봉쇄를 발표했다. 단, 선전에 소재한 세계 4위 규모의 옌티엔항 塩田港 은 정상 운영하고 있다고 밝혔지만, 창고, 트럭 운송기사 노동력 감소로 인한 적체 dwell time 연장은 불가피했다. 선전항에서 막힌 물량이 이 외 지역인 광저우, 닝보, 상하이항 주변으로 대체 이송되어 해당 지역의 선박 적체가 이어지며 주요 항구 수송 속도가 느려졌다.

3월 21일 선전의 록다운 해제와 함께 공장, 물류센터, 유통센터도 정상 운영한다고 발표했으나, 일부 선박의 정박 시간이 길어지며 생긴 컨테이너 정체 Backlock 문제를 야기했다. 옌티엔항의 선박 대기 수는 2월 15일 이후로 계속 증가하는 추세였지만, 3월 12일 자 록다운 직전, 약 44.1%까지 순간적으로 오른 바 있다.

우한시 방역 당국은 장샤구를 7월 27일부터 사흘간 봉쇄했다

중국 정부는 2019년 12월 31일 우한시의 수산물도매시장인 화난수산시장에서 원인을 알 수 없는 감염병이 발생했다고 발표했다. 이후 감염이 급속도로 확산하자 중국 정부는 2020년 1월 23일 우한시를 전격 봉쇄하는 조치를 내렸다. 우한시 봉쇄는 같은 해 4월 8일에야 해제됐다. 코로나19에 심각한 트라우마를 가진 우한 시민들이 최근 또다시 공포에 떨었다. 우한시 방역 당국이 코로나19 무증상 감염자 4명이 확인됐다는 이유로 90만 명이 거주하는 장샤구를 2022년 7월 27일부터 사흘간 봉쇄 조치했기 때문이다. 우한시 방역 당국은 장샤구 주민들의 집 밖 출입을 금지하고, 이 지역을 오가는 버스와 지하철 등 대중교통 운행도 중단했다. 또 영화관, PC방, 술집을 포함한 유흥업소 등의 문을 닫고, 식당에서 식사도 금했다. 우한시 방역 당국의 이 봉쇄 조치는 중국 정부의 '제로淸零·칭링 코로나' 정책에 따른 것이다.

8월초 코로나19 확산을 이유로 하이난 海南 섬을 전격 봉쇄했다[2]

2022년 8월 6일, 중국은 코로나19 확산을 이유로 대표적 관광지인 하이난섬을 전격 봉쇄하면서 한국인 21명을 포함해 관광객 8만여 명이 현지에서 발이 묶였다. 하이난섬 싼야 三亚 시는 대중교통 운행을 중단했으며 시민들의 이동도 통제했다. 관광객들은 현지에 7일간 머물며 5차례 코로나19 검사에서 음성 판정이 나와야 출국이 가능했다.

섬 내 타 지역과 싼야 간 통행이 금지하고 싼야에서 출발하는 모든 열차가 취소됐다. 7일 싼야를 출발하는 항공편의 80% 이상이 취소됐다. 시 당국은 항공사에 관광객들을 태우지 말라고 지시하면서 관광객들은 싼야시의 숙박 시설 등에 격리됐다.

어떤 변수가 생겨도 중국에서
코로나19 방역정책의 정답은 '제로 코로나'다

중국 경제 매체 제일재경일보 第一财经日报 에 따르면 2022년 7월 6일 중국 시안에서 첫 코로나19 오미크론 하위 변이 BA.5가 확인된 이후 17일까지 10가지 변이가 보고된 것으로 나타났다. 중국은 오미크론의 빠른 변이 확장과 확산 속도에 '제로 코로나' 의지를 다지는 데 더 열을 올리고 있다.

7월 17일 쓰촨성 청두는 오미크론 유전자 염기서열 분석한 결과 BA.2.12.1인 사실을 확인했다. 이로써 중국에서 확인된 오미크론 변이 바이러스는 모두 10종에 달했다. BA.2.12.1은 2022년 초 미국에서 가장 먼저 발견됐는데 파급력이 BA.2보다 23~27% 높다. 간쑤성 란저우

---

(2) 中, 코로나19 확산에 하이난섬 봉쇄…관광객 8만명 발 묶여", 뉴시스(2022.08.07)

의 경우 BA.2.38, 상하이와 톈진, 칭다오에서는 BA.2와 BA.5, BA.4 변이 등이 발견됐다.

제일재경은 모든 오미크론 변이들이 중국으로 유입된 데 주목했다. 상하이에서 발견된 BA.5.2.1만 해도 5월 벨기에에서 처음 발견된 이후 유럽 전역으로 확산하고 2개월 만에 중국에까지 들어왔다. 제일재경은 오미크론 변종들이 면역을 회피하는 능력이 강화됐을 뿐 그게 그거라는 학계의 견해가 있지만 경계를 늦춰도 된다는 건 아니라고 지적했다. 그러면서 단 한 명의 감염 인원조차 용납하지 않는 '제로 코로나' 방역을 강화해야 한다고 주장했다. 어떤 변수가 생겨도 중국에서 코로나19 방역정책의 정답은 '제로 코로나'다.[3]

중국 당국은 코로나 변종이 발생하면
주요 제조 시설과 항구를 폐쇄했다

중국 당국은 코로나 새로운 변종의 지속적인 발생으로 엄격한 제한을 시행하여 주요 제조 시설과 항구를 폐쇄했다. 이 공격적인 코로나 제로 정책은 글로벌 공급망에 장기적인 영향을 미칠 수 있다. 영국의 글로벌 컨설팅회사인 글로벌 데이터 Global Data 을 비롯한 많은 기관에서는 중국에서 제로코로나 정책이 강도 높게 진행되면서 글로벌 공급망에 다시 부담을 줄 것을 전망했다.

그간 에너지, 곡물, 원자재 등의 공급 부족과 물류망의 왜곡 등으로 인해 상품의 생산원가와 물류비가 오르면서 상품의 가격도 같이 따라 올랐다. 생산과 공급이 평소보다 적은 상태에서 수요는 많아 높은 가격

---

(3) "中 '제로 코로나' 비웃듯…오미크론 변이 10종 무더기 발견", 머니투데이(2022.7.19)

이 형성되는 악순환이 계속되고 있다.

수급 차질이 초래한 인플레이션의 억제를 위한 정책 금리가 인상되면서 중국의 경제 성장 전망은 어두워진다. 이러한 배경에서 글로벌 데이터는 중국의 실질 GDP 성장률 전망을 2021년 12월 5.5%에서 2022년 3월 5%로 하향 조정했다.

글로벌 데이터는 노동력 부족, 항만 혼잡, 공급 부족 등을 배경으로 글로벌 인플레이션율이 2021년 3.5%에서 2022년 5.7%에 이를 것으로 예측했다. 글로벌 데이터는 또한 중국의 주요 수출 목적지의 인플레이션율이 상승할 것으로 예측했다.

영국의 인플레이션 전망치는 2022년 3월에 0.8%포인트 상향 조정된 5.9%다. 마찬가지로 인도 0.4%에서 5.5%로, 미국 0.4%에서 4.9%로, 독일 1.1%에서 4.2%로 도 상향 수정됐다. 한편, 신용 경색이 심화되고 다양한 부문의 구조 개혁과 규제가 강화되면서 세계 시장에서 중국산 제품에 대한 수요가 둔화되고 있다.[4]

상하이 등의 봉쇄 여파는 중국을 넘어 전 세계로 퍼지고 있다[5]

교역의존도가 매우 높은 우리나라뿐 아니라 중국에서 생산한 공산품이 있어야 물가를 낮출 수 있는 미국과 유럽도 곤혹스럽다. 물가를 잡지 못하면 미국은 금리를 더 많이, 더 빨리 올려야 한다. 이는 또다시 전 세계 경제에 충격을 준다.

(4) "중국 코로나 제로정책, 글로벌 공급망에 부담", 글로벌이코노믹(2022.3.10.)

(5) Statista, Project 44, 이코노미스트, The Diplomat, WIND, Argus, Drewry, 상하이국제해운네트워크 등, KOTRA 상하이무역관 정리

상하이무역관의 '상하이시 방역통제 언론브리핑 요약" 자료에 의하면 상하이 시정부는 2022년 4월 22일부로 '사회 제로코로나 9대 행동전'의 전면 실시를 발표했다.

장웨이 부시장은 상하이시 기업 조업재개에 대한 3가지 총체적 방향을 발표했다.

먼저, "기업의 코로나 예방과 조업 재개를 위한 시스템 설계 강화"이다.

이번 조업 재개는 코로나 상황이 여전히 심각한 상황하에서 진행되는 것으로 기업은 높은 수준의 방역요구에 부합해야한다.

둘째, "순차적 · 연쇄적 추진의 기본 원칙에 의거 추진"이다.

도시운영, 방역물자 기능보장 중점기업 외에 장강삼각주와 전국 산업사슬공급망에 영향이 큰 대형 산업사슬 기업군이 먼저 가동을 재개할 수 있도록 전력 지원한다.

셋째, "기업의 조업 재개를 위한 서비스 보장 강화"이다.

주로 디지털화 방식을 통해 복귀 인원에 대한 전자통행증을 발행하고 조건에 부합하는 기업의 직원이 복귀후 생산을 재개할 수 있도록 지원한다. 향후 코로나19 형세가 호전됨에 따라, 더 많은 기업의 순차적인 조업 재개를 지원한다.

봉쇄로 인해 상하이의 2분기 경제성장률이 −13.7%를 기록했다

제로 코로나 정책은 2022년 초까지 어느 정도 성과를 거뒀다. 하지만 전 세계적으로 코로나19 오미크론 변이 바이러스가 유행하면서 중국의 제로 코로나 정책도 시험대에 올랐다. 미국 등 각국은 기존 코로나19 보다 전염성은 강하지만 중증 위험도는 약한 오미크론 변이를 막기 어렵다는 판단하에 '위드 with 코로나' 정책을 추진하면서 단계적으로 일상을 회복하는 조치를 취했다. 반면 중국 정부는 제로 코로나 정책을 고수하며 강력한 봉쇄 조치를 계속 유지하고 있다. 중국 정부는 오미크론 변이가 확산한 3월부터 상하이와 수도 베이징을 비롯해 수십 개 도시를 전면 또는 부분 봉쇄했다. 이에 따라 엄청난 경제적 피해는 물론, 인권 침해 등 각종 사회적 문제가 발생하고 있다.

제로 코로나 정책으로 중국 경제의 고성장은 흔들리는 조짐이 보인다. 중국의 2022년 2분기 경제성장률은 전년 동기 대비 0.4% 증가하며 0%대에 머물렀다. 봉쇄와 엄격한 방역 조치가 반복되면서 소비 심리가 위축된 것이 영향을 미쳤다.[6]

코로나19 팬데믹 초기인 2020년 1분기 -6.8% 이후 가장 낮은 수준이다. 중국 경제성장률은 지난해 1분기 18.3%를 정점으로 2분기 7.9%, 3분기 4.9%, 4분기 4.0% 등 가파른 하락세를 이어왔다. 2022년 1분기 4.8%로 반등했지만 이후 제로 코로나 정책에 따라 주요 도시가 대거 봉쇄되면서 통행과 물자 이동 통제, 공장 가동 중단에 따라 생산이 대폭 감소하는 등 경기가 큰 폭으로 꺾였다. 봉쇄로 인한 피해가 가장 컸던 상하이의 경우 2분기 경제성장률은 -13.7%를 기록했다. 광둥성은 0.7%, 저장성은 0.1%, 장쑤성은 -1.1% 등 동부 연안 지방의 경제성장

---

(6) "시진핑 3연임 무조건 간다, 中 제로 코로나 정책의 그늘", 주간동아(2022.08.07)

률도 제로 성장에 가까웠다.

제로코로나 정책은 '품질성장'과 서비스업 발전과는 상반되는 방향으로 움직였다

2021년 제14차 5개년 계발계획을 수립하면서 중국은 양적, 고속성장기를 벗어나 사회 전반의 공급과 수요 품질을 업그레이드하고 신흥 서비스업을 육성하는 등 질적 성장을 추구하는 '품질 성장'을 기치로 걸었다. 이를 통해 산업구조의 변화와 서비스산업 부문이 확장되면 새로운 형태의 고용이 증가할 것으로 기대했다.

중국 사회는 디지털화가 전면적 진행되면서 주요 전자상거래 플랫폼 알리바바, 징동 등 이 크게 성장하고 관련된 서비스산업도 큰 폭으로 성장했다. 온라인 판매와 인터넷 생방송이 결합한 라이브커머스가 발전하면서 약 160만 명 이상의 왕홍 인플루언서 이 등록되기도 하고, 알리바바의 타오바오에 등록된 배달원도 약 400만 명 이상에 달하고 있다. 이처럼 온라인과 인터넷과 관련한 서비스 산업의 발전은 고용을 창출하고 이를 토대로 사회가 안정화되는 '공동부유 共同富裕 (7)'라는 중장기 발전목표를 제시한 중국이 추구하던 방향과 맥을 같이한다.

하지만 중국의 제로 코로나 정책으로 인한 오프라인 매장, 외식업과 택배 · 물류 조업 제한 등의 경제활동 정지와 제한은 서비스업 발전과는 상반되는 방향으로 움직인다. 제조업도 지역별 방역 통제가 강화됨

---

(7) 글자 그대로 '같이 잘 살자'라는 뜻으로, 2021년 8월 시진핑 중국 국가주석이 이를 강조하면서 중국의 최대 화두로 등장한 개념이다. 시 주석은 2021년 8월 17일 열린 공산당 제10차 중앙재경위원회 회의에서 '공동부유는 사회주의 본질적인 요구이자 중국식 현대화의 중요한 특징'이라고 밝혔다.(시사상식사전 terms.naver.com)

에 따라 생산 조업이 중단되는 영향으로 인해 전반적으로 약세를 보였다. 생산, 유통, 물류로 이어지는 공급망 압력이 심해지면서 기업에 미치는 영향도 커지는 양상이다.

2022년에 접어들어 중국의 상품공급과 배송 관련 생산지수 PMI 는 대·중·소 기업 모두 50 이하 수준을 보였다. 특히 소기업의 PMI는 45 이하 수준으로 더 큰 타격을 받은 것으로 나타났다.

중국의 '동태적 제로 코로나' 방침이 지속되면서 3월 이후 발표되는 각종 경제 지표는 소비 경색과 서비스산업 위축 등 경제 전반과 고용시장에 큰 압력을 가하는 것으로 보이며, 관련 경기 신호가 기대에 미치지 못하는 상황에서 당분간 재정·통화 차원에서 경기부양책이 계속 발표될 것으로 전망된다.[8]

코로나 19 재확신은 물류 및 공급망 중단에 영향을 미치고 있다

중국의 코로나19의 재확산은 두 가지 면에서 경제에 영향을 미치고 있다. 먼저 공장 근로자의 격리로 생산 자체가 영향을 받는다. 다른 한편으로는 운송 단계에서 원자재의 반입이 어려워 완제품의 생산에 영향을 주고 있다. 일부 글로벌기업은 당국의 승인을 받아 직원을 공장 내에 머물게 하는 '폐쇄식 생산관리' 체제를 가동했다. 방역 통제 지침을 준수하는 조건으로 생산을 계속하고 있지만, 물류와 공급망이 원활치 않아 생산 능력에는 한계가 있다.

공장은 '폐쇄식 조업' 방식으로 생산할 수 있지만, 생산 전후의 원자

---

(8) WIND, 민성증권연구소, 광다증권, 중국자동차협회, SEMI, 해관총서, 중국 국무원, Economist 등 KOTRA 상하이 무역관 자료 종합

재 반입과 제품 반출을 위한 물류 운송의 제한으로 인해 생산에는 큰 제약이 따른다. 원부자재의 조달과 생산 부품의 운송 적체가 계속 이어지는 상황에 있다. 부품의 공급망 단절로 테슬라, 애플 등이 정상적인 조업을 이어가지 못했다.

오미크론 확산으로 물류난의 끝이 안 보인다[9]

중국 각지에서 오미크론 변이 감염이 빠르게 재확산하면서, 화물차 운행에 다시 차질이 빚어졌다. 코로나 방역을 이유로 트럭 이동을 통제해 경제 타격도 커졌다.

중국 육상 화물 운송은 2022년 5~6월엔 다소 반등하는 움직임을 보였다. 리커창 총리가 4월 27일 국무원 상무위원회 회의에서 "물류 네트워크가 효과적으로 운영되게 보장하라"고 지시한 후, 지방 정부들이 화물차 운행을 허용하는 조치를 일부 시행한 데 따른 것으로 해석된다.

그러나 오미크론 변이가 대도시뿐 아니라 중소도시와 시골 지역까지 급속히 확산되면서, 지방정부의 방역 강도는 더 세졌다. 코로나 감염자가 발생하면 중앙정부가 방역 소홀을 이유로 지방 관리를 처벌하는 사례가 반복되자, 행정단위가 낮아질수록 과도한 통제 조치를 강제하는 경우가 많다.

3월부터 부분적으로 시작된 상하이 봉쇄 당시엔 고속도로를 폐쇄하고 외지 트럭 진입을 막아 식료품과 생필품을 실어 나르는 화물차도 도시 안으로 못 들어가는 경우가 비일비재했다. 또 도시마다 별도 통행증과 코로나 검사 음성 증명서 등을 요구해 화물차 운행에 제약이 컸다.

---

(9) "中 오미크론 확산에 화물 운송 또 막혀… 끝 안 보이는 물류난" 조선비즈(2022.07.21)

중국물류구매연합이 물류 기업 210곳을 대상으로 한 설문조사에서 60% 이상이 1~5월 육상 화물 운송량이 1년 전 대비 5~30% 감소했다고 답했다. 중국 정부의 강경한 '제로 코로나' 정책 때문에 고속도로와 창고 폐쇄, 화물차 운전자 격리, 주문 취소 등 상황 반복으로 운영비가 증가했다고 답한 곳은 90%에 달했다.

물류 지표를 토대로 향후
경제 운용이 어떻게 될 지 전망할 수 있다[10]

G7 IoT가 집계하는 '차량화물흐름지수'는 중국 전체 도로운송 상황을 비교적 잘 반영한다. 중국 전체 기준으로 2022년 3월 16일 정점 110.14 을 찍은 후 4월 10일 약 35.7% 감소했다. 또 3월 기간 봉쇄가 강화된 지린 吉林 성, 상하이는 지난 3월 고점 대비 4월 10일 각 86.3%, 88% 감소했다. 베이징도 3월 12일 고점 87.64 대비 48% 감소, 광동성도 3월 11일 고점 151.47 대비 39% 하락해, 주요 성시로 이어지는 여파 또한 상당한 수준이다.

도로화물운송지수 외 화물 허브 물동량도 감소세를 보였다. 4월 10일 기준 전국 주요 공공물류단지의 일 평균 물동량지수는 71.38로 전년 동일일자 대비 43.8% 하락했다. 보통 2월 설 연휴 비수기를 지나면 상승세를 보인 후 지속되지만, 이번 상황에서는 비수기가 지난 이후 다시 감소세로 접어드는 양상이다. 4월 1~10일 주요 택배업체의 일 평균 물동량지수는 68.93으로 전년 동일 기간 대비 39.5% 하락했다. 중국은 타오바오, 징동과 같은 온라인 플랫폼이 활성화돼 있고 소비의 온라

(10) "중국의 제로코로나 정책이 주요 산업에 미치는 영향", KOTRA 해외시장뉴스(2022.4.14)

인화가 비교적 보편화되어 있다. 이에 주요 택배업체의 물량 지수의 하락세는 사회소비재 판매 감소로 이어질 수 있다는 예측을 낳게 한다.

상하이 인근 지역 장쑤성, 저장성, 안후이성 도 계속해서 엄격한 교통 통제 정책을 유지하면서 컨테이너 물류 운송에 미치는 영향이 상당했다. 해당 지역에서 화물을 선적하는 기업은 출발 전 반드시 지역, 도로별 통행 가능 조건과 상하이 번호판 차량의 진입 가능 여부를 사전에 확인해야했다.

12 바이든 정부의 반도체와 공급망 자립 정책

바이든 정부는 2021년 2월 24일 회복력 있고 안정적인 공급망을 구축하기 위한 준비 작업으로 주요 품목과 산업에 대한 공급망 검토를 관련 부처에 지시했다. 이는 반도체, 대용량 배터리, 핵심 광물(희토류), 의약품 등 4대 핵심품목과 방위, ICT, 에너지, 운송, 농업 등 핵심산업에 대한 공급망 리스크를 점검하고 대응방안을 마련하기 위한 조치였다. 미국 정부는 해당 품목과 산업의 경제적 측면은 물론 국가 안보와도 직결된다는 점을 강조하고 있다. 4대 핵심품목에 대한 검토 결과 보고서는 2021년 6월 8일 발간되었다.[1]

[표 14] 바이든 정부 4대 품목 공급망 강화 내용

반도체	170억 유로 투자해 반도체 공장 2개 건설 2023년 착공, 2027년 가동하는 첨단공장
배터리	120억유로 투자해 릭슬립 제조 공간 두배로 확장

---

(1) 국가 안보 내세운 美 공급망 재편, 글로벌 통상 '정글'로 만드나", 한국일보(2021,6,11)

바이오	45억유로 투자해 포장, 조립 시설 건축
희토류	유럽 연구개발 허브 구축

자료: 美백악관

산업연구원의 "바이든 행정부의 4대 핵심품목 공급망 검토 결과 및 시사점" 제목의 보고서는 기발간된 미국의 '4대 핵심품목에 대한 공급망 검토 결과 보고서'[2]의 주요 내용을 정리하고 이에 따른 시사점을 도출했다. 바이든 행정부의 보고서 검토 결과, 4대 품목에서 공통으로 나타난 리스크는 공급망의 특정 단계에서 지나치게 중국에 대한 의존도가 높다는 점이다. 반도체의 경우 완제품 판매, 배터리의 경우 원료가공 및 제조, 핵심광물의 경우 광물 매장량, 의약품의 경우 원료/완제의약품 제조에 대한 중국 편중도가 높은 것으로 나타났다.

바이든 행정부는 이번 공급망 검토 결과에 따라 자국의 국가 안보와 경제 위협요인 제거를 목적으로 4대 핵심품목에 대한 대중국 의존도 감소와 향후 공급망에서 중국의 영향력 확대를 본격적으로 견제할 것으로 전망된다. 미국은 코로나19 사태를 계기로 의료물자와 차량용 반도체 공급 부족을 겪으면서 해당 품목의 공급망 취약성이 국가 안보와 경제에 대한 위협요인임을 인식하게 되었다.

우리 정부와 기업도 본격적인 미국 중심의 공급망 재편 전략에 맞춘 리스크 관리와 공급망 다변화 전략을 마련할 필요가 있다. 각 기업별로

---

(2) The White House(2021.6.8), "Building Resilient Supply Chains, Revitalizing American Manufacturing, and Fostering Broad-Based Growth," https://www.whitehouse.gov/wp-content/uploads/2021/06/100-day-supply-chain-review-report.pdf(검색일: 2021.6.28), 산업연구원(2021.7.9) 재인용

자사가 속해 있는 공급망 구조를 파악하고 자연재해, 팬데믹, 미 · 중 갈등 등 외부충격에 따라 예상되는 공급망 리스크를 사전에 점검할 필요가 있다.[3]

바이든 정부는 반도체 공급 부족 사태와 관련해 "공급망 재검토"를 지시했다

반도체는 모든 제조업과 서비스업에 필수적인 부품으로 반도체가 없으면 현대인의 생활이 불가능하다. 반도체는 현대인의 삶을 보이지 않는 곳에서 지탱하는 사회 인프라라고 부를 수 있을 것이다. 그렇다면 그 공급망을 공략함으로써 적대하는 나라의 사회를 붕괴시킬 수도 있다. 핵무기나 미사일은 물론이고 반도체 공급을 끊는 것이 유효한 공격 수단이 될지 모른다.[4]

이런 중요한 반도체 공급망 확보를 위해 조 바이든 대통령은 500억 달러 투자 계획과 함께 반도체 인프라 투자 법안의 필요성을 강조하며 법안 발의 계획을 밝혔다. 2016년 파운드리 foundry 사업에 진출했다가 2년 만에 철수한 인텔은 2022년 3월 200억 달러를 투자해 애리조나주에 신규 반도체 공장 2개를 짓겠다고 발표했다. 글로벌 파운드리 시장 재진출을 선언한 셈이다. 인텔 CEO 팻 겔싱어 Pat Gelsinger 는 언론 인터뷰에서 "지리적으로 균형 잡힌 공급이 필요하다"며 "세계는 혼란과 도전에서 벗어나 더 균형 잡힌 방식으로 미국과 유럽에 반도체를 공급할

---

(3) 산업연구원,"바이든 행정부의 4대 핵심 품목 공급망 검토 결과 및 시사점",KIEP 세계경제 포커스 (2021.7.9)

(4) 오타 야스히코, 〈2030 반도체 지정학〉 성안당(2022.8)

필요가 있다"고 말했다.

미국 바이든 대통령의 국가안보 및 경제 보좌관들은 2022년 4월 12일 삼성전자를 비롯한 글로벌 반도체 기업과 GM 등 자동차 테크기업 관계자들을 화상회의로 초청했다.[5] 바이든은 화상회의에서 "중국과 세계의 다른 나라는 기다리지 않는다"며 공격적 반도체 투자가 필요하다고 밝혔다. TSMC는 이미 2020년 120억 달러를 투입해 애리조나에 5나노미터[nm] 공정 반도체 공장을 설립하기로 했다. 메모리 반도체 1위이자 파운드리 2위인 삼성전자도 2021년 11월에 텍사스주 테일러시에 170억 달러 규모의 파운드리 2공장을 설립하기로 했다.

EU 내 공급망 자립[自立] 움직임은 EU 집행부와 산업계로 확산되고 있다

미국과 중국의 움직임만큼이나 또 다른 거대 경제권인 유럽의 움직임도 간과할 수 없다. 워싱턴이 반도체 전략을 본격화할 무렵, 유럽연합[EU]도 움직이기 시작했다. 2021년 3월 EU 집행위원회는 2030년을 향한 산업전략 '디지털 컴퍼스[Digital Compass]'를 발표했다. EU 지역 내 반도체 생산을 10년 동안 2배 증가시킨다는 의욕적인 목표를 내걸었다.

스위스 제네바에 본거지가 있는 ST마이크로일렉트로닉스[STMicroelectronics], 네덜란드 NXP세미컨덕터스[NXP Semiconductors], 독일 인

---

(5) 바이든대통령은 '반도체 CEO 서밋'에서 정부, 의회, 산업계가 하나가 되어 중국과 거국적인 총력전을 펼칠 것이라 선언하며, 중국을 제치고 반도체 기술패권을 쥐겠다는 강력한 의지를 드러냈다. "20세기 인프라가 도로나 다리라면, 21세기 인프라의 주역은 반도체다. '반도체 서플라이 체인supply chain (공급망) 확보 경쟁에서 중국에 뒤져서는 안 된다. 그러나 지금 미국이 압도적 우위에 있지 않다" "우리 미국이 다시 세계를 리드하겠습니다."고 선언했다. 이날부터 반도체 산업을 부양하는 워싱턴의 움직임이 가속화되기 시작했다. 오타 야스히코, 〈2030 반도체 지정학〉 성안당(2022.8)

피니언테크놀로지스 Infineon Technologies , 네덜란드 ASML 등 반도체 분야 기업을 모두 모아 '유럽반도체연합'을 결성한다는 구상을 그리고 있다. EU는 코로나19 사태의 대책으로 창설한 부흥기금 '차세대 EU 펀드'의 약 20%를 디지털 산업에 돌렸다. 목표는 2030년까지 유럽산 반도체의 세계 시장점유율 20% 달성이다.[6]

6월 3일, EU 27개 회원국 정부는 '연산자와 반도체 기술에 관한 공동선언'에 서명하여, 지역 내 반도체 산업 강화가 회원국의 공통 목표임을 확인하고 역내 공급망에 대한 투자를 늘리기로 합의했다. 유럽위원 티에리 브르통 Thierry Breton 은 성명에서 TSMC조차 아직 시험 단계에 있는 '2나노미터'급 초절정의 미세 가공 경쟁에 유럽 기업이 뛰어들게 하겠다는 뜻이다. 미국이나 아시아 세력의 뒤만 쫓아가서는 안 된다는 초조함의 표현일 것이다. 높은 목표를 세웠으니 EU는 공적자금을 반도체 산업에 아낌없이 쏟아부을 것이다.[7]

EU 반도체 자립론은 반도체 공급중단이 산업 전체를 셧다운 시킬 수 있다는 위기감에 있다. EU는 반도체 자립론을 강조하고 있다. 반도체 수급이 제대로 되지 않으면 산업 전체가 멈출 수도 있다는 위기감 때문이다. 실제로 차량용 반도체 칩 후공정이 주로 이뤄지는 동남아시아 지역의 코로나19 확산으로 조립 라인이 멈춰서면서 유럽 완성차 업체를 포함, 전 세계 자동차 생산에 막대한 차질을 겪었다. 자동차산업이 EU GDP에서 차지하는 비중이 7%에 이르는 가운데 핵심부품 공급 지연에 따른 타격이 장기화되면서 EU 집행부와 관련 업계를 중심으로

---

(6) "EU "10년내 세계 반도체 20% 유럽서 생산", 매일경제(2021.3.10)

(7) 오타 야스히코 전게서(2022)

공급망 재정립 필요성이 제기되어 왔다.

EU는 2000년대 이후 반도체 산업에 대한 투자를 사실상 중단했다. 설계 기술에서는 미국에, 제조 기술에는 우리나라와 대만에 주도권이 넘어가면서 따라잡기 힘든 수준이 됐기 때문이다. 여기에 반도체 공장에서 사용하는 유독 약품에 의한 환경 오염과 근로자 건강 문제가 제기되면서 사회적 반발도 컸다.

유럽 최대 전자기업이었던 필립스는 지난 2006년 반도체 사업부를 해외 사모펀드에 83억 유로에 매각하기도 했다. 하지만 코로나 팬데믹을 계기로 글로벌 반도체 공급 부족 사태가 벌어지고, 중국의 대만 침공 가능성이 커지면서 반도체 산업에 대한 투자 필요성이 대두되고 있다.

EU는 현재 세계 시장의 10% 내외인 유럽산 반도체 점유율을 오는 2030년까지 20%로 끌어올리는 것이 목표다. 이를 위해 EU 회원국의 반도체산업에 총 430억 유로 ^{약 56조 5000억 원}를 투자하는 '유럽반도체법 European Chips Act'을 제안했다.

라이엔 Ursula von der Leyen EU 집행위원장은 2021년 9월 연례정책 연설에서 반도체 공급 안정화와 기술주권 확보를 위해 역내 반도체 자급자족 생태계 조성을 언급했다. 라이엔 집행위원장은 EU의 반도체 생산 점유율 20% 달성, 2나노급 생산설비확충, 역내 R&D 역량 강화 등의 추진 계획을 밝혔다.[8]

이에 앞서 EU 집행위는 2021년 5월 신산업전략을 발표하고 EU가 수입하는 5,200개 제품 중 역외 공급업체에 크게 의존하는 민감 품목이 137개에 이르는 것으로 진단했다. 특히 민감 품목의 대다수를 중국

---

(8) KOTRA, "유럽반도체법 주요 내용 및 영향", Global Market Report 22-009(2022.5)

$^{52\%}$ 과 베트남 $^{11\%}$ 등 아시아 지역에서 수입하는 것으로 밝히며 주요 산업분야에서 전략적인 자율성을 강화할 필요가 있음을 강조했다.[9]

[표 15] 인텔 유럽 ^{EU} 지역 투자계획 [10]

독일	170억 유로 투자해 반도체 공장 2개 건설 2023년 착공, 2027년 가동하는 첨단공장
아일랜드	120억유로 투자해 릭슬립 제조 공간 두배로 확장
이탈리아	45억유로 투자해 포장, 조립 시설 건축
프랑스	유럽 연구개발 허브 구축
폴란드	그단스크 지역 인텔 연구소 확장
스페인	바르셀로나 슈퍼컴퓨팅 센터와 공동 센터 건립

자료: 2021 수출입무역통계

EU 회원국은 개별 국가 차원에서도
'반도체 자립' 기반 만들기에 나섰다

독일은 2022년 7월 3월 미국 인텔의 반도체 공장을 북동부 마그데부르크에 유치하는 데 성공했다. 인텔은 이곳에 170억 유로 $^{약\ 22조\ 5000억}$ $_{원}$를 투자해 CPU부터 메모리까지 다양한 첨단 반도체를 만드는 최대 8개의 생산라인을 만든다. 2023년 상반기에 공장 건설을 시작, 오는 2027년부터 본격 가동하는 것이 목표다.[11]

독일은 대만 TSMC와도 독일 내 반도체 공장 건립을 논의 중이다.

---

(9) "독일 이어 프랑스도 반도체 투자 경쟁에 57억유로 들여 공장 짓기로", 조선일보(2022.7.13.)

(10) 인텔, 유럽에 109조 시설 투자…파운드리 광폭 행보, 매일경제(2022.3.16)

(11) "인텔, EU 반도체 10년간 800억유로 투자", e4dsnews(2022.3.16)

독일이 반도체산업에 투자키로 한 자금은 총 140억 유로에 달한다.

7월 11일 프랑스는 이탈리아 합작 기업인 ST마이크로일렉트로닉스가 미국 반도체 위탁 생산 전문기업 '글로벌파운드리스'와 손잡고 프랑스 서남부 그르노블 일대에 대규모 반도체 제조 공장을 설립하기로 했다고 발표했다. 총 57억 유로를 투자해 선폭 18나노미터^{nm}의 공정을 적용한 생산라인을 여러 개 만들 예정이다. 18nm 공정은 자동차 · 가전 제품 · 산업 장비용 반도체 제작에는 충분한 기술이다.

중국도 독립적이고 안정적인 공급망 구축을 강조한다

미국은 중국의 핵심 반도체 기업인 SMIC에 대한 제재를 강화하는 등 자국 첨단기술에 대한 중국기업의 접근 통로를 줄여가고 있다. 이에 중국지도부는 독자적인 과학기술역량을 강화하고 내수경제를 활성화해 독자 발전 체계를 확립한다는 계획이다.

중국은 중앙경제공작회의에서 2021년 경제 정책의 중요 목표로 독립적이고 안정적인 산업망과 공급망 구축을 강조했다. 중국 정부는 이 회의에서 '산업망 · 공급망 통제 능력 향상'을 8대 중점 추진 사항으로 제시했다. 중국지도부는 산업망과 공급망은 안전하고 안정적이어야 한다. 이는 새로운 발전 패턴을 만드는 기초라고 강조했다. 아울러 기초 부품과 기술, 소재의 기반을 확고히 다져야 한다고 촉구했다. 이는 외부 압력에 흔들리지 않는 산업구조를 확립하겠다는 의도로 풀이된다.[12]

---

(12) "중국, 미 봉쇄전략 맞서 내년 '산업망 · 공급망 자립' 매진", 연합뉴스(2020.12.19)

미국은 칩 chip 4 동맹을 통해
반도체 공급망의 안정적 관리를 추진하고 있다

미국 바이든 정부의 중국 첨단산업에 대한 공세가 강해지고 있다. 미국은 우리나라와 대만, 일본을 묶는 이른바 칩 chip 4 반도체 동맹을 추진 중이다. 미국은 원천기술을 가진 퀄컴이나 엔비디아 같은 설계 전문기업을 통해 반도체 기술을 선도하고 있고, 일본은 소재와 부품 영역에서 독보적이다. 파운드리라고 불리는 시스템반도체 위탁생산 분야에선 대만의 TSMC가 부동의 1위다. 한국은 메모리 분야에서 압도적이며 파운드리 분야에서는 대만에 이어 2위다. 글로벌 반도체 생산 비중을 보면 한국 21%, 대만 22%이고 미국은 12%, 일본 15%다. 칩4는 네 나라가 협의체를 만들어 공급망도 안정적으로 관리하고 공동으로 차세대 반도체 개발도 추진하자는 구상이다.

칩4 협의에 중국을 타깃으로 한다거나 대중국 수출 통제를 말하는 대목은 없다. 그러나 미국이 중국 반도체 제조 능력 발전을 억제하려는 뜻은 명확하다. 2022년 7월 미국 의회에서 통과된 반도체법 The CHIPS and Science Act 은 미국 내 반도체 생산과 연구 등에 총 520억 달러를 지원하기로 했고 그중 390억 달러가 미국에 반도체 생산시설을 짓는 회사에 보조금으로 지급된다. 이 보조금을 받는 회사는 중국에서 최소 10년간 28nm 나노미터 이하 반도체를 만들 수 없게 했다. 중국에 공장을 둔 삼성전자나 SK하이닉스도 미국에서 주는 보조금을 받는 경우 이 조건을 받아들여야 한다.

자동차와 가전제품을 비롯한 일반 제조업은 물론 군수산업까지 반도체가 필요하지 않은 곳은 없다. 미·중 전략경쟁에서 반도체가 갖는 절대적 중요성을 감안하면 중국이 반도체 공급망에서 중국을 배제하려는 미국의 '디커플링' 시도를 방관할 수는 없을 것이다. 중국이 칩4 문제를 다른 어떤 문제보다 다급한 이슈로 받아들이는 데는 반도체만은 아직 '굴기'를 이루지 못한 중국의 내부 사정도 있다. 2021년 중국의 반도체 수입액은 3500억 달러 ^약 458조5700억 원 로 중국 전체 수입액의 13%였다. 원유와 전체 농산물 수입액보다 많다. 특히 프리미엄급 첨단 반도체 영역에서는 아직 기술격차가 크다.[13]

공급망 재편은 프렌드쇼어링[14]을 기본으로 추진되고 있다

바이든 행정부의 보고서에서 드러난 미국 정부의 공급망 재편은 모든 품목을 미국이 생산하는 것이 아닌 해당 품목의 제조 경쟁력을 갖춘 우방국가들과의 협력을 통해 안정적이고 회복력 있는 공급망을 미국 중심으로 구축하는 것으로 볼 수 있다.[15] 칩4에 참여하지 않고 중국발 리스크, 미국발 리스크를 협상할 수 있을까? 우리나라가 배제된 상황에서 다른 국가들이 경기규칙을 정한다면, 한국은 스스로의 강점을 부각시킬 기회도, 취약점을 보완할 수 있는 기회도 모두 놓치는 어리석음을 범할 것이다. 반도체는 우리나라의 주력산업이다. 신냉전시대의 도래에 안정적·탄력적인 공급망을 구축하는 것은 미국만을 위한 과제가

---

(13) 김상철, "미국과 중국 사이, '칩4'와 한국의 선택", 주간조선(2022.8.21)

(14) 친구를 뜻하는 프렌드(friend)와 기업의 생산시설을 의미하는 쇼어링(shoring)을 합친 단어로, 동맹국간 촘촘한 공급망을 구축하기 위한 경제적·정치적 행위를 총칭한다. 프렌드쇼어링은 코로나19 팬데믹과 중국의 도시 봉쇄, 러시아-우크라이나 사태 등으로 글로벌 공급망이 위기를 겪으면서 등장한 개념이다. 중국·러시아 의존도를 낮추는 대신 신뢰할 수 있는 동맹국끼리 뭉쳐 광물·에너지·식자재 등 핵심 원재료를 안정적으로 확보하자는 취지에서다.

(15) 산업연구원,"바이든 행정부의 4대 핵심 품목 공급망 검토 결과 및 시사점",KIEP 세계경제 포커스 (2021.7.9)

아니다. 한국의 생존과 번영을 위한 절체절명의 과제다. 공급망의 안정성 확보를 위협하는 기술탈취·인력탈취·수출금지 행위는 경제안보를 위협한다.[16]

주요국에서 공급망 자립정책이 힘을 받고 있다. 우리나라뿐 아니라 미국과 유럽, 중국 등에서 특정 품목과 지역에 대한 높은 의존성이 장기적으로 산업 경쟁력을 저해하는 요인으로 작용할 수 있다는 생각이 힘을 받으면서 공급망 자립정책도 부상하고 있다.

미국 조 바이든 대통령이 취임 한 달 만에 내놓은 행정명령 1401호는 관계부처에 핵심 공급망을 100일간 점검해 보고서를 내라고 했다. 2021년 6월 그 결과물로 나온 '공급망 100일 보고서'는, 반도체·배터리·광물·의약품 4대 핵심물자 공급망 지도를 전 세계에 알리고, 외국 기업들이 제출한 자료도 홈페이지에 공개했다.

EU도 회원국 반도체 산업에 총 430억 유로 약 56조 5000억 원를 투자하는 '유럽 반도체법'을 제안해 현재 EU 의회와 회원국이 검토 중이다. 중국 정부도 '산업망·공급망 통제 능력 향상'을 8대 중점 추진 사항으로 제시했다.

---

(16) 최병일, "칩4 논의 참여해야 안미경중 이후 한국 살 길 찾는다", 중앙일보(2022.8.16)

Part II

공급망 불확실 시대의
생산과 물류

13. 집중생산과 글로벌 공급체계의 붕괴
14. 글로벌 가치사슬 재편
15. 탄력적 공급망 관리
16. 산업 경계를 넘는 유연생산시스템
17. 위드코로나 시대의 공급망 상시 관리
18. 글로벌 공급망 다변화와 국가차원의 대응
19. 탈중국화와 리쇼어링
20. 니어쇼어링과 남북단일경제권
21. 라스트핏 이코노미와 생산지연전략

13 집중생산과 글로벌 공급체계의 붕괴 [1]

    각국 정부는 코로나19가 팬데믹에 이르자 확산을 막기위해 안간힘을 썼다. 국경을 닫고, 도시를 봉쇄하고, 공장이 셧다운되고, 상점은 철시했다. 조달, 생산, 물류, 유통과 판매에 이르는 공급망 전체가 타격을 받았다. 시민들은 방역, 의료물품과 생필품이 떨어져도 쉽게 구할 수 없는 지경에 이르렀다. 자가격리에 가까운 고강도 사회적거리두기와 이동제한 등 생활방역 체계가 일상이 되었다. 코로나19와의 전쟁은 경제활동과 사회활동, 일상생활까지를 제약하면서 생산과 유통뿐 아니라 소비도 크게 위축시켰다.

    코로나19는 개인의 생활 패턴과 기업의 사업 환경을 강제로 변화시키고 있다. 기업과 개인은 자의 반 타의 반으로 지금까지 경험하지 못했던 새로운 생산과 유통, 소비, 물류를 경험하고 있다. 이런 강제적

---

(1) 이상근, "포스트 코리나19, 뉴노멀 시대 물류는? ②집중생산과 글로벌 공급체계의 붕괴", 아웃소싱타임스(2020.3.3)을 바탕으로 작성되었습니다.

생활패턴의 변화는 기업의 사업의 방향에 중요한 터닝포인트가 되고 있다.

코로나19 사태는 분명 세계인을 고통스럽게 만들고 있는 재앙이다. 하지만 코로나19는 2016년 다보스포럼 이후 화두가 된 4차산업혁명 트랜드와 함께 뉴노멀 New Normal (2) 의 퍼팩트스톰 Perfect Storm (3) 을 몰고 오면서 4차산업혁명 시대를 크게 앞당기는 촉매재가 되고 있다.

코로나19 이전 글로벌 공급망관리 전략은
집중생산, 최종생산 지연화, 재고집중화

코로나19 이전, 수익성 제고와 서비스 향상의 핵심으로서 주목을 받았던 글로벌 공급망관리 Global SCM 는 ①제품과 원·부자재의 소싱 Sourcing , 생산과 판매의 글로벌화, ②생산국의 국내물류, 국제물류, 소비국의 국내물류를 통합하는 효율적인 관리, ③총비용 Total Cost 절감을 통한 수익 증대, ④다양화되는 소비자의 요구 needs 에 신속히 부

---

(2) 사회 전반적으로 새로운 기준이나 표준이 보편화되는 현상(새 기준, 새 일상)을 말한다. IT 버블이 붕괴된 2003년 이후 미국의 벤처투자가인 Roger McNamee가 처음 사용했다. 2008년 글로벌 금융위기를 거치면서, 위기 이후의 저성장, 규제 강화, 소비 위축, 미국 시장의 영향력 감소 등을 '뉴노멀' 현상으로 지목하면서 널리 알려졌다.

(3) 퍼펙트스톰은 서로 관련이 없어 보이는 개별적인 기상 현상들이 겹쳐져 한꺼번에 만났을 때 나타나는 거대한 파도를 말하는 것으로 100년에 한 번 나타나는 파괴적인 현상이다.
거대한 변화의 파도가 몰려올 때, 사람들은 변화의 다양성과 파급력에 압도되어 공포를 느끼거나 피할지도 모른다. 하지만 변화의 파도를 무서워하지 않고 올라탈 수 있다면 변화가 담고 있는 구체적이고 실현가능한 기회를 발견하고 그 에너지를 활용하게 될 것이다.(송인혁, 〈퍼펙트 스톰〉, 프리너미 (2017.1))
퍼펙트 스톰은 프리랜서 기자이자 작가인 세바스찬 융거가 1991년 미국 동부 해안에서 벌어진 실화를 바탕으로 쓴 베스트셀러 「퍼펙트 스톰」에서 출발했다. 융거는 당시 허리케인 그레이스와 다른 두 개의 기상전선이 충돌해 유례없는 대형 폭풍이 만들어진 걸 보고 '완전한 폭풍'이라 이름 지었다.
개별적으로 보면 위력이 크지 않은 태풍 등이 다른 자연현상과 동시에 발생하면 엄청난 파괴력을 내는 현상으로, 보통 경제계에서는 심각한 세계 경제의 위기를 일컫는다.
기상용어인 퍼펙트 스톰은 2008년 미국 글로벌 금융위기로 달러가치 하락과 유가 및 국제 곡물가격 급등에 물가 상승 등이 겹쳐지면서 경제용어로 진화했다.(출처:네이버 오픈사전)

응하는 해결책으로 주목받아왔다. 기업들은 글로벌 공급망관리 Global SCM 전략으로 ①집중생산 Concentrated Production , ②최종생산의 지연전략 Postponement Strategy , ③재고의 집중화 Inventory Concentration 를 채택했다.

국경봉쇄와 여객기 운항 중단은 항공·해상·우편물 운송까지 제한하면서 글로벌 생산과 공급망의 '정체·단절·붕괴' 현상을 심화시켰다. 이 영향으로 전 세계 1~2개 공장에서 '집중생산'하여 글로벌에 공급하던 국제간 '분업생산'은 심각한 타격을 받았다.

세계화 이전 글로벌 다국적기업들은 단순히 생산비용이 저렴한 곳에 거점을 선정하여 대량·집중생산함으로 규모의 경제 Scale Merit 를 추구했고, 점차 생산비용과 더불어 물류비용을 동시에 고려하여 생산거점을 선정했다. 이후 FTA 체결이 가속화되면서 자동차와 같이 관세율이 높은 품목을 중심으로 관세를 포함한 총비용 Total Cost 관점에서 메리트를 제공할 수 있는 단일 혹은 복수의 생산과 물류거점을 구축하는 것이 트랜드가 되었다.

코로나19는 생산 중단과 함께 물류망을 단절시켜 글로벌 공급망을 크게 위협했다

코로나19 팬데믹 이후 세계 각국의 국경폐쇄와 입국제한 조치로 하늘길, 바닷길, 땅길이 모두 막히고 있다. 항공기는 여객기 운항이 중단되거나 운항편 수가 대폭 줄면서 여객기가 절반 정도씩 분담해왔던 전세계 항공화물 운송은 큰 혼란에 빠졌다. 여객기 운항 편수가 줄어들면서 화물기로 화물이 쏠리는 상황이지만 화물기 편수를 갑자기 늘리기 힘든 상황으로 여객기를 개조해 화물을 운송하는 등 혼란이 이어지면서 운송은 늦어지고 운임도 크게 올랐다.

모든 국가로 향하는 국제 우편물과 EMS의 배송지연이 발생했고, 일부 국가는 접수불가를 안내했다. 이들 지역으로 운항하는 항공기가 없거나 축소되었기 때문이다.

해운업은 HMM의 2020년 3월 말 기준 중국 물동량은 전년 대비 절반 이하로 떨어졌다. 중소선사 흥아해운은 주력인 한중 노선 물동량 감소로 결국 워크아웃을 신청했다. 16개 항로의 한중 정기 카페리는 2020년 1월 28일 이후 여객 운송을 전면 중단한 채 컨테이너 화물만 수송했다. 화물 물동량도 전년도 1~2월 인천항에서 처리한 컨테이너 물동량 대비 17.8% 감소한 4만9천424TEU를 처리하는데 그쳤다.

코로나19는 항공사들의 무더기 결항, 국경봉쇄로 인한 육상운송의 제한, 선원의 상륙금지조치 등 물류에서의 악몽이 더해져 원·부자재의 공급과 완성품의 운송에 악영향을 미쳤다.

코로나19로 글로벌 생산·물류와 공급망에 다음의 큰 변화는 불가피해졌다

먼저, 글로벌 집중생산과 싱글소싱에서 탄력적 공급망으로 급속히 재편될 것이다

글로벌밸류체인 Global Value Chain 이 촘촘하고 복잡하게 연결된 산업은 공급망 supply Chain 리스크에 매우 취약할 수밖에 없다. 자동차, 스마트폰 등 하이테크 제품의 원·부자재 생산기지는 세계 여러 국가로 분산돼있고, 공급망도 복잡하게 연결되어 있다. 우리나라, 일본, 중국, 베트남, 태국, 독일 등 어느 한 곳의 공장 가동이 멈추면 글로벌 공급망 전체의 피해도 클 수밖에 없다.

우리 기업들도 중국, 베트남 등에 자동차, 반도체, 디스플레이 등 주요 산업의 생산기지를 구축했다. 우리 자동차의 중국 생산 능력은 211만대로 전체 자동차 생산 대수의 4분의 1을 차지하며, 디스플레이 생산의 22%, 반도체의 18%가 중국에 집중돼 있다. 2020년 2월 국내 자동차공장의 가동 중단을 초래한 와이어링하네스([그림 12] 참조[4]) 뿐 아니라 중국 수입 의존도가 80%가 넘는 다른 원부자재도 앞으로 공급 불안에 부닥칠 가능성이 있다.

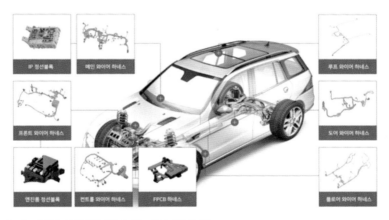

[그림 12] 차량의 '신경망' 역할을 하는 와이어링 하네스   자료: 유라코퍼레이션 홈페이지

반대로, 중국도 주요 부품의 한국 의존도가 높아 한국에서의 코로나19 상황에 따라서 공급망 리스크를 우려했다. 유기발광다이오드 OLED ,

(4) "현대차 멈추게한 中부품공장 11일 재가동… "직원 출근이 관건", 중앙일보(2020.2.9)재인용

메모리칩, 디스플레이, 카메라모듈의 세계 최대 수출업체 삼성전자와 LG전자의 핵심 부품의 생산 공장은 구미와 서울 외곽 지역에 집중돼 있다.

IHS마킷 자료에 따르면 2019년 4분기 스마트폰 OLED 디스플레이 시장에서 삼성과 LG 점유율은 94%를 넘었다. 전 세계 D램 메모리반도체의 3/4은 삼성과 SK하이닉스에서 만든다. 2019년 한국산 메모리칩의 80%가 중국 조립공장으로 수출됐다. 대만과 일본 베트남 역시 한국산에 의지한다. 생산 과정의 작은 차질이라도 생기면 중국과 베트남 전역에 있는 수천 개의 공장이 멈춰선다.

또 코로나19 팬데믹으로 미국과 유럽, 동남아 등에서 부품과 중간재를 수급하는 기업들은 현지 공장 폐쇄와 운송 지연으로 '제2의 와이어링하네스 사태' 우려에 비상이었다. 미국과 유럽, 동남아에서 국내로 들어오는 중간재 수입 규모는 약 120조 원, 전체 수입액의 38%에 달한다. 이 부품과 중간재가 수급이 원활하지 못하면, 국내생산도 큰 영향을 받을 수밖에 없다. 이렇게 꼬리가 꼬리를 물고 있는 글로벌 공급사슬 때문에 공급망 단절에서 안전한 국가는 아무도 없다.

특히 중국에 대해 생산 의존도가 높은 회사들은 동남아시아와 인도에 주목하고 있다. 월스트리트저널 WSJ 은 애플이 중국 내 제품 생산라인을 베트남으로 이전하는 논의를 시작했다고 보도했다. 애플은 에어팟, 아이폰 등 주력 제품 조립라인 일부를 베트남, 인도로 옮기고 맥북프로를 미국에서 조립하는 등 공급망 다변화를 모색하고 있다.

코로나19는 기존의 정설이었던 재고 최소화와 2차와 1차 협력업체를 거쳐 최종 조립 공정에 이르기까지 낭비 없이 완벽히 동기화한 글로벌 공급망 관리 ^{Global SCM} 와 재고를 최소화하는 적기 생산체계 ^{JIT} 의 공급망 리스크를 되돌아보고 위기관리시스템 구축 필요성의 큰 교훈을 주었다. 따라서 원·부자재의 글로벌 집중생산과 싱글소싱을 통한 조달에서 멀티소싱의 '탄력적 공급망관리'로 급속히 재편될 것이다.

둘째, 전략물자, 보건·의료·방역, FMCG 산업은 자국내로 복귀가 가속화될 것이다

코로나19 사태로 중국 등의 공장 가동이 중단됐고, 항공기의 운항 중단 등으로 물류망이 단절되면서 적기에 FMCG ^{일용소비재} 상품이 공급되지 못했다.

이에 주요국은 경제안보 차원에서 전략물자 외에 의료, 방역, 생필품을 중심으로 해외 진출 대기업을 자국으로 복귀 ^{Reshoring} 시켜 국가 안전망 구축과 경제적 파급효과를 극대화하고, 제조 역량 높이는 대책을 강화하고 있다.

우리나라도 해외 진출 대기업을 국내로 복귀시켜 경제적 파급효과를 높이고, 제조업 역량을 강화하는 정책을 계속해왔다. 하지만 미국, 일본 등 주요국과의 경제 규모를 고려해도 리쇼어링 실적의 차이가 크다. 산업통상자원부에 따르면 2014년부터 2021년 1월까지 국내로 복귀한 기업은 총 91개에 불과하다. 이 중에서도 대기업은 단 1개에 그쳤고, 중견기업 12개, 중소기업 78개다.

2020년까지로 보면 연평균 12.6개가 유턴한 것이다. 리쇼어링 기업이 미국 연평균 482개 ^{2014~2018년}, 일본 682개 ^{2014~2017년} 인 것을 감안하

면 차이가 상당하다.[5]

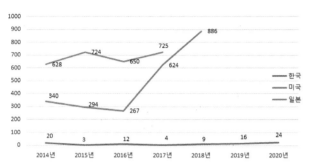

[그림 13] 한미일 리쇼어링 기업수 추이

단위: 개.
※ 미국통계는 2018년까지, 일본통계는 2017년까지

    대기업 한 곳만 유턴해도 다수의 공급 협력사가 따라 돌아올 수 있는 만큼, 일본의 수출규제와 코로나 19로 큰 타격을 입은 국내 제조업의 공급망을 보완하는 데도 큰 도움을 줄 수 있을 것으로 판단하고 있다. 우리 기업이 리쇼어링하기 위해선 국제간의 조달·생산·물류에 걸친 물류망 재구축과 더불어 국가 내, 지역 내 물류망의 정비도 필요하다.

셋째, JIT에서 안전재고 확보와 생산·판매·물류네트워크 재배치 작업에 돌입할 것이다

    코로나19 이후, 글로벌 기업은 공급망의 안정을 위해 안전재고 확보와 조달·판매 물류망을 동시에 고려한 물류네트워크 재배치 작업에 돌입했다. 공급망은 안전재고와 대체 공급처를 확보해 리스크 방지와

---

(5) "[리쇼어링 민낯]日 682 美 482 리쇼어링…한국은 겨우 12곳", 아시아경제(2021.3.4)

병목이 생기지 않도록 안정적으로 운영해야 한다.

위드 코로나19 시대에는 각 국가는 기업 차원을 넘어 국가 차원에서 공급망 안정을 위해 안전재고 확보와 조달·판매 물류를 동시에 고려한 공급망 재배치 작업에 돌입할 것이다.

14 글로벌 가치사슬 재편 ⁽¹⁾

코로나19의 팬데믹 ^{Pandemic} 선언 이후 전 세계는 국경을 봉쇄했고, '고강도 사회적거리두기'와 '이동제한'은 공장 가동을 중단시켰으며, 육·해·공 모든 교통망은 단절되었다. 이 사태로 세계는 기존에 겪어 보지 못한 생산과 공급이 동시에 단절되는 '록다운 ^{Lockdown·봉쇄}'을 경험 했다.

[표 16] 코로나가 뒤흔든 한국 산업지도 ⁽²⁾

	중국	국내
자동차	· 현대 · 기아 · 위아 · 만도 등 완성차 · 부품 공장 가동 중단	· 중국산 부품 재고 부족 · 특근 취소 · 일부 공장 가동 중단
전자	· 삼성 · LG 가전, 스마트폰 공장 휴무 (반도체 · 디스플레이 공장 가동)	· 세미콘코리아 2020 취소

(1) 이상근, "코로나19와 글로벌 가치사슬 재편", 무역경제신문(2020.6.7)을 바탕으로 작성되었습니다.

(2) "코로나가 뒤흔든 한국 산업지도–항공 녁다운… 원격의료는 숨통", 매경이코노미(2020.3.6)

석유화학	· 배터리 · 소재 공장 최소 가동 · 고속도로 통제로 원료 운송 차질	· 사태 장기화 시 원료 수급 차질
철강 · 기계	· 포스코 자동차 강판 가공 공장 중단 · 두산 굴착기 공장 가동 중단	· 완성차 생산 줄면서 납품 감소 · 사태 장기화 시 원재료 수급 차질

개인과 기업의 일상생활과 경제활동이 제약되면서 글로벌 공급망 GSC Global Supply Chain 은 크게 훼손되었다. 이는 생산뿐 아니라 유통, 물류, 소비 활동에 이르는 공급망의 전체의 단절로 이어지면서 미증유 未曾有 의 경제 위기가 시작되었다.

2020년 3월 초에 블룸버그는 글로벌 공급망이 타격을 받으면 글로벌 경제는 3200조가 증발할 것으로 예상했다. 4월 14일 IMF도 경제성장률 전망을 세계평균 −3.0%, 유로존 −7.5%, 미국 −5.9%, 일본 −5.2%, 우리나라 −1.2%로 수정 발표했다. IMF 수석 이코노미스트인 기타 고피나스 Gita Gopinath 는 코로나19로 전세계의 경제 손실이 2021년까지 9조 달러에 달할 것을 전망했다.

자유무역과 국제 분업체계는
가치사슬 Value Chain 모델에 기반을 두고 있다

하버드대 경영대학원의 마이클 포터 Michael Porter 교수는 기업이 제품 또는 서비스를 생산하기 위해 원재료, 노동력, 자본 등의 자원을 결합하는 과정에서 부가가치가 창출되는 것을 가치사슬 Value Chain 이라는 모델로 정립했다. 기업 이윤 창출의 주 활동과 이것을 가능하게 하는 회계, 정보기술 IT , 인적자원 HR 등의 활동을 모두 합한 것이다.

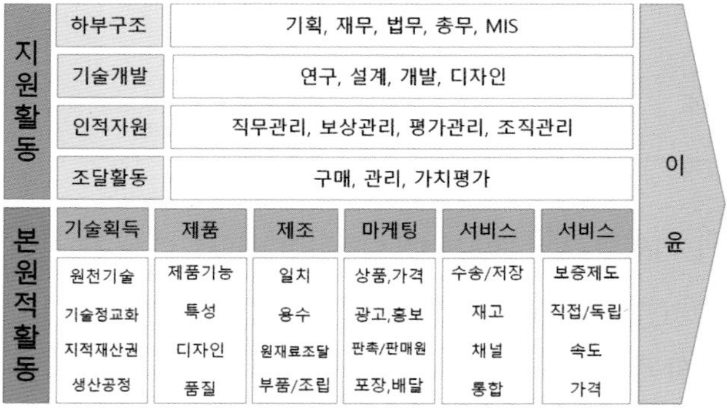

지 원 활 동	하부구조	기획, 재무, 법무, 총무, MIS					이 윤
	기술개발	연구, 설계, 개발, 디자인					
	인적자원	직무관리, 보상관리, 평가관리, 조직관리					
	조달활동	구매, 관리, 가치평가					
본 원 적 활 동	기술획득	제품	제조	마케팅	서비스	서비스	
	원천기술	제품기능	일치	상품,가격	수송/저장	보증제도	
	기술정교화	특성	용수	광고,홍보	재고	직접/독립	
	지적재산권	디자인	원재료조달	판촉/판매원	채널	속도	
	생산공정	품질	부품/조립	포장,배달	통합	가격	

[그림 14] 마이클포터의 가치사슬   자료: 마이클포터의 경쟁 우위

'공급사슬 Supply Chain '은 물 物 적인 흐름에 집중한다. 반면, 가치사슬 Value Chain 은 공급사슬보다 포괄적인 개념으로 상품과 서비스의 설계, 개발, 부품 조달, 생산, 물류, 유통과 판매, 사용, 서비스, 폐기 등 전 범위에 이르는 기업의 가치 창출 활동이라고도 이해할 수 있다.[3]

세계화가 급속도로 진행된 현재, 기업들은 가치사슬을 전 세계로 확대했으며, 어떤 기업도 독자적으로 상품과 서비스를 생산하긴 힘들다. 기업은 생산요소 부존도, 지리적 위치, 글로벌 경영 여건 등을 고려해 비교우위가 있는 경영환경에서 기업활동을 수행하게 된다. 가치사슬 의미에 세계화의 개념을 결합한 '글로벌 가치사슬'은 2개국 이상이 참여해 소재에서 최종 완성품까지 제품을 만드는 과정이다.

우리 경제발전에는 자유무역과 국제 분업체계가 큰 역할을 해왔다. 1960~1970년대 산업 기반이 보잘것없던 우리나라는 산업의 생산단계를 국가별로 분담하는 GVC 체계 안에서 선진국의 노동 집약 제품의

---

(3)   마이클 포터, 〈마이클 포터의 경쟁우위〉, 21세기북스(2008.10)

하청생산으로 자본을 축적했다. 1990년대에는 중국 등지에 해외공장을 지어 생산비를 낮추고 새로운 시장을 개척했다.

우리 경제가 성장하는 중요한 환경이 됐던 GVC는 코로나19의 세계적 대유행과 함께 바뀌고 있다. 기존의 GVC는 철저히 생산비용 측면과 시장 수요를 목표로 공급사슬을 구축하는 방식으로, 지난 20~30년간 글로벌 트렌드로 자리 잡았다.

하지만 코로나19 이후 기존의 GVC 전략인 '규모의 경제'를 위한 '집중생산', '재고의 집중화'와 '지연전략'은 효율성을 달성하는 데는 유리하지만, 특정한 사슬 ^{Chain 고리} 에서 문제가 생기면 전체 GVC가 무너지는 취약성에 직면하면서, 최적은 아니라는 것을 실감하고 있다.

코로나19가 공급망을 훼손시켜
글로벌 가치사슬은 그 기능을 하지 못하고 있다

첫째, 글로벌 공급망 훼손으로
원·부자재 공급이 막혀 생산이 중단됐다

자동차산업은 3만여 개 부품으로 구성된 특성상 모든 산업을 통틀어 가장 길고 복잡한 가치사슬을 갖고 있다. 부품 하나에 협력업체는 10개 이상까지 하류로 내려간다. 현대·기아차는 '와이어링 하네스'라는 부품을 80% 이상 중국에서 수입했다. 코로나19로 이 부품의 공급이 중단되면서 국내 완성차 공장이 적게는 4일에서 16일간 셧다운됐다.

미국과 유럽, 동남아 등에서 부품과 중간재를 수급하는 업체들도 '제2의 와이어링 하네스 사태'를 우려하고 있다. 오미크론과 또 다른 코로나 변이의 확산으로 현지 공장 폐쇄와 운송 지연이 우려되기 때문이다. 2020년 기준 미국과 유럽, 동남아에서 국내로 들어오는 중간재 수입 규모는 약 120조 원, 전체 수입액의 38%에 달한다. 글로벌기업은 코로나19 사태로 전례 없는 글로벌 가치사슬에 타격을 받았다. 심지어 북한도 북한과 중국 간 국경봉쇄로 인해 중국산 원료와 원자재 수입이 중단돼 북한 내 공장 가동이 중단되고 있는 것으로 확인됐다. 신의주 비누 공장은 중국산 원료를 구하지 못해 비누 생산이 중단됐고, 담배 공장도 종이, 필터, 포장지 등 원자재 수입이 끊기면서 일부는 멈춰 섰다.

둘째는 각국의 수출규제로
글로벌 가치사슬이 타격을 받았다

2019년 7월 반도체 소재 등 3개 품목에 대한 일본의 대對 한국 수출규제는 반도체의 글로벌 가치사슬에 큰 충격을 줄 수 있는 사건이었다. 코로나 정국 중인 2020년 2월 이후 중국 정부는 미국기업이 중국 공장에서 생산한 N95 마스크와 코로나19 대응 의료기기와 보호장비 등에 대해 수출 시 정부 승인을 받도록 했다. 이후 전 세계는 마스크와 진단키트, 일부 생필품에 대한 수출규제를 시작했다. 엄격한 증빙이 있는 경우만 소량의 마스크 등의 해외 반출을 예외적으로 인정했다.

수출규제의 최악의 시나리오는 식량 수출금지로 인한 공급망 단절 위기였다. 코로나19 이후 2020년 3월부터 베트남은 쌀 수출을, 러시아는 밀, 쌀, 보리 등 곡물 수출을, 세르비아, 카자스탄 등은 밀과 설탕 등의 수출을, 캄보디아는 4월부터 쌀과 벼의 수출을 금지했다.

주요 농산물 수출국의 수출 금지조치가 확대되고 국제물류시스템 중단이 지속될 경우 국제 곡물 가격이 폭등하고, 이는 각국의 식량안보 불안 요인으로 확대될 수 있다. 이와같이 각국의 수출규제는 글로벌 가치사슬이 무너지는 한 원인이다.

셋째, 원·부자재, 제품의 자유로운 이동이라는
GVC의 전제조건이 정치적인 이유로 제한되고 있다

2018년부터 본격화된 미국과 중국 사이의 무역 갈등도 기존 GVC에 부정적이다. 미국은 반도체 제조 장비 등 첨단기기의 중국 공급도 가능한 한 막고 있다. 화웨이의 네트워크 장비를 비롯해 중국산 제품 사용을 줄일 것을 요구하고 있다.

2019년 5월 미국 정부는 중국의 화웨이를 겨냥한 압박정책을 대폭 강화하겠다고 발표했다. 미국은 중국이 화웨이 장비로 스파이 행위를 할 수 있다며, 미국에서 생산된 반도체의 화웨이 수출을 규제했다. 이 압박정책엔 미국 기술을 활용하는 해외 기업도 화웨이에 특정 반도체나 소프트웨어를 공급하려면 미국의 허가를 일일이 받도록 했다. 미국의 의지에 따라 화웨이의 반도체 공급망을 완전히 붕괴시킬 수도, 적당한 고통을 줄 수도 있다.

화웨이는 미국 회사들과 거래가 어려워지자, 자체 설계한 반도체의 생산을 대만 TSMC에 맡겼지만 그마저 막히고 있다. TSMC는 화웨이가 매출의 14%를 차지하고, 미국 인텔이나 퀄컴도 미국 밖에서 생산한 반도체를 화웨이에 공급하고 있다. 삼성전자 역시 화웨이가 주요 고객사 중 하나다. 2019년 7월 일본이 스미모토화학, 십에츠화학, JSR 등이 공급하는 애칭가스, 감광액 등 반도체부품과 소재의 수출규제도 비슷한 정치적인 이유로 수출이 규제된 사례다.

마지막으로 물류의 단절이
글로벌 가치사슬에 중대한 타격을 줬다

코로나19 발생 초기부터 감염 확산을 방지하기 위한 각국의 국경폐쇄, 항공기와 선박의 운행중단, 출근금지령을 발동했다. 이에 따른 공항·항만의 조업 중단, 수출입 규제 등에 따른 화물이동 제한 등으로 물류망이 단절되면서 글로벌 가치사슬은 중대한 타격을 받았다.

코로나19 팬데믹이후 각국의 국경폐쇄로 여행객이 급감하면서 항공사들은 90% 이상 여객기를 놀렸다. 항공화물 수요량은 35% 줄었지만, 항공화물의 절반 정도 운송을 분담해왔던 여객기 운항 편수가 급감했고, 공장의 생산 지연 등으로 긴급화물이 발생하면서 화물 운송은 스페이스 부족으로 혼란에 빠졌다. 대한항공은 전년 대비 22.6%, 아시아나항공은 25.4% 각각 수송실적이 증가했다. 일부 여객기를 화물기로 개조해 투입하고 있지만 역부족이었다.([그림 15] 참조[4])

씨인텔리전스 Sea Intelligence 에 따르면 코로나19로 해상운송 물동량이 급감하면서 운항이 취소된 컨테이너 서비스가 총 456회에 달하는 것으로 조사됐다. 머스크는 2020년 2분기 아시아 유럽간 10개 노선 중 2개 노선의 운항을 중단했다.[5]

CNBC에 따르면 컨설팅기업 매켄지가 2020년 1월 초부터 4월까지 국제 컨테이너 화물선 운송량을 조사한 결과, 코로나19 사태에 따른 항

---

(4) "'코로나 팬데믹' 정면돌파…항공 화물운송은 '선전'", 헤럴드경제(2020.3.13)

(5) "코로나로 20조 손실…세계 해운업계 '팬데믹'", 뉴스토마토(2020.3.17)

해 취소로 운송량이 전년 대비 30% 감소했다. 미국의 식품 수입 역시 코로나19 사태 이후 해상운송 부진으로 어려움을 겪고 있다. 운송 차질로 제조업 소재, 부품, 기기의 공급이 제대로 이루어지지 않아 생산 차질로 이어지는 악순환이 반복되고 있다.

인천공항 월별 화물 수송실적 (단위:톤)

■■전체항공사 ■■대한항공 ■■아시아나

전체항공사: 182842, 227960, 228284, 227485, 248536, 240442, 219719
대한항공: 78789, 93473, 93557, 96837, 103233, 102774, 96619
아시아나: 40393, 52363, 51526, 52820, 59143, 56604, 50652

2019년 2월   4월   6월   8월   10월   12월   2020년 2월

[그림 15] 인천공항 월별 수송실적   자료: 헤럴드경제

글로벌 가치사슬의 타격으로 국가별, 기업별로
GVC 재편작업에 들어가고 있다

먼저, 글로벌 집중생산과 글로벌공급망 구축은 크게 축소하고 있다

글로벌 집중생산은 지금까지 총비용 Total Cost: 생산비+물류비+관세 등 절감을 위한 방법으로 자동차산업과 전자산업을 중심으로 광범위하게 추진되었다. 그러나 일본, 태국 등에서 연이어 발생한 자연재해에 이어 코로나19 사태로 공급망의 심각한 단절을 경험해 더 이상 확대하기 어려워졌다.

다국적기업들은 제품 생산의 차질이 생기지 않도록 생산거점의 다변화와 공급망의 안전성을 위해 안전재고를 확보하기 위한 작업에 돌입했다. 향후 글로벌 공급망은 '중국+2'와 같은 다원화를 중심의 공급망 재구축에 박차를 가하게 될 전망이다.

둘째, 주요국 중심으로 제조업의 자국내 회귀 Reshoring 정책을 채택하고 있다

코로나19 확산 이전까지만 해도 효율성과 공급가격 인하가 GVC의 주요 기준이었지만, 이제는 감염증 전파와 같은 비상상황에서도 얼마나 공급망이 안정적으로 기능할 수 있을지가 중요해졌다.

코로나19가 팬데믹 단계에 접어들며 GVC가 원활하게 작동하지 못하면서 각국 정부는 가능하면 국내에서 직접 제조해 지정학적 리스크를 줄이는 것이 목표가 됐다. 해외에 나가 있는 공장을 자국으로 불러들이는 리쇼어링 Reshoring · 제조업 회귀 은 GVC 재편과정에서 나오는 대표적 전략이다. 리쇼어링은 2010년대 초부터 미국과 일본을 중심으로 정책화됐지만, 당시에는 자국내 일자리 창출이 주된 목표였다. 하지만 코로나19 이후의 리쇼어링은 원활한 GVC의 작동을 위한 것이라는 점에서 차이가 있다.

각국 정부와 기업들은 리쇼어링을 GVC의 중요한 수정전략으로 정하고 있다. 특히 각국 정부는 전략 물자 외에 의료, 방역, 생필품을 중심으로 해외진출 기업을 회귀시켜 국가 안전망 구축과 제조업 역량을 강화하고, 경제적 파급효과도 극대화하는 정책을 마련하고 있다.

셋째, 직구·역직구 *Cross border e-Commerce* 는
더욱 활성화되고 있다

코로나19가 본격화하면서 마스크에 혐오적이던 미국과 유럽 등지에서도 사회적 거리두기 정책에 따라 온라인에서 마스크와 생필품, 식료품을 구매하려는 사람이 늘었다. 자국에서 품절 등으로 구매 못한 소비자가 글로벌 직구·역직구 시장에서 마스크·손세정제 등 개인위생상품을 판매·구매를 하면서 글로벌 시장도 동시에 품절되었다. 각국은 앞다투어 마스크·손세정제 등을 수출금지 품목으로 발표했다. 코로나19는 이처럼 국가 간 시장의 경계를 단숨에 붕괴시켰다.

코로나 19로 전자상거래는 더 이상 국내 기업 간 경쟁에 머무르지 않고, 국가 간 거래 *CBT, Cross-Border Trade* 에서 경쟁이 본격화되고 있다. 전자상거래 기업들은 국내에서 글로벌로 시장을 넓히고, 심화되는 글로벌 경쟁 환경 속에서 스마트 물류와 첨단 ICT 도입을 통해 경쟁력을 확보할 수 있는 중장기 발전을 모색하고 있다.

15 탄력적 공급망 관리

　브라질에 있는 나비의 작은 날갯짓이 미국 텍사스에 토네이도를 발생시킬 수도 있다는 이론인 나비효과 Butterfly Effect 이론[1]은 아주 작은 위험이라도 쉽게 지나쳐서는 안 됨을 강조한다는 점에서 공급망 리스크 관리와 일맥상통한다. 위기 대응을 위한 조직 구성과 자체 취약성 평가, 보안을 위한 협력, 잉여자원 확보, 기업 문화에의 투자와 탄력적[2]공급망 설계로 이뤄지는 공급망 리스크 관리는 선택이 아닌 필수 사항이다.

　위기관리 지침서로 불리는 〈리질리언트 엔터프라이즈 The Resilient Enterprise 〉에서 MIT 요시 쉐피 교수는 잠재적인 대규모 충격에 대한 기업의 대응 상황을 조사한 결과 대부분 미흡한 모습을 드러냈다고 지적하며, 기업들의 사업 연속성 계획 수립 방안을 제시했다. 요시 쉐피 교

---

(1) 미국의 기상학자 로렌즈(Lorenz, E. N.)가 사용한 용어로, 초기 조건의 사소한 변화가 전체에 막대한 영향을 미칠 수 있음을 이르는 말이다.

(2) '탄력적(resilience)'이라는 말은 재료과학(material science)에서 비롯한 단어로, 변형 후에도 원래의 형태를 유지하는 물질의 특성을 일컫는다.

수는 공급망은 한 곳에서 문제가 발생하더라도 즉시 대체할 수 있도록 다각화해야 하며, 해당 부품이 없어도 생산할 수 있도록 제품 재설계 역량을 갖추고, 부족한 물량을 많이 확보할 수 있는 대응체계를 갖춘 '탄력적 공급망'을 구축해야 한다고 말하고 있다.[3]

탄력적 공급망 Resilient Supply Chain **이란**
외부에서 발생한 장애로부터 신속히 회복하는 공급망을 말한다[4]

코로나19 이전에는 일부 기업만이 이런 탄력적 공급망을 구축했다. 대부분이 비용과 효율에 초점을 맞췄다. 하지만 코로나19로 기존 공급망이 약점을 노출하면서 많은 기업이 탄력적 공급망 구축의 필요성을 느끼고 있다. 탄력적 공급망은 공급과 구매, 생산, 고객관리, 통제시스템 다섯 측면에서 살펴볼 수 있다.

첫째, 공급과 구매 측면에서는 먼저 소수의 공급자에 대한 높은 의존도로 발생할 수 있는 위험을 줄여야 한다.

이를 위해 다수의 공급자를 확보하는 전략이 필요하다. 2011년 동일본 지진 당시 도요타가 공장 가동 중단 사태의 타격을 입은 이유도 국내 부품에만 의존했기 때문이다.

둘째, 생산 측면에서는 생산시설 중 한 곳에서 장애가 발생해도 이에 대응할 수 있게 상호운용성을 갖춘 복수의 시설을 두는 방안이

---

(3) 요시 쉐피, 〈리질리언트 엔터프라이즈(The Resilient Enterprise)〉, FKI미디어(2006)
(4) 권오경, 〈공급사슬관리〉, 박영사(2010)

대안이 된다.

또 생산시설 간 표준화된 프로세스를 만드는 일도 중요하다. 예를 들어 1994년 갑작스러운 눈보라로 루이스빌에 있는 UPS의 항공화물 집결지가 폐쇄됐을 때, UPS는 타 지역 직원을 루이스빌 공항으로 파견해 화물처리를 지원했다. 이러한 대처가 가능한 이유는 UPS의 화물처리 프로세스와 장비가 표준화됐기 때문이다.

셋째, 고객관리 측면에서는 공급망에 장애가 발생하면 관리자는 무엇보다 어떤 고객을 먼저 서비스할 것인지 선택해야 한다.

제품 취약성, 수익성, 비용 등 내부의 기준을 고려해 선택의 우선순위를 정해야 한다. 중요한 것은 우선순위를 설정하는 방식에 일관성이 있어야 한다는 점이다. 공정한 프로세스로 고객과의 장기적 관계에 손상을 입지 말아야 한다. 기업이 장애에 지혜롭게 대처할 경우, 오히려 고객과의 관계를 더욱 긴밀하게 만드는 기회가 될 수 있다.

넷째, 통제시스템 측면에서는 공급과 구매, 생산, 고객관리에서의 방안이 효과를 거두기 위해서는 장애를 신속하게 인지하고 해결책을 도출할 수 있는 시스템이 구축되어야 한다.

그런 면에서 탄력적 공급망은 디지털 기술 도입 없이는 구축하기 어렵다.

마지막으로 탄력적인 공급망 설계 Designing Resilient Supply Chains *측면에서는 잉여자원이 적더라도 중단으로부터 빨리 복구하는데 사용할 수*

있도록 유연성을 구축하고 탄력적인 공급망을 설계해야 한다.

이러한 탄력적 공급망의 구축을 위해서는 공급망이 중단된 사고를 식별하고 그 빈도와 심도를 분석해 리스크의 우선순위를 매기는 리스크 관리 맵을 작성한 후, 리스크 제어 방법 결정 및 시행 후 사후 관리까지 모니터링하는 리스크 관리 체계가 필요하다.

공급망내 리스크 대응은
탄력적 공급망 설계, 스트레스 시험, BCP 도입이 필요하다

먼저, '탄력적 공급망 설계 Designing Resilient Supply Chains'가 필요하다.

이는 공급망 한 곳에서 문제가 발생하더라도 즉시 대체할 수 있도록 다각화되고, 해당 부품이 없어도 생산할 수 있도록 제품 재설계 역량 등을 갖추고, 부족한 물량을 많이 확보할 수 있는 대응 체계를 갖춘 탄력적 공급망 설계가 필요하다고 한다.

둘째, 공급사슬내 위험을 인식하고 우선순위를 파악할 수 있도록 주기적인 스트레스 시험 stress test 이 필요하다.

주기적으로 공급사슬내 핵심적인 공급업체와 고객, 공장, 유통 및 물류센터를 파악하고, 부품, 공정재고, 완제품 재고에 대하여 위치와 물량 파악이 필요하다.

셋째, BCP Business Continuity Plan 도입도

적극적으로 고려해야 한다.

2011년 동일본 대지진 이후 BCP를 도입한 기업이 늘고 있다. BCP
는 재난이 발생해도 기업의 비즈니스 연속성을 유지하기 위한 방법론
이다. 재해·재난으로 정상적인 운용이 어려운 핵심 업무기능을 지속
할 수 있는 환경을 조성해 기업 가치를 최대화하는 조치를 의미한다.

리스크 관리는 비즈니스 시스템과 통합에 중점을 두어야 한다. 오늘
날 기업은 전사적 차원의 통합된 리스크 대응이 필요하다. 따라서 리스
크를 '리스크 인식 → 리스크 평가 → 리스크 통제 → 리스크 모니터링
및 관리' 등 일련의 흐름으로 보고, 이를 시스템으로 관리할 수 있어야
한다.

오늘날과 같은 위험 사회에서 기업은 수많은 크고 작은 위험에 노출
돼 있다. 따라서 위험에 처할 때마다 그 위험에 어떻게 대응할지를 고
민해서는 이미 늦다. 리스크를 일련의 시스템 속에서 매뉴얼화 해 관리
할 때에만 각종 위험을 효과적으로 통제할 수 있다.[5]

물류산업에서 공급망 불확실성에 대한 대응은
매우 중요한 이슈이다

기업은 자연재해, 전쟁과 테러처럼 빈도 낮지만 영향 큰 공급망 관
리에는 소홀하다.

자연재해, 전쟁과 테러, 공급사 파산, 노동쟁의 등 갑작스러운 재난
Disruptions 은 부품 흐름에 큰 영향을 미칠 수 있으며, 결과적으로 공급
망 리스크를 가중시킨다.

---

(5) 김수욱, "공급망에 위험 요소가 생긴다면?", 이코노미조선 (2012.2.1)

언제 발생할지 모르는 리스크에 대비하여 재고를 일상 수준 이상의 재고를 보유하고, 공급망을 다변화하기 위해 공급망을 분산하는 것이 필요한데, 이는 상당히 높은 비용이 소요된다. 그런 면에서 효율성과 리스크 사이의 균형이 기업의 고민이다.

기업은 수익성을 희생하지 않고 위험에 대응할 수 있는 유연성을 공급사슬 내에 확보하려 한다. 이를 위해선 각 산업의 공급사슬 내에 존재하는 다양한 위험을 이해하고, 자신의 기업에 적합한 리스크 관리 전략을 수립해야 한다.

"경영이란 결국 리스크관리다." "경영 활동 과정에서 경영자는 항상 의사결정이 요구된다. 의사결정 상황별로 여러 판단기준이 있겠지만 그 상황에서 합리적 의사결정을 방해하는 요인, 즉 리스크를 충분히 꿰뚫어보는 것이 가장 중요하다. 예상치 못한 재해나 위기발생 시에도 그 영향은 동일한 것이 아니라 경영자의 리스크 인식에 따라 크게 차이가 난다.[6]

물류산업에서 불확실성에 대한 대응은 매우 중요한 이슈가 될 수밖에 없다. 그나마 재고를 통해 수요와 공급 사이의 완충재를 확보할 수 있는 제조 기반 공급망에 비해, 물류는 재고라는 것이 존재할 수 없기에 문제가 더욱 심각하다. 물류 산업은 재고 Inventory 로 움직이는 것이 아니라 수용력 Capacity 으로 움직인다. 즉, 잉여 수용력은 사용되지 않으면 이월되지 않고 사라진다. 따라서 물류산업은 수요의 급격한 변동이나 공급 측면의 위험을 헤징 Hedging 할 방법이 많지 않다.

---

(6) KPMG Consulting, 〈비즈니스 연속성 관리 전략〉, HUINE(2016.7)

16 산업 경계를 넘는 유연생산시스템 [1]

2020년 4월 미국은 코로나19 총 확진자 수와 사망자 수에서 세계 1위라는 불명예를 안았다. 트럼프 대통령이 2020년 4월 11일 와이오밍 Wyoming 주의 연방재난지역 선포 요청을 승인함에 따라 미 전체 50개 주가 재난 지역으로 지정됐다. 전염병으로 미 50개 주 모두가 재난 지역으로 지정된 것은 미국 역사상 처음이었다.

미국 워싱턴포스트 WP 는 "코로나19 진단이 제대로 실시되지 않은 데다 병원 바깥에서 발생한 사망자의 경우 정확한 사망 원인을 확인하기 어렵다는 점에서 전문가들은 미국의 사망자 통계가 더욱 악화할 것으로 우려한다"고 보도했다.

이런 다급한 상황에서 3M, 오웬스앤드마이너, 퍼킨엘머, GE 등 미국기업들이 중국에서 만든 마스크와 인공호흡기, 진단키트 등이 미국

---

(1) 이상근, "코로나19, 극단적 수급불균형과 산업 경계를 넘는 유연생산시스템", 무역경제신문(2020.04)을 바탕으로 작성되었습니다.

으로 가지 못한 채 중국 내 창고에 쌓여가고 있었다. 4월 16일 월스트리트저널 WSJ 에 따르면, 중국 규제당국은 4월 초부터 중국에서 생산한 코로나19 대응 의료기기와 보호장비 등에 대해 저품질·불량 제품이 수출되지 않도록 하겠다며 해외 수출시 정부 승인을 받도록 하고 있다. 심지어 미국식품의약국 FDA 승인을 받은 물품도 포함되었다. [2]

트럼프대통령, '국방물자생산법' 발동,
마스크·산소호흡기 등 생산 명령

미국국방부는 "4월 10일 백악관 태스크포스로부터 코로나19 대응에 있어 '국방물자생산법'에 따른 첫 프로젝트를 수행하기 위한 승인을 받았다"며 "90일 이내에 N95 마스크 생산을 3900만 개 이상 늘릴 것"이라고 밝혔다. 코로나19 확산 속에 미국국방부는 1억3300만 달러 약 1612억 원를 투입해 방역용 N95 마스크 약 4000만 개 생산에 나섰다.

미국 GM과 포드, 테슬라 등 자동차 제조사 들이 마스크 등 의료물자 생산에 착수했다. 미국 보건복지부 HHS 가 '국방물자생산법'을 발동, 3만 대의 인공호흡기를 생산하기 위해 미국 GM과 5억 달러 규모 계약을 체결했다.

포드는 의료기기 업체인 GE헬스케어 및 3M과 손잡고 인공호흡기와 산소호흡기 디자인을 개량했다. 포드는 자동차에 사용하는 환풍기와 배터리, 다른 부품을 이용해 이 장비를 생산한다. 포드는 이미 의료진이 기존의 보호 장구에 더해 사용할 수 있는 투명 안면 보호대 생산을 개시, 1000개를 디트로이트 지역 병원 3곳에 전달했다. 도널드 트럼프

---

(2) "무역전쟁 보복?…진단키트·마스크 美수출길 막은 中", 이데일리(2020.04.17)

대통령도 "포드와 GM, 테슬라가 인공호흡기와 다른 금속 제품을 생산하기 위한 승인을 받고 있다"고 밝혔다.

[그림 16] 포드 의료생산   자료: 포드코리아

극단적 수급 불균형은
유연생산시스템을 활성화 시킬 것이다

코로나19 사태로 글로벌 생산 공장의 상당 부분의 가동이 중단됐고, 원·부자재와 완성품의 항공·해상·육상운송의 중단으로 글로벌 물류망마저 단절되면서 마스크와 인공호흡기, 산소호흡기 등 의료, 방역, 생필품 FMCG Fast Moving Consumer Goods 이 적기에 공급되지 못했다.

이 사태로 마스크 등 일부 상품의 긴급수요 발생과 자동차, 의류 등 기존 소비의 급격한 감소라는 양면에 대응이 필요했다. 글로벌 공급망 단절과 수요의 급격한 감소로 가동이 중단된 자동차 생산시설 등을 긴급수요발생 품목인 마스크와 인공호흡기 등의 생산시설로 빠르게 전환시킬 필요가 있었다.

즉, 기존의 다품종 중·소량의 생산에 알맞게 유연성을 갖는 제조 시스템인 FMS Flexible Manufacturing System 유연생산시스템 을 산업의 경계를 넘는 영역으로 전환한 것이다.

우리나라에서는 코로나19로 마스크 대란이 발생하면서, 부직포 생산업체인 도레이첨단소재는 경북 구미공장의 기존 기저귀 소재 생산라인을 개조해 KF-80급 멜트블로운 MB 생산라인으로 전환했다. 개조된 생산라인을 통해 마스크 650만 장 분량인 하루 13톤의 마스크 필터용 부직포를 생산했다.[3]

[그림 17] 도레이첨단의 MB 마스크 공정 　　　　　　　자료: 산업통상부

포스트 코로나19에 FMS는 대형·중형·소형자동차 간처럼 동일 공정과 제품간의 유연생산을 넘어, 기저귀 소재 생산라인이 비슷한 공정의 제품인 마스크용 부직포 생산 공정으로, 자동차공장에서 마스크, 인

---

(3) "도레이첨단소재, 기저귀용 라인 개조해 마스크 부직포 생산", 뉴스1(2020.03.26)

공호흡기, 진단키트처럼 공정과 제품면에서 산업의 경계를 넘는 유연생산시스템으로 신속히 전환될 수 있는 시스템이 구축 중이다.

물류기업도 FMS에 대응한 유연하고 빠른 물류시스템 전환이 필요하다

위드코로나19 시대에는 4차산업혁명 시대 트렌드와 맞물려, FMS에 개방형 제조서비스 FaaS, Factory as a Service 와 無공장 제조기업 Factory-free Manufacturing Company 이 더욱 빠르게 확산될 것이다. 여기에 3D프린팅 기술과 무인 스마트팩토리 기술이 결합되고, 넉다운 Knock down 방식으로 중간재가 모듈화되면서, 물류센터와 매장에서의 조립·가공이 확산될 것이다. 또한, 디지털 기반의 맞춤형 대량생산 Mass Customization 에 적합한 소량, 다품종, 다빈도 운송시스템의 구축도 가속화될 것이다.

위드코로나19 시대에는 전략물자, 보건·의료·방역, FMCG 산업의 리쇼어링이 가속화되면서 국제운송 비중이 줄고 국내운송 비중이 높아질 것이다. 또 무인 스마트팩토리와 유연생산시스템이 활성화되면서 이에 부응하는 무인물류시스템과 유연물류시스템 구축도 활기를 띨 것이다. 글로벌 집중생산과 싱글소싱을 통한 조달에서 멀티소싱의 탄력적 공급망으로 급속히 재편되면서 다극 多極, 장거리, 大量 운송보다는 권역 클러스터 내, 단거리, 中·少量 운송이 새로운 트랜드가 될 것이다.

물류기업도 유연생산시스템이 정상가동을 위해서는 기존제품과는 다른 원·부자재의 조달물류시스템을 갖춰야 원활한 생산이 가능하다. 또 생산된 제품을 온라인, 오프라인 유통망과 병원·방역기관 등에 원

활하게 공급하는 판매 물류망의 빠른 전환도 필요하다. 따라서 기존의
산업과 제품과는 다른 조달·사내·생산·판매에 걸친 '유연물류시스
템' 구축이 필요하다.

17 위드코로나 시대의 공급망 상시 관리 [1]

　중국이 후베이성 우한에서 정체불명의 폐렴이 발병했다고 세계보건기구 WHO 에 보고한 것은 2019년 12월 31일이다. 질병관리청의 코로나19 COVID-19 현황에 따르면 2년 반이 조금 지난 2022년 8월 9일 14시를 기준 전 세계 총 감염자는 누적 587,749,835명이며, 사망자 수는 6,431,108명 이다. 코로나19는 전세계 229개국에 확진자가 발생했다. 신규 확진자는 843,865명 증가했으며, 총 사망자도 전날에만 2,326명이 늘어났고, 치명률은 1.09%로 나타났다.

역사상 가장 많은 인명을 앗아간 전염병은 결핵이다 [2]
　결핵으로 죽은 사람은 지난 200년 동안만 약 10억 명에 이른다. 결

---

(1)　이상근, "새로운 전염병 시대와 공급망 상시 관리", 아웃소싱타임스(2022.9.13)을 바탕으로 작성되었습니다.

(2)　로날트 D. 게르슈테, 〈질병이 바꾼 세계의 역사〉, 미래의 창(2020)

핵은 20세기 주요 사망 원인 중 1~2위를 다투는 주요 질환 중 하나였다. 20세기 초반에는 유럽에서 7명 중 1명이 폐결핵으로 사망했다고 하니 실로 무서운 병이 아닐 수 없었다. 결핵은 현재에도 전 세계 많은 지역에서 발생하고 있으며, 전문가들은 세계 인구 중 3분의 1이 결핵균에 감염되었을 것이라고 추정한다. 현재까지도 전 세계적으로 매년 800만 명의 새로운 환자가 발생하며, 연간 100만 명 이상의 사망자가 발생한다.

반면 페스트가 가장 공포스러운 전염병으로 역사에 기록된 것은 짧은 기간에 막대한 사망자를 냈기 때문이다.

유럽에서는 발생 5년 만에 ^{1347~1352} 1800만 명 정도가 사망했다. 이는 당시 유럽 인구의 3분의 1에서 4분의 1에 해당하는 숫자였다. 영국에서는 인구의 40~50퍼센트가 사망하였으며, 중국에서는 인구의 3분의 1 정도인 3500만 명이 사망했다. 또 노르망디 지역에서는 인구 70퍼센트 정도가 감소했다는 기록이 있다.

사회구조적으로 가장 큰 변화를 몰고 온 질병도 페스트였다. 페스트로 수많은 사람들이 사망하면서 살아남은 자들은 사회적, 경제적 상황이 호전되는 이점을 누렸다. 모든 분야에서 노동력이 부족해졌기 때문이다. 식량 부족을 걱정할 필요도 없어졌다. 페스트가 번지기 전까지는 유럽 대부분 지역은 기근과 빈곤에 시달렸다. 하지만 1352년 이후 인구수가 급감하면서 살아남은 이들은 이제 제한된 자원을 보다 효과적으로 활용하기 시작하면서 사회가 발전하기 시작했다.

천연두로 20세기에만 약 3억 명이,
역사적으로는 5억 명이 사망했다고 추정된다

유럽에서만 18세기 이전까지 매년 40만 명 이상, 18세기에 유럽에서는 천연두로 25년 동안 약 1500만 명이 사망했다. 특히 아동은 감염될 경우 80퍼센트가 사망했다.

16세기 유럽인들이 신대륙에 유입되면서, 천연두 바이러스가 아스테카 왕국과 잉카 왕국을 비롯한 신대륙 원주민들에게 퍼졌고, 이에 대한 면역 체계가 없었던 원주민들은 천연두에 걸려 인구의 30퍼센트가 사망했다. 그 결과 유럽인들은 매우 손쉽게 신대륙을 차지할 수 있었다.

19세기 콜레라로 인도에서만 1500만 명의 사망자가 발생했다

19세기 유럽의 경우, 독일의 대도시에서는 주민의 1퍼센트 정도가 사망했고, 프랑스에서는 약 1만 8000명이, 영국에서는 2만여 명이 희생되었다.

1854년 존 스노우[3]가 콜레라가 수인성 질병임을 밝혀내면서 깨끗한 물에 대한 필요성이 대두되었고, 많은 도시에서 공중위생 환경이 개선되었다. 운하를 정비하고, 깨끗한 식수 공급을 위해 노력했으며, 식수와 하수를 철저히 구분한 것이었다.

1918~1920년 사이 발생한 스페인독감으로
전 세계 약 5억 명이 감염되었고
적게는 5000만에서 많게는 1억 명까지 사망한 것으로 추정된다

---

(3)   John Snow(1813년3월 15일 ~ 1858년6월 16일) 빅토리아 여왕 시대 영국의 의사

스페인 독감의 유행으로 예방접종과 의료기관 종사자의 안전이 중요하다는 점이 부각되었다. 스페인 독감 확산 초기에 의료종사자가 많이 감염되면서 병원 시스템이 제대로 작동하지 않아 희생자가 늘었기 때문이다.

현재까지 약 3900만 명이 에이즈로 사망한 것으로 추정된다

1980년대 말까지 에이즈는 10만 명이 발병했고 대부분이 면역결핍증으로 사망했다.

에이즈로 현재까지 사망한 약 3900만 명은 최근 100년간 유행한 전염병 중 가장 많은 사망자 수다. 2017년 한 해 동안 에이즈와 관련된 질병 폐렴을 비롯한 감염성 질환들 으로 사망한 이는 94만 명에 이른다.

세계보건기구 WHO 가 천명했듯이 '전염병의 시대'가 도래했다

20세기 후반부터는 신종 전염병이 속속 출현하고 그 빈도 또한 잦아지고 있다. 에볼라출혈열, 후천성면역결핍증후군 AIDS , 중증급성호흡기증 SARS , 중동호흡기증후군 MERS 등에 이어 코로나19가 급속히 퍼지고 있다. 현대사회는 인구가 폭발적으로 증가하여 감염의 위험이 커졌고, 항공산업의 발달로 사람들이 빠르게 이동하는 것이 가능해져 확산의 위험이 증대되었다. 또 공장식 밀집 축산으로 병원체 변이의 위험, 그리고 무분별한 개발로 미지 병원체 접촉의 위험, 지구 온난화로 인한 병원체 폭증 위험이 높아지고 있다. 또 세계 곳곳에서 국가 간의 갈등이 커져가면서 전쟁, 내전, 분쟁 등의 충돌이 끊이지 않아 기본적인 위생과 방역 체계가 붕괴되고 있다.

세계보건기구 WHO 가 천명했듯이 바야흐로 '전염병의 시대'가 도래한 것이다. 2015년, 한국의 메르스 유행 때의 총체적 난국을 떠올려보면 쉽게 수긍할 수 있을 것이다. 페스트, 콜레라, 유행성 독감 인플루엔자 같은 범 유행성 질병은 그 시작과 진행 과정이 상당히 유사하게 진행된다. 최초의 발병자가 있고, 이후 교통수단을 통해 점점 더 넓은 지역으로 퍼져 나간다. 교통수단이 발전하면서 전염병의 전파 속도는 기하급수적으로 빨라진다. 과거나 지금이나 치명적인 유행병이 퍼지면 각국은 국경을 봉쇄하여 유행병의 감염을 막으려 노력하지만, 질병은 어떻게든 이를 뚫고 들어와 1차 감염자를 만들고, 백신과 치료약이 만들어질 때까지 인류를 괴롭히며 역사를 바꾸어 나간다.

사람 안전을 위해 많은 일들이
무인화 · 자동화를 적극 추진할 것이다

이전까지 생산, 유통, 판매와 물류 영역에서 사람이 직접 수행하거나 대면 서비스가 필요했던 많은 일들은 사람 안전을 위해 무인화 · 자동화를 적극 추진할 것이다. 특히 물류영역에서는 첫째, 스마트 배달을 위한 드론, 배달 로봇, 자율주행 화물차와 같은 '목적형 자율주행 이동수단' 기술을 상호 연동시켜 구축할 것이다. 둘째, 물류센터에서 화물의 입고, 보관, 풀필먼트, 출고 등 화물처리 전 과정을 지능화 · 자동화하는 기술인 '스마트 물류센터' 기술도 도입될 것이다. 셋째는 디지털화된 물류정보를 활용하여 계약, 입고, 재고관리, 출고, 배송, 반품, 회수 등을 종합관리하는 기술인 '물류정보통합플랫폼' 기술도 도입될 것이다.

이들 3가지 물류 관련 기술은 서로 밀접한 상호 연결과 보완을 통해 고도화될 것이다. 큰 축에서는 스마트시티, 스마트팩토리와 연결하고 호환이 가능한 스마트 물류시스템이 구축될 것이다.[4]

위드코로나 시대에
공급망 리스크의 상시관리는 선택이 아닌 필수다

코로나19 사태는 결국 종식될 것이고 글로벌 공급망 혼란도 극복할 것이다. 하지만 자연재해, 전쟁, 국가 간 분쟁과 새로운 바이러스 출몰과 같은 공급망 불확실성은 언제 어떤 모습으로 또 다가올지 모른다.

기업은 수많은 위험에 노출돼 있고, 위험에 처할 때마다 그 위험에 어떻게 대응할지를 고민해서는 이미 늦다. 우리 기업은 각 산업의 공급사슬 내에 존재하는 다양한 위험을 이해하고, 자신의 기업에 적합한 다음의 위험요인 관리전략을 수립해야 한다.

첫째, '탄력적 공급망 설계' *Designing Resilient Supply Chains* '가 필요하다

이는 공급망 한 곳에서 문제가 발생하더라도 즉시 대체할 수 있도록 다각화되고, 해당 부품이 없어도 생산할 수 있도록 제품 재설계 역량 등을 갖추고, 부족한 물량을 많이 확보할 수 있는 대응 체계를 갖춘 '탄력적 공급망 설계'가 필요하다.

둘째, BCP *Business Continuity Plan* 도 적극적으로 도입해야 한다

(4) 이상근, "디지털 뉴딜 패러다임 변화와 물류 부문의 역할", 국토연구원 〈월간국토〉 Vol. 484 (2022.2)

BCP([그림 18] 참조[5])는 재난이 발생해도 기업의 비즈니스 연속성을 유지하기 위한 방법론이다. 재해·재난으로 정상적인 운용이 어려운 핵심 업무기능을 지속할 수 있는 환경을 조성해 기업 가치를 최대화하는 조치를 의미한다.

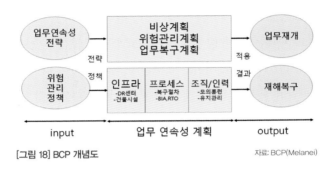

[그림 18] BCP 개념도   자료: BCP(Melanei)

셋째, 공급사슬내 위험을 인식하고 우선순위를 파악할 수 있도록 주기적인 스트레스 시험 stress test 이 필요하다

주기적으로 공급사슬내 핵심적인 공급업체와 고객, 공장, 유통 및 물류센터를 파악하고, 부품, 공정재고, 완제품 재고에 대하여 위치와 물량 파악이 필요하다.

바이러스와의 전쟁은 단발적으로 끝날 사안은 아니다

코로나19 사태는 세계인을 고통스럽게 만들고 있는 재앙이다. 하지만 이미 벌어진 일이다. 안타깝지만 이제는 미래도 바라보아야 한다. 4

---

(5) 출처: BCP(Melanei), https://blog.naver.com/mayching1106/222668883129

차산업혁명 기술의 확산과 발전 관점에서 바라보면, 4차산업혁명을 좀 더 앞당겨지는 결과를 가져오고 있다.

따라서 우리는 포스트 코로나19에 일어날 새로운 변화를 정확히 인식하고 기술혁신과 빨리 적응하려는 노력이 필요하다. 코로나19 사태는 일본의 반도체 소재 수출규제 사태와 더불어 우리 기업이 조달·생산·물류에 걸친 공급망 리스크를 다시 돌아보는 귀중한 계기가 되어야 할 것이다.

우리가 직면하고 있는 코로나19라는 바이러스와의 전쟁은 단발적으로 끝날 사안은 아니다. 코로나19 이후에도 계속해서 새로운 코로나와 재난들이 우리의 생활과 공급사슬, 가치사슬과 산업 전반을 위협할 것이다.

지금의 위드 With 코로나19 시대를 지나 앞으로 올 포스트 Post 코로나19 시대와 또다른 코로나와 같이 가야하는 위드코로나 시대를 맞이할 수밖에 없다. 앞으로도 계속될 전염병과의 전쟁에서는 지도자의 리더십, 의료계의 빠른 대응, 정부의 적절한 대처, 언론의 정확한 정보전달의 역할이 승패를 좌우할 만큼 막중하다.

하지만 국민 개개인의 생각과 행동도 그것들 못지않게 중요하다고 할 수 있다. 또 시민, 정부, 의료계와 언론 등이 공공의 가치를 위해 서로 협력했을 때 최상의 결과가 도출된다. 이러한 협력의 기반에는 의약, 방역, 생필품 등의 원활한 공급망 확보를 통한 사회 안정성을 확보하는 것이 무엇보다도 중요하다.

따라서 국가 차원에서 공급망 단절과 붕괴 대책 수립과 이를 주기적으로 검증하는 것이 필요하다. 또 공급망 리스크가 발생했을 경우 새로운 공급망으로 대체, 우회. 복구방안을 마련하는 것이 필요하다. 또 정부, 지자체, 의료기관, 기업 차원을 넘어 우리 모두가 코로나19 이후에 계속될 새로운 바이러스와의 전쟁에 상시 대비할 필요가 있다.

18 글로벌 공급망 다변화 [1]

2019년 7월 일본은 우리나라행 반도체 핵심소재에 대해 수출규제 조치를 내렸다. 이후 우리는 민·관·연 협력을 통해 공급망 안정화와 글로벌밸류체인 GVC 재편에 대응하는 대책 마련에 몰두해왔다. 소부장 R&D 사업은 2019년 7월 일본 정부가 우리 주력산업인 반도체의 소재·부품·장비 소부장 산업을 정조준한 소재와 부품의 공급망 충격에 대응하기 위해 소재·부품·장비 산업의 경쟁력 강화 대책으로 시작했다.

2021년 4월 28일, 국내 주요 소부장 산업의 수요와 공급기업 대표들과 산업통상자원부 장관의 간담회가 있었다. 이 자리는 정부가 소부장 추경 R&D 사업의 중간 성과를 점검하기 위해 마련됐다. 이 간담회에서 성윤모 장관은 "일본 수출규제에 대응해 2019년 9월 소부장 R&D에

(1) 이상근, "국가차원의 대응이 필요한 글로벌 공급망 다변화", 아웃소싱타임스(2021.5.10.)을 바탕으로 작성되었습니다.

착수한 우리 기업들이 통상 기술개발 ^{R&D} 에 3년, 매출 발생까지 그 이상의 시간이 걸리던 것을 18개월 만에 매출 2151억 원, 투자 3826억 원 등 괄목할 만한 성과를 달성했다"고 평가했다.

우리나라 디스플레이와 반도체 핵심 소재의 공급망은 비교적 안정적이다

2021년 1월 24일의 산업통상자원부 발표에선 "소부장 경쟁력 강화 대책 3년차인 현재 소부장 기업 현장에서 변화의 바람이 불고 있다"면서 정책 이행 성과를 돌아보고 추진 계획을 밝혔다.

특히 일본의 수출규제 3대 품목인 불화수소가스, EUV레지스트, 불화폴리이미드는 기업의 대체소재 투입, 정부의 기술개발 지원 등으로 국내 생산을 빠르게 확충했다. 불화수소가스의 경우 SK머티리얼즈가 5N급 고순도 제품 양산에 성공했고, 솔브레인은 12N급 고순도 불산액 생산시설을 2배 확대해 생산을 개시했다. EUV레지스트는 유럽산으로 수입 다변화에 성공했고, 불화폴리이미드는 코오롱 인더스트리가 양산 설비를 구축한 뒤 중국에 수출하고 있다. SKC도 자체기술 확보 후 생산 투입 테스트를 진행했다. 반도체 소재 3개 품목 이외의 대일 의존도가 높던 100대 품목 역시 수입처를 EU, 미국 등으로 다변화했고, 품목별로 평균적인 재고수준을 기존 수준 대비 2배 이상으로 확충했다. 또 SKC는 블랭크 마스크 공장을, 효성은 탄소섬유 생산설비를 신설하는 등 23개 기업이 국내에 새롭게 생산시설을 구축했다. 이밖에 SK실트론이 미국 듀폰 실리콘 웨이퍼 사업부를 인수하는 등의 노력도 병행됐다.

소부장 생태계 내부의 연대와 협력도
강화되는 추세다

일본의 수출규제 직후 2019년 추경을 통해 지원된 25개 품목 중 23개 품목의 시제품이 개발됐고, 434건의 특허가 출원되는 등 성과 도출이 본격화됐다. 또 79개 수요-공급기업의 협력을 기반으로 연구소 등 다양한 주체가 참여하는 '협력모델' 22건에 대한 연구개발 [R&D], 투자 등 지원도 진행되고 있다. 이에 따라 반도체산업의 소부장 생태계는 수요기업과 공급기업 내부의 연대·협력 강화와 정부 차원의 정책지원으로 안정화 단계에 접어들었다.

코로나19로 인한 공급망 다변화 대응이
주요이슈가 되고 있다

2020년 5월 KOTRA와 인베스트코리아는 글로벌기업 454개사에 "코로나19로 인한 글로벌기업의 경영·투자 전략 변경 계획"을 물었다. 그 결과, 응답 기업의 46.7% [207개사] 가 '사업 분야 및 투자 방식의 다각화'를 고려한다고 했다. 이어 '글로벌 공급망 다변화 [27.1%] ' '유통·물류 아웃소싱 고도화 [14%] ' '핵심 제조시설의 본국 이전 [5.4%] '의 순으로 응답했다. 글로벌기업 10곳 중 7곳 이상이 코로나19를 계기로 사업이나 투자를 다각화하고 글로벌밸류체인 [GVC] 도 다변화할 계획이라는 조사 결과다. GVC의 다변화가 우리 기업만의 문제가 아닌 글로벌 트렌드라는 의미다.

업종별로 제조업은 글로벌 공급망 다변화 [37.7%] 와 핵심 제조시설의 본국 이전 [8.2%] 을, 서비스업은 사업 분야 및 투자 방식의 다각화 [60.5%] 를 우선 고려하는 것으로 파악됐다.

제조업의 경우 코로나19가 촉발한 GVC 리스크 관리 방안의 일환으로 공급망 다변화를 고려하는 비율이 높은 것으로 풀이된다. 특히 코로나19 직격탄을 맞은 자동차·부품 61.9% 을 비롯해 화학·소재 43.9% , 기계·로봇 41.9% 의 순으로 응답률이 높았다. 지역별로 글로벌 공급망 다변화는 중국소재 글로벌기업 49.4% , 유럽연합 EU 기업 30.3% , 일본 기업 25.4% 의 순으로 고려하고 있다고 응답했다.

코로나19를 계기로 글로벌기업은 자동화와 로봇 생산, 스마트 물류 확대 등의 변화 조짐도 나타났다.

글로벌 공급망 다변화는 급격히 진행중이다

세계 주요국은 자국민과 자국 산업의 보호를 위한 정책을 강화하고 있다. 미·중 통상분쟁으로 다국적기업의 탈 중국화 가속화, 대 중국 보호무역 정책 심화, 유럽연합 EU 의 강력한 기후변화 대응 등도 공급망 정책 다변화 정책으로의 전환의 한 원인이 되고 있다. 여기에 더불어 코로나19 이후 국제교역 위축도 공급망 다변화의 한 원인이다.

중국은 내수 중심의 자립화 경제 國內大循環 을 기반으로 국제무역을 확대 國際大循環 하는 쌍순환 雙循環 성장 전략을 통해 경제위기를 극복하고 있다. 실제로 2019년 12월6일 한국은행 해외포커스에 실린 '최근 세계 교역의 주요특징 및 향후 전망' 보고서에 따르면 IMF는 코로나19로 2020년 세계 교역량은 10%대 감소를 전망했다.[2]

하지만, 우리나라 일부 산업의 공급망이 특정 국가에 다시 높아지는

---

(2) [Now, China] "중국의 새로운 경제 전략, 쌍순환", CHIEF EXECUTIVE (Vol.217, 2020년 12월호)

것은 우려할 만하다. 조철 산업연구원 연구위원은 '경제 환경 변화에 따른 자동차 업계 애로 해소와 대책'을 주제로 2022년 6월 개최된 제 27회 자동차산업발전포럼에서 이점을 우려했다. 이 발표에서는 우리나라 자동차 부품 수입의 중국 의존도가 높아져 공급망 다변화가 필요하다고 지적했다.

조 연구위원에 따르면 전 세계 자동차 부품 수출에서 중국이 차지하는 비중은 2000년 3.9%에서 지난해 15.3%까지 높아졌다. 국내 자동차 생산에서 해외부품 의존율은 12% 내외로 다른 산업에 비해 높은 수준은 아니지만, 중국 의존도가 증가하고 있다. 자동차 부품 수입국 중 중국의 비중은 2000년 1.8%에 불과했지만, 2021년 34.9%로 급등했다. 같은 기간 일본의 비중은 45.5%에서 11.6%로 줄었다.

특히 전기차 부품인 전지소재 중 음극재는 83%, 양극재, 전해액, 분리막은 각각 60% 이상 중국에 의존하고 있다. 제련한 원자재는 흑연 100%, 망간 93%, 코발트 82%, 니켈 65%, 리튬 59%를 중국에 의존하고 있다. 특히, 전기차의 핵심부품인 2차 전지 소재와 원자재의 중국 의존도가 높은 것은 문제로 지적했다. 미·중 분쟁이 심화되며 글로벌 공급망 이슈는 중국 의존도가 높은 우리에게 보다 중요하게 됐다면서 국내 공급 생태계를 강화하고, 공급망 다변화를 펼쳐 나가야 한다고 말했다.[3]

다국적 제조사의 물류공급망도
다변화 리스크에 적극 대응하고 있다

---

(3) "車부품 중국 의존도 높아져… 공급망 다변화 필요", 조선비즈(2022.6.14)

물류공급망 다변화는 공급망 다변화로 인해 발생하는 다양한 물류 수요에 대응하고, 예측하지 못한 네트워크 단절에 신속히 대응하기 위해 물류 네트워크를 다변화하는 것이다. 글로벌 가치사슬이 다양한 이유로 다변화해 가는 가운데 물류공급망이 함께 변해가는 글로벌 물류공급망 다변화는 글로벌 가치사슬 변화에 영향을 받기도 하고 글로벌 가치사슬을 변화하게 하는 원인으로 작용하기도 한다.

코로나19 팬데믹 이후 다국적 제조사는 공급망 확보라는 큰 과제 앞에서 여러 액션을 취했다. 협력회사가 긴급 자재 공급을 위해 항공 배송으로 전환하는 경우에는 물류비용을 실비로 지원했고, 협력회사가 부품 조달을 위해 원부자재 구매처를 다변화하는 경우에는 부품 승인 시간/절차 단축을 위한 지원에 앞장섰다. 협력회사가 원활히 자재를 조달할 수 있도록 물류 업체와 통관 정보를 공유, 기존 물류 경로 이외의 우회 및 대체 경로 정보와 제공 등도 적극 지원했다. 특히, 중국 정부의 지침, 중국 내 물류 및 통관 현황 등 중국 관련 정보와 감염병 예방과 관리를 위한 위생, 방역, 확산방지 수칙 등을 담은 행동 가이드라인을 배포한 바 있다.

공급망 단절에 대응하는 가장 중요한 전략은
물류 공급망 다변화이다

공급망 다변화는 곧 물류의 다변화이다. 다양한 물류 수요에 대응하고, 예측하지 못한 네트워크 단절에 신속히 대응하기 위해 물류 네트워크를 다변화하는 것이다. 글로벌 공급망 다변화가 물류 다변화에 영향을 주기도 하고, 물류 다변화가 글로벌 공급망을 변화하게 하는 원인이 되기도 한다.

공급망이 불안한 정세에서는 무엇보다도 국가차원의 물류공급망 다변화 대응책의 수립이 필요하다. 또 물류기업도 빠르게 대체 노선을 확보하고 운송수단을 확보하는 역량을 갖춰야 한다.

2021년 3월 이집트 수에즈 운하에 에버기븐호가 좌초된 사건이 있었다. HMM은 당시 수에즈 운하를 이용 중이었는데, 선박 4척을 희망봉 노선으로 우회를 결정했다. 희망봉을 돌면 7일~10일이 더 소요되지만 수에즈 운하 재개가 수일 더 걸릴 수 있다는 우려에 빠른 결정을 내렸다.

글로벌 공급망이 점차 다변화되는 가운데 물류산업은 이에 적절히 대응할 수 있어야 하겠다. 우리나라의 품목별 교역규모는 전기기기·TV·VTR 품목의 수출입 규모가 25.89%로 가장 높고, 국가별로는 중국, 미국이 각각 24.63%, 13.43%로 높은 비중을 차지하고 있다. 교역규모 기준 무역집중도는 상위 10개 교역품목 중 광, 슬랙, 회 등의 HHI[4]값이 7,447로 가장 높은 것으로 나타나 다변화가 필요할 것으로 확인되었다. 물동량을 기준으로는 광물성연료, 에너지 품목의 수출입이 54.47%로 가장 높고 국가별로는 호주와 중국이 각각 16,78%, 11.68%를 차지하는 것을 확인하였다. 물동량 기준 무역집중도는 유기화합물과 광, 슬랙, 회 등의 HHI 값이 각각 3,364, 3,176으로 높은 집중도를 보이는 것을 확인하였다. 무역집중도가 높은 국가들은 국가산업의 관점에서 중요한 국가들로서 이를 지원하는 물류산업의 역할을

---

(4) Herfindahl-Hirschman index 시장집중도를 측정하는 지표. 이 지표는 시장에 참여하는 모든 회사의 시장점유율을 제곱한 값을 합산하여 정해지는데, 지수가 낮을수록 기업 간 경쟁이 심한 것으로 평가된다.

충실히 할 수 있도록 해당 국가의 물류 네트워크를 안정적으로 확보해야 할 것이며, 집중도가 높은 품목에 대해서는 향후 공급망 다변화와 급격한 변화 리스크를 염두에 두고 대체 시장의 물류 네트워크 확보 방안도 미리 염두에 두어야 할 것이다.[5]

[그림 19] 글로벌 공급망 다변화 대응

글로벌 공급망 다변화의 대응은
정부와 기업의 협력과 공조가 중요하다

국가 차원의 글로벌 물류공급망 다변화 대응을 위한 기본 전략을 수립하고 기업이 적극 활용할 수 있도록 주요 교역국들을 선별하여 주기적으로 정보를 수집하고 물류와 제조 및 수출입 기업에 제공할 수 있는 체계 구축 방안 마련이 필요하다. 또 수집된 정보의 분석과 관리, 효과적 제공을 위한 정보플랫폼 구축 방안 또한 마련할 필요가 있다.

이처럼 글로벌 공급망의 불안한 정세에서 공급망 다변화는 무엇보

---

(5) 신승호 허성호, "국내 수출입 품목별 집중도 분석을 통한 물류산업의 글로벌 공급망 다변화 대응 방안 연구", 한국교통연구원 〈교통연구〉 29권 1호(2022)

다도 정부와 기업의 협력과 공조를 통한 대응이 필요하다. 국가 차원의 글로벌 물류공급망 다변화 대응을 위한 기본 전략 수립하고 기업이 활용할 수 있도록 주요 산업과 교역국들을 선별하여 주기적으로 정보를 수집하고 물류와 제조 및 수출입 기업에 제공할 수 있는 체계 구축방안이 필요하다. 또 수집된 정보의 분석과 관리, 제공을 위한 플랫폼 구축 방안도 필요하다.

궁극적으로는 글로벌 공급망 다변화에 선도적으로 대응할 수 있는 중장기적 대책 수립과 함께 갑자기 예고없이 발생한 공급망 단절 등에 긴급히 대응할 수 있는 국가 차원의 즉시 대응이 가능한 물류공급망 정보플랫폼 구축이 필요하다.[6]

---

(6) 이상근, "공급망… '단절'엔 '다변화'로"로지스팟https://blog.logi-spot.com 이상근박사의 물류연구소(2021.6.25)

19 탈중국화와 리쇼어링 [(1)]

✅ 리쇼어링이란? 해외로 나간 자국 기업을 다시 불러들이는 정책

　영국 시사주간지 이코노미스트는 2020년 [5월 16~22일] 발행호의 표지를 '굿바이 세계화 [Goodbye Globalization]'로 장식하고, 전 세계적인 리쇼어링 [re-shoring] 흐름에 대해 특집기사를 게재했다. 코로나 바이러스로 사람이 집과 국가 안에 갇히자 생산이 멈추고, 물류가 끊기고, 무역이 줄었다. 사람과 무역, 자본의 흐름이 멈추면서 세계화가 한계에 봉착했다는 내용을 담고 있다.

---

(1) 이상근, "코로나19가 몰고온 탈중국화와 리쇼어링"무역경제신문(2020.11.30.)을 바탕으로 작성되었습니다.

월스트리트저널 WSJ 역시 포스트 코로나 시대의 경제활동은 점점 국가 안보에 중요한 요소가 될 것이며, 국가 안보와 밀접한 관계를 고려할 때 경제의 세계화보다 자급자족 기능을 찾는 경제 정책이 국민의 지지를 받을 것이라고 강조했다.

2020년 코로나 사태로 약 90개국이 의료물자 수출을, 29개국이 식품 수출을 중단했고, 국가 간 여행 제한으로 국경도 막혔다. 세계 주요국들은 코로나19 사태를 맞아 지역 간의 봉쇄 lockdown 와 시설 폐쇄 shutdown 를 실시하면서 주요 산업은 주요 부품의 공급에 차질을 빚은 바 있다. 많은 기업이 글로벌 생산기지를 접고 자국으로 돌아갈 것을 고민하는 원인도 여기에 있다.

2008년 세계 금융위기를 겪은 후인 2010년대 신보호무역주의가 등장하고, 주요국이 경쟁적으로 '자국우선주의'를 외치면서 해외에 나가 있는 기업을 본국으로 회귀시키는 정책을 펼쳐왔다.

코로나19가 확산되고 글로벌 공급망이 흔들리면서 미국과 일본, 독일 등 주요 제조국가들의 밸류체인에 큰 변화가 일어나고 있다. 주요국은 해외로 나간 자국 기업을 불러들이는 리쇼어링 정책을 통해 글로벌 벨류체인 Global Value Chain 보다 로컬 벨류체인 LVC Local Value Chain 을 강화하는 구조적 변화를 가속화하고 있다.

코로나19 사태로 각국은 GVC의 일부 부문을 다른 나라에 의존하기보다 자국에 집중하는 정책을 강화할 것으로 보인다. 실제로 주요국은 중국에 집중되어있던 해외 생산거점을 본국으로 회귀시켜 경제성장과 고용 창출에도 기여하는 '자국 우선주의'를 강화하고 있다. 따라서 GVC가 약화되고 리쇼어링과 니어쇼어링 near-shoring: 인접 국가로 생산라인 분산 등 LVC를 강조하는 구조적 변화가 일어나고 있다.

[그림 20] Goodbye globalisation
자료: May 16th 2020 | The Economist

오바마 행정부는
'메이크 잇 인 아메리카 Make it in America' 정책을 추진했다

오바마 행정부는 미국 기업이 해외에 아웃소싱할 때 받는 세금 혜택을 없앴고, 제조업 연구개발 R&D 지원과 제조업 인프라 개선 정책을 강화했다. 2017년 트럼프 대통령 취임 이후에는 '탈세계화'와 '독자제조 생태계 강화'가 진행되었다. 트럼프 행정부는 '미국산 구매 Buy American, '미국인 고용 Hire American 을 골자로 하는 '미국 우선주의 America First 행정명령을 발동했다.

트럼프 대통령은 250억 달러 규모의 '리쇼어링 펀드'를 조성하겠다고 선언했다. 이에 미국 상원도 'CHIPS for America Act'를 추진해 반도체의 자국 생산을 위해 공장 건설과 R&D 지원 및 세액공제 등을 통해 220억 달러 지원 계획을 세웠다. 기존 35%까지 부과하는 4단계 누진형 법인세율도 21% 단일 세율로 대폭 인하했다. 리쇼어링 기업의 공장 이전비용도 20%를 지원했다.

미국은 GVC에서 중국 의존을 줄이고 '독자 제조생태계'를 강화하겠다는 목표였다. 이를 위해 미국 본국으로 회귀하는 리쇼어링 뿐만 아니라 인접 국가로 선회해 생산라인을 분산하는 니어쇼어링도 유도하고 있다.([그림 21] 참조[(2)])

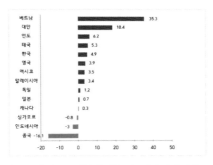

[그림 21] 미중 무역분쟁 이후 미국의 수입처 변화
(2018–19년 증감률) 자료: 한국무역협회 공식 블러그

애플과 구글, MS도 중국 공장을
태국, 베트남 등으로 이전하는 계획이 진행 중이다

애플은 2018년 미중 무역분쟁이 격화되자 공급망 다변화를 추진했다. 생산거점이 한곳에 집중될 경우 발생하는 리스크를 분산시키겠다

---

(2) 한국무역협회 공식블러그, "베트남 진출 러시에 무협 "돌다리도 두들겨 보고 건너야", https://blog.naver.com/kitablog/222350402180

는 전략으로 코로나19를 계기로 그 속도가 빨라졌다. 코로나 충격으로 2020년 1분기 출하량이 10% 가까이 줄어들자, 애플은 중국에서 전량 생산하던 '에어팟'을 베트남에서 본격 생산하기 시작했다. 또 2분기 '아이팟' 전체 출하량 중 30% 정도를 베트남 공장에서 생산할 계획을 세웠다. 또 애플은 대만에는 100억 대만달러를 투자해 공장을 건설할 계획이며, 향후 5년간 중국에서 생산하는 '아이폰' 물량의 5분의 1을 인도로 옮길 예정이다.

구글, 마이크로소프트 등도 중국 내 생산 공장을 태국이나 베트남 등 다른 아시아 국가로 이전하는 계획이 진행 중이다. 구글은 보급형 스마트폰인 '픽셀4a'를 앞으로 베트남 공장에서 생산한다. 차세대 스마트폰 '픽셀5' 모델은 동남아 지역에서 생산한다는 방침을 세웠다. 마이크로소프트 MS 는 태블릿 PC인 '서피스 Surface ' 제품을 2020년 하반기부터 베트남 공장에서 생산하기로 했다. 인텔도 미국 내에 대규모 반도체 파운드리 위탁 생산시설를 건설할 계획이다. 미 정부가 코로나 사태를

계기로 추진 중인 반도체 자급 전략과 맥을 같이 한다. [3]

일본 정부는 "일본 기업은 열도로 돌아오라"하고 외치고 있다

일본 정부는 중국 등 해외시장을 겨냥한 진출을 장려하던 방향에서 벗어나 "일본 기업은 열도로 돌아오라" 하고 외치고 있다. 2013년 수립된 '아베노믹스'는 도쿄·오사카 등 대도시 인근 10여 곳에 '국가전략특구제'를 도입하는 등 리쇼어링 정책을 본격 추진 중이다. 2018년에는 기존 30%였던 최고 법인세율을 23.2%로 낮췄으며, AI 사물인터넷 등 4차 산업혁명 관련 기업에는 20%대 전후까지 인하했다.

2019년말 기준 중국산 소재·부품 의존도가 21% 수준인 일본은 2020년 3~4월 코로나19 사태로 중국 공장이 셧다운되면서 글로벌 공급망이 흔들리자, 생산거점을 중국에서 일본으로 이전하는 기업에 이전비용 등을 충당할 수 있는 보조금을 지급하기로 했다.

2020년 4월 일본 정부는 코로나19에 대응하기 위한 경기부양책으로 리쇼어링과 니어쇼어링 정책을 내놨다. 중국에 진출한 일본 기업이 자국으로 돌아올 경우 보조금으로 2200억 엔 ^{약 2조 5000억 원}, 중국 공장을 동남아 등 다른 국가로 옮겨가면 235억 엔을 지급하기로 했다. 또 일본 정부는 코로나19 긴급경제대책 예산 117조엔 가운데 '공급사슬 개혁'에 2435억 엔을 배정했다. 일본 기업이 중국 생산공장을 이전할 때 비용의 3분의 2까지 지원한다. 일본뿐 아니라 중국 의존도가 높은 제품 생산을 동남아시아 등으로 이전할 때도 지원한다.

2020년 7월 19일 블룸버그통신에 따르면 일본 경제산업성은 아이

---

(3) "구글, MS 생산기지 '중국서 동남아로 이전' 박차", 글로벌이코노미(2020.2.27)

리스오야마, 샤프 등 중국 생산공장을 일본으로 유턴시킨 기업 57곳에 574억엔의 지원금을 준다고 발표했다. 니혼게이자이신문은 중국을 벗어나 리쇼어링, 니어쇼어링을 한 일본 기업 87곳이 받은 보조금 총액을 700억엔으로 추정했다. 경제산업성은 중국 공장을 베트남 미얀마 태국 등 동남아시아 국가로 옮기는 30개 기업에도 지원금을 주기로 했다고 보도했다. 보조금과는 무관하게 이전을 진행하거나 완료한 굴지의 일본 기업들도 많다. 브라더, 교세라, 후지제록스 등은 베트남으로 공장을 옮기고 있다. 샤프는 장쑤성에 있던 다기능 프린터 생산설비를 이미 태국으로 옮겼다.[4]

독일은 '인더스트리 Industry 4.0'을 바탕으로 해외진출 기업의 자국 복귀를 유도하고 있다

독일은 값싼 인건비에 의존하던 해외 생산을 스마트공장 같은 제조업의 스마트화를 지원하는 방식으로 기업의 리쇼어링을 유인하고 있다. 프랑스는 의약품 공급망을 강화하기 위해 30여 종의 의약품의 국내생산을 검토하고 있다. 프랑스는 이미 2013년부터 리쇼어링을 촉진하기 위해 진단 프로그램 콜베르 Colbert 2.0[5]을 개발했고, 'MIF made in France '라는 국가 브랜드를 활용해 전시회를 기획하고 수백여 기업이 참여하게 했다. 그 결과, 르노 자동차, 미쉐린 타이어 등 최근 4년간

---

(4) "일본이 돌아온다"… '국가전략특구'로 부흥 노리는 日, 이데일리(2020.2.15)

(5) 중상주의자 콜베르(1619~83년) 재상이 다시 등장했다. 무려 330년 만이다. 2013년 프랑스 정부는 제조업의 리쇼어링을 촉진하기 위한 진단 프로그램을 개발하고 이름을 '콜베르 2.0'이라고 붙였다. 콜베르는 '짐이 곧 국가'라던 루이 14세 시절, 국력을 높이기 위해서는 무역을 진흥시키고 산업을 장려해야 한다고 주장했다. 중상주의(mercantilism)를 대표하는 그의 이름이 제조업의 국내회귀를 촉진하기 위해 재등장한 것이다. 출처: 김영우, "콜베르 2.0과 리쇼어링", 아시아경제(2020.7.20)

40여 개 기업이 리쇼어링 했다. 대만은 2012년부터 2014년까지 추진한 '국내 유턴 추진방안'을 기점으로 리쇼어링 정책을 이어오고 있다. 2019년부터는 중국에 진출한 자국 기업을 대상으로 '대만기업 리쇼어링 투자 액션플랜'을 시행했는데, 대만 정부가 지정한 공단에 입주하면 임대료를 6년간 감면하는 등의 혜택을 부여한다.

세계는 '리쇼어링'에 전력을 다하나, 우리 기업은 해외로 나가고 있다

2020년 세계 주요국들이 코로나19 팬데믹을 맞아 지역간 이동 봉쇄 lockdown 와 시설을 폐쇄 shutdown 하면서 주요 산업은 원자재와 부품의 공급에 차질을 빚었다. 우리나라도 자동차와 전자, 철강, 석유화학 등 주요 산업이 중국과 미국, 유럽 등으로부터 원자재와 부품을 조달하는 데 문제를 겪었다. 특히, 선진국들은 그동안 마스크를 비롯한 위생용품들의 제조기지를 신흥국에 두었기에 전염병 대응에 차질이 상당했다.

코로나19 사태는 GVC 상의 일부 부문을 해외에 의존하기보다 자국에 집중시킬 것으로 보인다. GVC가 약화되고 LVC Local Value Chain 가 강조되는 구조적 변화가 나타나고 있다. 우리 정부도 리쇼어링 정책 U턴 기업 지원정책 을 강화하고 있다. 해외 현지 법인을 본국으로 회귀시켜 경제성장과 고용 창출에 기여할 수 있도록 하는 자국 우선주의가 확대되는 것이다.[6]

우리나라의 해외직접투자는

(6) 김광석, 〈포스트 코로나 2021년 경제전망〉, 지식노마드(2020.10)

2012년 이후 지속으로 증가하고 있다

우리나라의 해외 신규법인 설립 개수는 2012년 2,788개에서 2019년 3,953개로 증가했고, 투자금액은 2012년 296억 달러에서 2019년 약 619억 달러로 확대되었다. 우리나라 리쇼어링 정책은 지난 2006년 재정경제부가 '기업환경 개선 종합대책'을 마련하면서 정부 정책프로그램으로 처음 등장했으나 지지부진한 상태다. 2013년부터는 '해외진출 기업의 국내복귀 지원에 관한 법률'을 제정한 후 계속해서 제도를 개선하며 국내복귀를 독려해왔다. 그러나 2013년부터 2020년까지 국내로 다시 돌아온 기업은 71곳에 불과하다.

우리 정부는 코로나19에 따른 경기 침체를 극복하기 위해 '리쇼어링'을 적극 유도하고 있지만, 정작 기업 대부분은 리쇼어링을 기피하는 것으로 나타났다. 리쇼어링에 대한 공감대는 형성되었지만, 현실적인 유인책까지는 나오지 않은 상황이다. 문재인 대통령은 취임 3주년 특별연설에서 우리 기업 공장을 국내로 돌아오게 하는 리쇼어링 정책을 펼치겠다고 강조했으나 정작 기업들의 반응은 차가왔다. 대한상공회의소가 2020년 6월 21일 국내 제조업체 308개사를 대상으로 진행한 '포스트 코로나 기업 대응현황과 정책과제' 조사에 따르면 해외공장을 가진 기업 94.4%가 '국내 복귀 계획 없다'고 답했다.

정부는 '2020 하반기 경제정책 방향'에서 한국판 뉴딜 정책의 하나로 유턴 기업에 대한 세제 · 금융 지원 정책을 발표했다. 기존에는 해외 사업장을 청산 · 양도하거나 축소 · 유지하면서 국내 사업장을 신설 · 창업하는 경우에만 세제를 지원했는데, 앞으로는 국내 사업장의 증설에 따른 사업 소득에 대해 세제를 지원하기로 했다. 기존에는 해외 사업장의 생산량을 50% 이상 감축할 경우에만 법인세와 소득세를 감면 했지만, 향후 생산 감축량에 비례해 세금을 감면하기로 했다. 또 국내 전 지역을 대상으로 유턴 기업의 입지 · 시설 투자와 이전비용 등을 지 원하는 유턴 기업 보조금을 신설하고, 유턴 기업 제품의 고부가가치화 를 위해 스마트공장과 로봇 보급 사업 지원도 강화하기로 하는 등 진일 보한 정책을 발표했다.

하지만 기업들이 볼 때 정부는 리쇼어링 입지규제 완화, 세제 지원, 이전비용과 시설투자지원만으로는 해외 사업장을 철수하고 돌아올 만 큼 매력적이지는 않다. 지금 같은 '반기업 정서'와 '적대적인 노사문화', '숨 막히는 규제', '외투 기업에 대비한 역차별', '높은 법인세' 등으로는 해외로 진출한 우리 기업의 국내복귀가 불가능한 것이 우리의 현주소 다.

국내 기업의 유턴은 친기업 정책과
반기업 정서를 개선하려는 노력이 중요하다

최근 글로벌 기업의 탈중국 추세가 늘면서 본국 유턴 대신 동남아 등 지로 생산시설을 이전하는 사례가 늘고 있다. 첨단 ICT 기반 등을 고려 하면 중국이나 베트남, 인도보다는 한국이 경쟁우위를 갖추고 있다. 특 히 첨단투자지구를 ICT 집적지인 수도권 위주로 선정한다면 외국인 직 접투자 FDI Foreign Direct Investment 를 포함한 투자 유치와 첨단 ICT 산업 발전에 시너지 효과가 클 것이다.

[그림 22] 국내기업의 유턴 장애물

글로벌 기업 유치나, 국내 기업의 추가 투자, 해외진출 국내 기업의 유턴을 위해선 비용 우위나 시장도 중요하지만, 무엇보다 친기업 정책과 국내에 만연한 반기업 정서를 개선하려는 노력이 중요하다. 외국처럼 기업인이 영웅으로 대우받기까지는 원하지 않지만, 어떤 기업이 기업인을 파렴치한 죄인으로 몰아세우는 국내로 돌아오겠는가? 또 어떤 글로벌 기업이 우리나라에 투자할 것인가? 이는 단순히 생산비용이나 시장, 애국심으로만 호소할 사안은 아니다. 지금 세계는 글로벌 공급망의 큰 틀을 재편하고 있다. 우리는 새로운 기회들을 잡을 수 있는 절호의 순간에 와 있다. 우리 국민, 정부와 기업 모두의 현명한 판단과 선택이 필요한 정말 중요한 시점이다.

20 니어쇼어링과 남북단일경제권 [1]

코로나19 팬데믹은 글로벌 생산·유통·물류의 교란을 가져와 세계 경제를 큰 혼란에 빠지게 했다. 코로나19가 급속히 확산되면서 국가마다 앞다투어 취한 국경봉쇄와 수출규제가 글로벌 공급망을 왜곡시켰다. 2020년 4월부터 미국에서 확진자가 급증하면서 마스크, 의료기기가 다급한 상황에서 중국 당국은 중국에서 생산한 의료기기와 보호장비를 해외에 수출할 때 정부의 승인을 받도록 통제했다.

2020년 3~4월 베트남과 러시아는 쌀 수출을, 러시아와 카자스탄 등이 밀의 수출을 금지했다. 유엔 식량농업기구는 물자 이동이 어려워져 공급 쇼크가 가능성 우려하면서 "지금까지 접하지 못한 가장 큰 위험이 될 수 있다"고 경고했었다. 식량 수출금지는 조기에 해결되었지만 가장 우려했던 최악의 시나리오였다.

---

[1] 이상근, "코로나19, 니어쇼어링, 남북단일경제권", 무역경제신문(2020.12.29)을 바탕으로 작성되었습니다.

코로나19 사태는 생산, 수요, 공급체인 모두를 크게 훼손시켰다

생산비, 물류비, 관세를 포함한 총비용 Total Cost 관점에서 비교우위에 있는 곳에 생산과 물류시스템 구축하던 글로벌 집중생산과 싱글 소싱 시스템은 코로나19 팬데믹으로 큰 타격을 받았다. 팬데믹 초기에 중국에 주요 부품 공장과 협력기업을 가진 글로벌 자동차와 전자기업 등은 부품과 소재, 중간재의 수급 차질로 생산이 중단되는 막대한 피해가 불가피했다. 이에 따라 글로벌 공급체인은 '중국+2'의 탄력적 공급망 구축으로 공급망을 급속히 재편되고 있다. 또 보건 · 의료 · 방역, FMCG 일용소비재 기업들은 생산기반을 자국내 복귀 리쇼링 Reshoring 하거나 인접 국가나 인접지역에 두려는 니어쇼링 Near-shoring 으로 거점전략을 수정하고 있다.

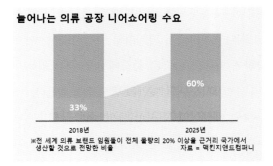

[그림 23] 늘어나는 의류 공장 니어쇼어링 수요 (2)

글로벌 공급망 전략의 탄력적 공급망 구축을 위해
리쇼어링과 니어쇼어링을 강화하고 있다

첫째, 리쇼어링, 니어쇼어링으로
대륙간·국가간 물류 비중은 줄고,
대륙 내·국가 내 물류 비중이 높아지고 있다

코로나19 이후 글로벌 제조기업의 가장 큰 변화는 탈중국 바람이다. 글로벌기업과 같이 우리 기업들은 '중국+2'의 전략을 쓸 것이다. 하지만 탈중국이 곧 한국으로 회귀 ^{리쇼어링} 는 아니다. 코로나19 이후 한국 기업은 생존을 위해 한국보다 기업하기 좋은 해외로 공장 이전 속도가 더 빨라질 수도 있다. 공장이나 부서, 혹은 회사 전체가 인접 국가로 이전 ^{니어쇼어링} 하면서 국내에서는 '공동화' 현상을 부를 수도 있다.

둘째, 재고 정책이 JIT에서 안전재고 확보로 변하면서
원·부자재, 완제품 보관 거점의 위치와 규모 선정과
적정지역에 재배치하는 작업이 시작되고 있다

'필요한 재고를 어디에 둘 것인가?'라는 재고 재배치 작업에 돌입했다. 2020년 2월초 중국에서 생산되던 자동차 부품인 와이어링 하네스 ^{Wiring Harness} 의 공급중단으로 현대·기아차는 국내공장 생산 차질이 12만 대, 2조 2,000억 원 피해가 발생했고, 국내 완성차 5사는 도합 15만 대 가량의 생산차질 피해를 본바 있다. 이제는 재고를 극단적으로 줄이는 JIT ^{Just in Time} 에서 안전재고 확보와 조달·생산·판매 재고의 재배치가 중요한 화두가 되고 있다.

셋째, 탄력적 공급망으로 전환은
대륙간, 장거리, 大量 운송보다는 인접국가나 권역 ^{클러스터} 내,

중·단거리, 中量 운송 중심으로 운송시장을 변모시킬 것이다

위드코로나19 시대의 제조업의 급변은 물류에서도 탄력적 공급체인으로 전환, 리쇼링·니어쇼링, 원·부자재와 완제품의 안전재고 확보와 재고의 재배치가 뉴노멀로 떠오르고 있다. 또한, 무인 스마트물류센터, 드론, 무인화물차, 무인보관함 등 무인 스마트물류시스템 도입 가속화와 유연생산시스템에 대응하는 유연물류시스템 구축도 전망된다. 아울러, 지금까지 공장에서 수행하던 생산, 조립, 가공, AS와 온라인판매 기능의 상당 부분을 물류센터와 매장에서 수행하는 것도 예측된다.

위드코로나19 이후의 시대의 글로벌 경쟁체제는 더이상 기업 대 기업 또는 국가 대 국가가 아니라 FTA를 기반으로 하는 권역 대 권역, 네트워크 대 네트워크의 구도로 전환될 것이다. 주요국과 글로벌 기업은 팬데믹 이전의 글로벌 분업에서 리쇼어링 또는 니어쇼어링을 통한 권역 내 분업화로 공급망 단절 리스크를 해소하려는 전략이 예상된다.

'중국+2"의 전략적 대안으로
한국·북한의 단일 경제권 가능성도 있다

투자의 귀재 짐 로저스 Jim Rogers 는 "내가 한국에서 받고자 하는 평가는 '통합된 한반도 경제의 비전을 제시한 투자자'라는 것이다."라면서 "남북한의 경제통합은 독일과는 다른 방향으로 진행될 것이다. 가장 크게는 경제적 부담을 덜어줄 환경적 요인에 차이가 있다. 독일 경우, 통일 당시 주변에 붕괴 위기에 놓인 동유럽 사회주의 국가들 자금력이 취약한 나라 로 둘러싸여 있었기 때문에 주변국 간 외부의 투자자본을 차지하기 위한 경쟁이 치열했다.

반면, 북한은 중국, 러시아 등 투자 여력이 풍부하고 비교적 경제적으로 안정적인 국가에 둘러싸여 있다. 더불어 동독과 달리 북한에는 천연자원이 풍부하다는 점도 투자자들의 기대를 모으는 조건이다"라고 밝히고 있다. 또한 "한국에서 휴전선이 사라지고 북한의 천연자원과 저렴한 인건비, 한국의 자원과 자본이 만나게 된다면 그 파급효과는 엄청나리라 예상된다"고 강조했다.[2]

[그림 24] 앞으로 5년 한반도 투자 시나리오
자료: 짐로저스 앞으로 5년 한반도 투자 시나리오

남북과 북미의 정치적 화해와 평화의 분위기가 조성되면 남북한은 남북교역의 확대 차원을 넘어 본격적인 경제 협력관계를 조성하고, 이를 넘는 '남북 단일 경제권 구축'이 화두에 오를 것이다. 남북 단일경제권 구축은 교통, 전력, 통신 등 SOC와 제조, 유통 등 다양한 분야가 종합적으로 고려되어야 한다. 남북교역의 확대를 위한 물류망 연결은 남

(2)　짐 로저스, 〈앞으로 5년 한반도 투자 시나리오〉, 비즈니스북스(2019)

북한 전 지역과 산업 전반의 협력체계를 견인하고 원부자재 조달, 생산, 유통, 판매, 물류에 이르는 경제 기반 구축의 중요한 인프라이다.

남북 단일 경제권이 구축되면
러시아, 중국, 몽고, 일본과 동북아 클러스터 조성도 가능할 것이다

특히, 중국에 집중됐던 글로벌 생산기지는 글로벌 경제의 블록화와 함께 중국 동북3성, 러시아 극동, 몽고, 북한의 개발이 본격화되고, 신시장으로의 영향력이 커진다면, 한 · 중 · 일을 포함, 북한, 몽고, 극동 러시아로 확대되는 동북아 경제 클러스터를 기대해 볼 수 있다.

동북아 경제클러스터는 연구개발 R&D, 디자인 Design, 생산 Product, 조립 Assembly, 마케팅 Marketing, 물류 Logistics 등 권역 내 국가별 역할분담을 통해 집중생산, 분할생산과 조립 · 가공을 통해 동북아산 産 Made in NEA 생산이 가능하다. 동북아 경제클러스터를 통한 동북아산은 글로벌 경쟁력도 갖출 수 있을 것이다.

특히 도로와 철도에 의해 대륙 육로물류가 연결되면 그 경제적 파급은 크게 확대될 것이다.

한반도 종단철도 TKR: Trans Korea Railway 와 시베리아 횡단철도 TSR: Trans Siberian Railway, 중국횡단열차 TCR: Trans China Railway, 만주통과열차 TMR: Trans Manchurian Railway 가 연결되고, 남북한과 대륙간 상품의 환적 · 보관 · 가공조립기능을 수행할 수 있는 복합물류 거점이 구축되면 동북아 경제클러스터는 큰 위력을 발휘할 것이다.[3]

---

(3) "대륙으로 가는 철길 열리나②-부산발 유럽행 열차…", 연합뉴스 월간 마이더스 2015년 7월호

[그림 25] 시베리아 횡단열차(TSR)　　자료: 현대로엠 공식블로그

　　TKR로 출발하는 물류망 연결은 한국, 북한, 중국, 러시아, 몽고, 중앙아, EU 등의 연결과 한·일간 해저터널이 연결될 경우, 동북아의 육로 운송망은 완성될 것이다.

　　남북종단철도와 도로가 동북아 지역의 물류망과 연결될 경우, 유럽⟨–⟩아시아⟨–⟩태평양 경제권을 통합하는 물류 랜드브릿지 Land Bridge 역할도 수행할 수 있을 것이다.

　　코로나19로 인한 변화는 갑자기 하루아침에 일어난 것은 아니다. 코로나19는 4차 산업혁명 시대와 각국의 정치적·경제적 환경 변화 속도를 앞당겨 준 촉매제 역할을 하는 것으로 본다. '4차산업혁명', '코로나19', '공급망 재편', '니어쇼어링', '남북단일경제권', '동북아경제클러스터'란 단어 자체는 서로 연관성을 찾을 수 없는 것처럼 보이나, 분명 퍼팩트스톰의 중심에 있는 단어들 임에는 분명하다.

21 라스트핏 이코노미 Last Fit Economy 와 생산지연전략 Postponement Strategy (1)

　코로나 팬데믹은 우리 삶에서 정말 많은 부분이 바뀠다. 우리가 일하고 공부하던 공간은 집으로 바뀌고, 오프라인에서 구매하던 것을 온라인에서 구매하고, 여럿이 함께 먹다가 혼자 먹는다. 가장 큰 변화는 집이 생활의 중심이 되면서 온라인과 비대면으로 생활의 많은 부분이 이루어지고 있다는 점이다. 근무, 교육, 식사, 여가활동까지 우리 삶에서 많은 부분이 비대면으로 되었다.

　그럼 우리는 왜 비대면으로 살게 된 걸까? 코로나로 인한 인간의 본능적 불안 때문이다. 인간의 가장 기본적인 욕구인, 먹거리와 안전을 위협받았기 때문이다. 먹거리를 자유롭게 먹지 못하는 데에 대한 불안감, 그리고 코로나 감염에 대한 불안감이다. 이 두 욕구는 인간의 생명과 직결되는 생리적 욕구와 안전 욕구에 직결되는데, 코로나로 인한 이 두 욕구

---

(1)　이상근, "라스트핏 이코노미와 생산지연전략", 아웃소싱타임스(2019.11.25)을 바탕으로 작성되었습니다.

에 대한 불안과 결핍이 국민의 생활 패턴을 바꾸어 버린 것이다.[2]

모바일쇼핑이나 인터넷쇼핑, TV홈쇼핑 등 비대면 쇼핑의 물류는 주문접수 ->풀필먼트 ->라스트마일 배달의 과정을 거친다. 특히 고객 접점인 라스트마일 배송의 중요성이 커지면서 새벽배달, 당일배달을 넘어 2시간배달, 30분배달의 총알 ^{빠른} 배달까지 등장했다. 주문한 상품을 빨리 받고 싶은 소비자의 욕구와 이들 소비자를 꼭 잡아야 하는 판매자의 고뇌가 맞물려 물류 혁신을 한 결과이다.

택배회사에서 고객에게 배달한 라스트마일딜리버리 LMD Last mile delivery 건수는 2012년 14억 598만 개에서 2021년 36억 2967만 개로 증가한 것으로 조사되었다.[3] 여기에는 쿠팡과 마켓커리, 쓱닷컴 등 플랫폼기업, 온라인 쇼핑 기업의 직접배달 물량이 제외된 것이다.

온라인 쇼핑 시장에서는
물류서비스 차별화 경쟁이 한층 치열해지고 있다

물류 경쟁력이 구매 핵심기준으로 떠오르면서 택배기업 뿐 아니라 유통기업에서는 모바일 간편 주문과 접수, 고객 맞춤 포장과 세트화, 배달속도뿐 아니라 물류의 마지막 접점에서 차별화된 배달 서비스를

---

(2) 남민정, "코로나는 기폭제, 원류는 MZ?", F&B 인사이트 칼럼(2020.9.22)

(3) 국가물류통합정보센터가 한국통합물류협회 통계를 인용해 내놓은 생활물류통계에 따르면 2021년 총 택배 물량이 36억 2967만개로 전년보다 7.6% 증가한 것으로 조사됨
   –택배물량은 2019년 9.7% 증가한 데 이어 코로나19 사태 첫해인 2020년에는 20.9% 폭증했고, 2021년에도 7.6% 늘어나는 등 증가세를 거듭하고 있음
   – 경제활동인구(만 15세 이상 인구 중 취업자와 실업자를 포함해 노동력과 노동의사를 가진 인구)를 기준으로 한 1인당 택배 이용 횟수는 연 128.4회로, 전년 대비 6.4회 증가한 것
   –전체 국민을 기준으로 하면 지난해 1인당 택배 이용 횟수는 70.3회로, 2020년 65.1회보다 5.2회 증가한 수치
   –2021년 국내 택배시장의 총매출액은 8조5800억 원으로, 전년보다 14.6% 증가한 것으로 나타남

제공하기 위한 전략 수립에 고심하고 있다.

서울대 김난도교수는 2019년 11월 대한상공회의소 "트랜드코리아 2020: 유통트랜드에의 함의" 제목의 강의에서 마지막 순간의 경험이 중요해졌다고 전하면서, 마지막 순간의 만족을 최적화하려는 근거리 경제를 '라스트핏 이코노미 Last Fit Economy'라고 명명했다. 김교수는 기존의 제품 중심의 차별화 경쟁에서 한 걸음 나아가 고객과 접촉하는 내밀한 순간에 집중해야 하며, 그 마지막 순간을 잡는 자가 시장을 잡을 것으로 봤다. 이 라스트핏은 ① 고객의 마지막 접점까지 편리한 배송으로 쇼핑의 번거로움을 해소해주는 '배송의 라스트핏', ② 가고자 하는 목표 지점까지 최대한 편하게 접근할 수 있도록 도와주는 '이동의 라스트핏', ③ 구매나 경험의 모든 여정의 대미를 만족스럽게 장식하는 '구매 여정의 라스트핏'으로 나눌 수 있다.

물류 측면에서 보는 세가지 라스트핏

아이폰 한 대를 만들기 위한 모든 부품들의 이동거리를 합치면 38만 6천Km나 된다. 이 엄청나게 복잡하고, 믿을 수 없이 광대한 공급사슬 망 Supply Chain 은 스티브 잡스 Steve Jobs 가 물류 전문가인 팀 쿡 Tim Cook 을 영입해서 애플의 CEO 자리까지 물려준 이유이다. 그가 컴퓨터의 천재라서가 아니라 공급사슬의 전문가로서 물류를 관리하는 능력이 탁월했기 때문이다. 흔히 말하는 아이폰의 혁신은 제품 자체에서만 이뤄지는 것이 아니라 물류에서 완성되는 것이다.[4]

38만 6천 Km 여정의 마지막 순간인 라스트마일 서비스가 구매의

---

(4) 에드워드 흄스, 〈배송 추적: Door to Door〉, 사회평론(2017.11)

핵심기준으로 부각되고 있다. 기업은 까다로워지는 고객에 맞추기 위한 제조와 유통, 미들마일 Middle mile 물류 전과정과 더불어 마지막 접점인 라스트마일에서의 차별화된 물류서비스를 위한 고민이 점점 깊어가고 있다.

첫째, '배송의 라스트핏[5]'은 유통업계의 공통 전략으로 고객 경험[6]이다

배송의 라스트핏은 감성적 측면에서 고객 만족과 감동, 서비스 측면에서 안전과 편의성이 높은 새로운 배송서비스를 제공하는 것, 기술적 측면에서 물류와 IT 기술의 만남 등을 추구한다.

배달시간 지정과 배달예정시간을 미리 통보하는 것, 부재중 배달 상황을 문자나 카톡을 통해 알려주는 것, 배송 박스에 손편지나 포스트잇

---

(5) 라스트마일 딜리버리로 대표되는 '배송의 라스트핏'은 쿠팡의 로켓배송과 마켓컬리의 새벽 배송이 있다. 로켓배송은 주문하고 혹시 배달이 안오면 어떡하나 하는 불안감을 완전히 없앴다. 오전에 받을 생각을 한 상품이 새벽에 이미 도착하여 경우도 종종 경험한다. 2019년 11월 "쿠팡이 만드는 혁신과 일자리"라는 제목의 한국유통학회 조찬포럼강연에서 쿠팡 고명주대표는 '100배 더 나은 고객 경험'을 강조했다. 고대표는 배송의 라스트핏은 '더 나은 고객 경험' 실현시킬 수 있으며, 이를 이끄는 것은 5천여 명의 쿠팡맨, 42만 평에 달하는 102개의 풀필먼트 센터와 캠프 등 인프라와 1000여명의 개발자가 AI와 소프트웨어 개발하는 '물류 혁신'이 기반임을 강조했다.
마켓컬리는 '샛별배송'을 통해 배송 리드타임을 제로(0)로 만들었다. 잠자기 직전에 주문한 상품이 내가 자는 동안에 배달되어 실질적인 배달 리드타임을 제로(0)로 만들었다. 여기에 감성을 더하여 온라인이 오프라인의 대면 서비스에서만 있을 법한 고객 경험을 실제로 느끼게 하여 오프라인의 장벽을 넘어섰다.
대형마트부터 백화점·홈쇼핑까지 대기업들도 배송 경쟁에 속속 가세해 판을 키웠다. 이마트도의 쓱닷컴도 배송 권역을 확대하고 가능 상품수를 늘리는 등 영역을 넓혀가고 있다.
새벽배송, 당일배송 같은 빠른 배송이 가능한 것은 기업들이 수요를 예측해 제품을 미리 확보하고 주문 즉시 배송이 가능한 시스템을 갖췄기 때문이다. 빠른배송시스템은 기존 택배 시스템에서는 집하에서 배달까지 6단계의 과정을 거치는데 반해. 재고를 보유한 물류센터에서 배달될 지역의 배송센터(Camp), 배송기사의 3단계로 줄여 배송하는 구조다.

(6) 고객 경험(CX)은 기업과 고객 간의 관계에 중점을 둔다. 이 관계는 모든 상호작용을 의미하며, 짧게 끝나거나 구매로 이어지지 않더라도 모두 해당된다. 고객 센터로의 통화, 광고 노출, 또는 심지어 청구서 결제와 같은 일상적인 것이라도, 고객과 기업 간의 모든 상호작용은 긍정적 혹은 부정적 관계로 이어질 수 있다. 가장 중요한 것은 고객이 이러한 경험을 전체적으로 어떻게 보는가에 달려 있다. (출처 Erin Hueffner, "고객 경험이란? 전략, 중요성, 사례 연구" Zendesk 블로그(2020.4.17))

등을 넣는 것, 배송기사의 배송건수와 근무시간을 줄여 배송 품질을 높이는 것, 편의점을 통한 택배 수령 서비스, 공공 인프라를 활용한 무인택배함 서비스 등이 모두 배송 라스트핏을 통한 고객 경험이다.

[그림 26] 마켓컬리 새벽 배송　　　　자료: 마켓컬리 홈페이지

둘째, "이동의 라스트핏'은 화물차만의 화물배달은 이미 그 수명을 다했다

고객은 화물차, 오토바이, 자전거, 전기자전거, 전동킥보드, 드론, 로봇, 택시, 플랙서 등 어떤 배달 수단으로 배달하던 그 수단에는 관심이 없다. 편의점을 통한 택배수령, 공공 인프라를 활용한 무인택배함 등 간접수령이든 내가 편하게 받으면 된다. 법적으로 그것이 합법인지, 불법인지는 전혀 관심의 대상이 아니다. 사업자가 불법, 적법인지는 의미가 없다. 국가가 내가 필요하고 편리한 서비스를 사용하는 것을 규제나 방해할 권리는 전혀 없다고 생각한다. 국가는 국민이 편하고, 편리하게 서비스를 이용할 수 있도록 제도적인 뒷받침을 해야지 불법이라

국민이 편리하고 편한 서비스를 포기하라고 권리를 제한할 권한은 없다.

셋째, '구매 여정의 라스트핏'은
내게 맞춘 나만을 위한 서비스다

나를 나보다 더 잘아는 인공지능 AI 이 나의 기분과 분위기, 현재 상태에 맞는 상품, 서비스, 문화생활 등을 권유할 수 있다. 천의 가면을 쓴 나를 가장 잘아는 것은 내가 아니라 나의 현재 니즈를 스몰데이터를 통해 정확히 파악하고 이에 대응할 수 있는 정보통신기술 ICT 이다.

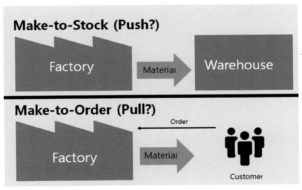

[그림 27] 제조 전략에 의한 생산방식 분류   자료: 애듀윌

생산 공급 자가 일인십색 一人十色 의 소비자를
대응하는 문제는 간단치 않다

천의 가면을 쓴 소비자가 지금 이 순간 필요한 것을 생산하여 공급해야하는 생산자의 대응 문제는 그리 간단치 않다. 판매예측에 따른 예측

배송 모델을 통한 사전 운송 Middle mile 이 필요하고, 그 이전에는 이를 예측하여 생산하는 생산이 필요하다.

생산 방식에는 주문을 받은 후 생산 공급하느냐? Make to order , 판매 예측량 분석을 통해 상품을 만들어 놓고 파느냐? Make to stock 의 2가지 타입으로 나눌 수 있다. 주문접수 후 제품을 생산 공급하는 방식으로 Make to order는 생산자에게는 재고의 부담이 적다는 장점은 있지만 구매자에게는 생산 리드타임이 적용되어 제품공급이 늦어지는 단점이 있다. 점점 제품의 life cycle이 짧아지고, 유행이 쉽사리 변하는 풍조로 인해 유행에 민감하거나 고가의 제품은 이 방식을 많이 이용한다.([그림 27][7] 참조)

대부분 기업에서 많이 이용하는 Make to stock은 마케팅에서 시장조사를 통해 판매예측량을 분석하여 이를 근거로 생산하여 시장에 제품을 공급하는 방식이다. 이 방식의 가장 큰 약점은 고객의 수요를 100% 정확히 예측할 수 없어 팔지 못하는 재고가 발생한다. 제품의 원가 구성상 재고도 소비자가격에 반영된다. 결국은 제품을 다 못 팔아도 그 부담은 제품을 구매한 소비자가 비용을 지불한다.

생산지연전략을 통해
개인 맞춤 생산과 물류서비스가 필요하다

4차산업혁명 시대 직전까지 기업은 글로벌 시장과 소비자의 상황을 반영하여 팔릴 상품을 적정량 생산하여 악성 재고를 최소화하는 유연 생산시스템을 최고로 여겼다. 공급자는 빅데이터 분석 등을 통한 정확

---

(7) 최주영, 〈에듀윌 ERP 정보관리사 생산 1급〉, 에듀윌(2022.4)

도 높은 판매예측과 생산지연전략 Postponement Strategy, 모듈화전략 등의 유연생산시스템을 통해 수요와 공급 생산 의 초개인맞춤 생산과 물류서비스가 과제다.

먼저, 공급자는 지연전략이 필요하다

지연전략 Postponement 은 차별화 지연 Delayed differentiation 이라고 하며, 이것은 고객의 욕구가 정확히 알려질 때까지는 되도록 생산을 연기하다가 고객의 욕구가 확실해졌을 때 생산하는 것으로 제품의 설계부터 고객에 인도되기까지의 총비용을 최소화시키는 것을 목표로 하는 제품생산 지연방식이다. 이 전략은 상품이 독특한 개성을 가지는 단계인 차별화 시점의 연기로 특화된 고객화 customer-specific customization 를 달성할 수 있다.

고객의 서로 다른 취향과 고객 요구를 정확히 판단할 수 없는 상황에서는 판매의 불확실성이 크게 증가하게 되고, 이 과정에서 대량생산을 통한 대량재고는 유동성이나 수익에 대한 큰 위험일 수 있다. 최종완성 시점의 고객과 시장 상황을 반영하여 잘 판매될 상품을 팔릴 만큼만 생산하기 위한 완제품 지연화는 표준화의 이점과 고객만족을 동시 추구하는 점에서 델 Dell Computer, 베네통 Benetton, National Bicycle, Yamaha Motorcycle 등이 대표적으로 구사한 전략이다. 이 전략은 의류업체나 자동차 브랜드가 색상 등에 대한 소비자 요구를 구체적으로 파악하기 어려운 경우 기본색으로 생산을 완료하고 소비자의 요구나 주문에 따라 생산의 마지막 단계에서 염색하거나 도색해서 유통시키는 경우가 해당한다.

베네통은 염색 전 공정은 밀기식 대량생산방식으로, 염색 공정부터는 끌기식 맞춤 생산방식의 후염방식 後染方式 을 채택하였다. 밀기·끌기 혼합 전략으로 베네통은 고객의 다양한 취향을 충족시키면서 대량생산의 장점도 취할 수 있었다.

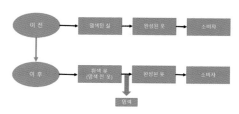

[그림 28] 베네통의 지연전략

또한 델 Dell 의 소비자 주문에 의해 생산하고 유통시키는 직판모델 Direct Model 도 일종의 생산지연전략 Postponement Strategy 이라 할 수 있다. 델은 고객이 인터넷 점포에서 주문을 하면 바로 공장으로 연결하여 생산하여 공급사슬내의 중간유통단계 제거한 인터넷 판매방식으로 판매했다. 배송은 Fedex와의 물류연계로 새로운 공급망 SCM 시스템을 가동했다.

고객과 델사와 부품공급회사의 정보가 실시간 연계되는 델의 직판모델의 효과는 고객의 다양한 욕구에 신속한 대응할 수 있을 뿐만 아니라, 부품회사의 재고에 대한 부담 감소시켰다. 델의 재고수준은 부품과 재공품을 포함하여 7~8일 정도로 경쟁사 대비 1/7 수준이며, Cash Conversion Cycle 매출금 회수일 + 재고일수 - 매입금 지불일수 도 지불보다 입금이 빠른 -8일 정도되는 것으로 알려져 있다.

둘째, 개별화된 소비 추세에 대응은
모듈화 전략 *Modular Strategy* 을 들 수 있다

이 모듈화 전략은 장난감 블록으로 여러 형태의 모형을 만들듯이 부품과 모듈, 플랫폼을 공용화하는 것이다. 모듈화의 예로써 현대와 기아의 AVANTE와 FORTE이다. 두 차종은 판매회사와 차량의 외관이 완전히 다르나 그 기본 엔진, 샤시, 브레이크 등 은 모두 동일하다.[8]

모듈화는 조합되는 여러 부품을 개발해서 사용하게 되면서 제품개발 시간을 단축하고, 빠르게 변하는 소비자 취향에 빠르게 대응하여 상품을 생산할 수 있으며, 여러 부품의 혼류생산 混流生産 이 가능하기에 생산원가 절감이 가능하다.

뉴노멀 시대에는 비대면, 공유, O4O, 홈코노미, 귀찮니즘 등
새로운 트랜드에 맞는
생활 밀착형 맞춤물류가 이슈로 떠오르고 있다

국민들의 생활 속에 물류가 깊이 들어오면서, 물류의 중심이 산업물류에서 생활물류로 바뀌고 있다. 따라서 더욱 다양해진 소비자의 니즈에 부응하는 개인맞춤형 스마트물류시스템 구축이 더욱 필요해지고 있다.

생활물류는 소량 주문과 빠른 배송, 즉시배송, 새벽배송, 묶음배송, 소량배송 등 다양한 개인맞춤형 서비스를 요구하고 있다. 또 배송장소의 지정, 배송시간의 지정, 조립, 설치, 반품, 회수 등의 부가 서비스의 요구도 높아지고 있다.

---

(8) 김진회, 〈모듈화전략〉, 한언(2018.1)

따라서 기존의 물류센터의 시설과 장비, 운영방식으로는 이를 대응하기 어렵게 되었다. 물류센터 규모도 수 천㎡면 족하던 규모가 수 만㎡, 십만㎡ 이상의 규모로 대형화되고 있다. 여기에 도심내 소규모 물류센터 마이크로풀필먼트센터 MFC 에서 다품종, 소량, 다빈도, 빠른 배송에 대응해야 한다. 이런 문제해결은 스마트물류센터 만이 가능하다.

노무관리 측면에서도 주52시간제와 중대재해방지법 등의 사업자 형사처벌 조항 강화와 구인난, 인건비 상승 등도 디지털 기반의 자동화, 생력화와 무인화된 스마트 물류센터로의 전환이 점점 중요해지고 있다. 물류 생산성 측면에서도 긱노동자 등 비 숙련 근로자가 난이도 높은 작업을 수행함에 따른 휴먼 에러 방지를 위해 도입하는 측면도 크다.[9]

---

(9) 이상근, "디지털뉴딜 패러다임과 물류부문의 역할", 월간국토(2022년 2월호)

Part Ⅲ

공급망 불확실 시대의
유통과 물류

22. 온라인 커머스의 국가간 경계 붕괴
23. 고립경제와 크로스보더 이커머스
24. 탈집중화와 D2C
25. 디지털 기반의 개인 맞춤형 구독경제
26. 재난물류의 베이스캠프, 유통기업
27. 멀티 페르소나 소비자와 제조·유통·물류의
    합체
28. 공유물류 기반의 탄력적 물류네트워크
29. 공급망 전체로 확산되는 ESG 경영

22 온라인 커머스의 국가간 경계 붕괴⁽¹⁾

 분명, 코로나19는 '뉴노멀 트랜드 New normal trend'와 함께 소매업의 근간을 흔들 퍼팩트 스톰 Perfect storm 으로 다가오고 있다. 기존의 온·오프 유통채널의 질서 모두가 부정되고 새롭게 정의되는 시대를 맞이하고 있다. 가장 큰 변화는 오프라인 쇼핑이 온라인쇼핑으로 급격히 전환되고 있다. 소매기업 Retailer 들은 새로운 판매방식과 함께 새로운 고객, 상품, 시장을 맞이하여 대응책을 마련에 부심하다.

 자가격리에 가까운 '사회적 거리두기'를 가져온 코로나19는 그동안 직접 보고, 만져보고, 느껴보는 오프라인 소비에 익숙했던 오팔세대, 욜드 등 50대 이상 중·장년층을 강제로 온라인 쇼핑 고객으로 만들었다. 또 코로나19는 오프라인 쇼핑의 영역이던 신선식품, 의약품, 보건·위생용품과 생필품 FMCG Fast-Moving Consumer Goods 전반의 구매를 온

---

(1) 이상근, "포스트 코로나19, 뉴노멀시대 물류는? ⑦온라인 커머스의 국가간 경계 붕괴", 아웃소싱타임스(2020.6.8.)을 바탕으로 작성되었습니다.

라인쇼핑이나 O2O 서비스의 영역으로 바꿨다.

코로나19는 비대면 온라인 판매가 어려웠던 고급 음식, 중고차, 신차, 명품, 맞춤복, 웨딩드레스, 전문 화장품, 치료약, 가구, 전문 장비, 부동산 등 직접 대면해서 확인이 필요했던 비표준 상품을 새로운 온라인 쇼핑의 카테고리로 확대시키고 있다.

온라인 쇼핑은 국내 기업 간 경쟁에서
글로벌 경쟁으로 확대되고 있다

온라인 쇼핑 기업들은 국내에서 글로벌로 시장을 넓히고 있다. 국내 기업들은 급변하는 글로벌 경쟁 환경 속에서 스마트 물류와 첨단 ICT 도입을 통해 선진기업들과의 경쟁력을 확보할 수 있는 중장기 발전책을 모색하고 있다. 이미 전자상거래 시장은 더이상 국내 기업 간 경쟁에 머무르지 않고, 국가 간 거래 CBT, Cross-Border Trade 에서의 경쟁이 본격화되고 있다.

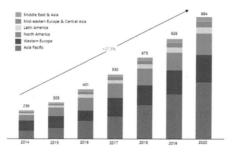

[그림 29] 전 세계 지역별 CBEC 시장의 성장 추이

자료: 알리리서치&액센츄어

CBEC시장은 '현대판 향신료 무역로 Modern Spice Routes '와 비교될 정도로 성장이 가파르다. 페이팔에 따르면 2020년 CBEC 시장은 전 세계 3,000억 달러 355조 원 로 추정된다. 이중 중국은 CBEC가 국가 전체 수출의 20% 내외를 차지할 정도이다. 2020년 국내에서 해외로 해외 직접 판매된 온라인 거래액은 5조 9,613억 원 규모다. 국가별로는 중국, 미국, 일본 순으로 판매 비중이 높았고, 상품별로는 화장품, 의류 패션 순이다. (2)

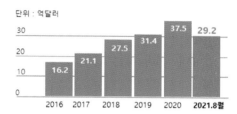

단위 : 억달러

[그림 30] 우리 국민이 해외직구로 지출한 금액

[표 17] 해외직구로 가장 많이 구매한 품목

순위	품목	2020년 구매 건수 (단위:만건)
1	건강식품	1234.8
2	가전제품	1034.1
3	의류	808.0
4	기타식품	534.7
5	화장품·향수	349.9

(2) 김철민, "네이버가 물류로 돈 벌겠다는 3가지 키워드" 이코노믹리뷰(2021.3.9) (https://www. econovill.com)

6	신발류	296.0
7	완구 · 인형	267.7
8	핸드백 · 가방	2012.9
9	서적류	37.6
10	시계	31.7

자료: 2021 수출입무역통계

국내 온라인 쇼핑만 이용하던 소비자는 국내 온라인 쇼핑몰의 해외직구나, 아마존, 알리바바 등 해외직구 플랫폼에서 직접 상품을 구매하는 경험을 했다. 이 경험은 해외직구가 더 이상 어렵고 귀찮은 쇼핑이 아닌 친밀감을 갖는 쇼핑이라는 인식전환의 계기가 되었다.

우리 국민이 해외직구를 활용해 가장 많이 구매하는 품목을 건수 기준으로 보면 건강식품이 1위다. 2020년 건강식품 해외직구 건수는 1234만 8000건 ^{7억4640만 달러} 이다. 증가율로 따지면 가전제품을 해외직구로 구매하는 사례가 가파르게 늘고 있다. 가전제품 해외직구 건수는 1034만1000건으로 4년 전 ^{117만 4000건} 의 9배 가까운 수준으로 늘었다. 금액으로 보면 2020년 4억 2200만 달러로 같은 기간 3.4배 늘었다. 관세청은 2020년 해외직구를 통해 물건을 구입한 사람이 1201만 명에 달하는 것으로 집계하고 있다. 1인당 연간 구입액은 312달러다.[3]

시장은 직구·역직구로 국가간 경계가 붕괴되었다

이커머스와 물류 기술의 발달로 각 나라의 상품이 국경을 넘나드는

---

[3] "작년 한국인 4.5조 해외직구했다… 5년째 주문 1위인 '이 것'", 중앙일보(2021.10.11)

국가 간 거래가 활발해지던 이커머스 시장에서 코로나19는 국가간 경계를 허무는 방아쇠 역할을 톡톡히 했다.

코로나19 팬데믹으로 사회적 거리두기가 강화되면서 비대면으로 마스크를 구매하려는 사람이 늘었다. 마스크에 혐오적이던 미국과 유럽 소비자도 자국내에서 구하기 어려운 마스크·손세정제 등 개인위생상품을 글로벌 직구·역직구 시장에서 구매 하면서 글로벌 시장에서 동시에 품절되는 사태가 발생했다. 코로나19는 이처럼 국가라는 시장의 국경을 단숨에 붕괴시켰다. 시장의 국경이 무너지자 주요국은 앞다투어 마스크·손세정제 등을 수출금지 품목으로 발표했다.[4]

국내에서 마스크와 손 세정제를 구하기 어렵게 되자 그동안 어렵게만 생각했던 해외직구로 마스크와 손 세정제 등을 구매하기 시작했다. 2020년에는 코로나19 영향으로 우리나라에 중국산 마스크 수입이 늘면서 특송물품 반입량이 증가한 것으로 나타났다. 2020년 1분기 한중카페리를 통해 반입된 마스크는 총 849만 6천 장으로, 전년 같은 기간 24만 5천 장 에 비해 34.6배 증가했다. 2020년 5월 인천본부세관에 따르면 1~4월 인천공항·인천항의 특송물품 반입 건수는 1천 827만 4천 건으로, 전년 같은 기간 1천 726만 3천 건 보다 5.9% 증가했다.

우리 상품의 해외 온라인 직접판매 역직구 도 활성화되었다

해외에서도 전자상거래와 물류의 발달로 개인이 복잡한 수입절차 없이 해외의 상품을 직접 구매하는 해외직구가 보편화되고 있다. 코로나19 팬데믹에서 해외에서도 안전성을 인정받은 우리 제품의 온라인 직

---

(4) 이상근, "온라인 커머스의 국가간 경계 붕괴", 「KIFFA Magazine」 창간호(2021.7)

접 수출 역직구 이 빠른 속도로 증가하고 있다. 특히 안전성과 신뢰성을 기반으로 하는 글로벌 프리미엄 소비재 시장에서 우리 상품 수요가 크게 늘어났다.

글로벌 프리미엄 소비시장에서
K-문화, K-푸드, K-뷰티의 이미지가 높아졌다

글로벌 경기침체에도 불구하고 중국 등의 프리미엄 소비재 역직구 시장에 적극 나설 기회로 보고 있다. 코로나19 상황에서 면역력 강화 효과로 인기가 많은 홍삼 수출은 꾸준히 늘고 있다. 한국인삼공사는 현지 매장 운영에 어려움이 있지만 직구몰 판매를 중심으로 2020년 1분기 중국 수출이 오히려 15% 증가했다고 밝혔다. 코로나19 여파로 수산물 수출도 크게 위축됐지만 온라인 몰을 통한 수산물 수출은 2020년 3월 중국 등 5개국의 7개 온라인 몰에서 조미김 · 어묵 등이 약 4만달러의 판매실적을 올렸다. 해수부는 중국 타오바오, 미국 아마존, 말레이시아 프레스토몰, 태국 라자다 · 쇼피 · 징둥센트럴, 싱가포르 큐텐 온라인 몰 지원에 힘을 쏟고 있다. 베트남 · 태국을 포함해 8개 홈쇼핑에서 다양한 우리 수산식품을 판매 규모를 확대하고 있다.

2020년 중국의 해외직구 시장은
거래액이 12조7000억 위안으로 빠르게 성장했다

우리 상품은 코로나19 여파에도 K뷰티와 K푸드의 대중 온라인 직접 판매 역직구 가 주목받고 있다. 중국의 코로나19 방역 기간에 중국 전자 상거래 사이트에서 한국의 뷰티, 영 · 유아용품 등이 인기를 끈 것으로 나타났다. K뷰티가 면세점이나 오프라인 채널에서는 성장세가 주춤했으나 언택트 쇼핑인 온라인 주문은 선전했다는 것이다.([그림 31][5] 참조)

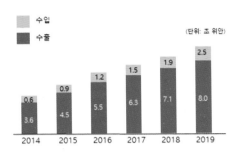

[그림 31] 중국 전자상거래 시장규모

　2020년 1분기에는 항공기 운항 중단 등 여러 악재 속에서도 중국의 젊은 '직구족'들이 한국 화장품과 먹거리를 사들이는데 적극적이었던 것으로 나타났다. 중국 직구족들은 코로나19 기간에 화장품과 먹거리 등 건강과 안전에 직결된 품목들을 선택할 때 한국산 제품을 선호하면서 K브랜드 잠재력을 엿볼 수 있게 했다.

　징둥 京东 은 1분기 징둥 월드와이드 판매 상위 품목은 뷰티, 영·유아용품, 건강식품, 퍼스널케어 등이었고, 국가별 판매 순위는 미국, 일본, 호주에 이어 한국이 4번째라고 밝혔다. 코로나19 방역 기간에 한국 제품은 뷰티, 영·유아용품, 식품 등이 인기가 많았고 세부 품목별로는 스킨케어, 마스크팩, 분유, 아동용 간식, 라면, 김 등이 판매량 상위에

(5)　FedEx코리아 공식블러그, '중국도 해외직구 열풍, 중국 국제 전자상거래 시장은 성장중', (2020.10.13) https://blog.naver.com/fedex_kr/222114193670

올랐다고 밝혔다.[6]

중국 온라인 쇼핑 채널인 티몰에 따르면 중국의 '부녀절 妇女节'인 2020년 3월 8일 아모레퍼시픽의 럭셔리브랜드 매출은 50% 이상 성장했다. 애경산업의 'AGE 20's 에이지 투웨니스' 역시 온라인 채널에서의 부녀절 매출이 전년보다 크게 확대됐다. K뷰티가 면세점이나 오프라인 채널에서는 성장세가 주춤했으나 비대면 쇼핑인 온라인 주문은 선전했다.

중국의 해외직구 시장은 매년 빠른 속도로 성장하고 있다. 2020년 중국 국제전자상거래는 언택트 소비 증가와 함께 거래액이 12조 7000억 위안에 이를 정도로 성장하고 있다.

싱가포르행 전자상거래 물량도 49% 증가했다

크로스보더 물류를 전문적으로 취급하는 큐익스프레스 Qxpress 가 공개한 2020년 상반기 성적표에 따르면 1분기는 전년 같은 기간과 비교해 30% 증가했고, 코로나19의 영향이 본격적으로 나타나기 시작한 2분기에는 68% 늘었다. 월별 집계로는 손 세정제와 마스크 등의 위생용품 수요가 급증한 2월에는 124% 늘었고, 4월 68%, 5월 55%, 6월 84% 에는 한국 식품을 비롯한 생활용품의 주문 거래량이 꾸준히 증가했다. 큐익스프레스에 따르면 코로나19 언택트 소비가 확산과 맞물려 중기부와 코트라, 이커머스 플랫폼 운영사 등 유관 기관의 수출 지원사업까지 더해져 탄력받고 있다. 큐익스프레스는 코로나19로 비대면 구매가 글로벌 트렌드로 주목받고 있다. 특히 동남아 시장 이커머스에 진출한 국내

---

(6) 필립 류, "포스트 코로나, 중국 이커머스 수출전략 온라인 세미나", 한국무역협회(2020.10)

기업들이 새로운 기회를 창출하고 있는 점을 강조하고 있다.

CJ올리브영의 글로벌 몰은
북미 소비자가 가장 많이 이용한 것으로 나타났다

글로벌 몰 1주년을 기념해 CJ올리브영이 2020년 5월까지 1년 매출을 분석한 결과, 북미 소비자가 가장 많이 글로벌 몰을 이용한 것으로 나타났다. 미국 · 캐나다 등 북미 지역 거주자는 전체 매출의 80% 이상을 구입했다. 오세아니아 국가 소비자도 K뷰티에 관심이 많았다. 미국 · 캐나다 뒤를 이어 호주[3위] · 뉴질랜드[6위] 소비자도 글로벌 몰을 애용했다. 아시아권 국가에선 싱가포르[4위]와 홍콩[5위]에서 한국 화장품을 많이 샀다. 오픈 초기엔 고객의 80% 가량은 교민이었지만, 이제 현지인 비중이 절반을 넘어섰다고 한다.[7]

일명 'K뷰티'로 불리는 한국 화장품 산업에 상대적으로 익숙한 아시아권 국가 소비자보다 북미 소비자가 더 많이 글로벌 몰을 이용했고 현지인의 비중이 계속 늘고 있다는 뜻이다.

미국 ITA International Trade Administration 에서
작성한 보고서[8]에 따르면

한국 소매 부문의 성장은 전자상거래에 의해 주도된다. 전자상거래가 빠르게 성장하는 동안 전통적인 소매 채널은 어려움을 겪고 있다.

(7) "코로나에도 매출 50% 늘었다…해외 역직구 온라인몰서 잘 팔린 한국 화장품은?", 중앙일보 (2020.6.11)

(8) ITA(International Trade Administration) 공식 웹사이트(2022.8.2) https://www.trade.gov/knowledge-product/korea-ecommerce#:~:text=Online%20 purchases%20from%20foreign%20retailers,reached%20%243.3%20billion%20in%202019

외국 소매업체를 통한 온라인 구매도 급속히 증가하고 있는데, 이는 한국인들이 국제 배송료와 수입 관세를 추가한 후에도 해외 전자상거래 플랫폼에서 저렴한 가격을 발견하기 때문이다. 국경 간 전자 상거래는 2021년에 4.5억 달러에 달했다.

한미 FTA에 따라 200달러 미만의 특급 택배 서비스 우송 상품은 미국에서 조달할 경우 면세이며, 1000달러 미만의 '미국산' 품목은 KORUS FTA 서류에서 면제된다.

Amazon.com, 이베이 등 멀티 브랜드 온라인 소매업체는 한국인이 방문하는 해외 온라인 쇼핑 사이트에서 가장 자주 이용되고 있다.

한국세관에 따르면 2021년 한국인이 온라인 소매업체에서 가장 인기 있는 해외 원산지 제품은 건강보조식품 19.4%, 의류 17.7%, 전자제품 10.4%, 신발 7.3%, 핸드백과 가방 6.8% 이었다. 2022년 3월, CS 코리아는 한국인들이 외국 온라인 소매업체를 통해 어떻게 구매하는지 설명하는 IMI International Market Insight 보고서[9]를 작성했다.

외국 소매점의 온라인 구매 CBEC 는 2021년 4.5억 달러에 달했으며 2020년 3.5억 달러에서 41%의 구매가 미국에서 발생했다. 2020년에는 미국이 1위를 차지했지만, 중국과 같은 다른 국가들은 한국 전자상거래 시장에서의 입지를 확대하고 있다. 한국 소비자들은 쇼핑 습관을 다양화하고 있어 현재 30개국 이상에서 구매하고 있다.

온라인 소매업의 가장 큰 트렌드 중 하나는 다른 플랫폼과의 융합이다. 인터넷 포털 사이트, 소셜 미디어, TV 홈 쇼핑, 최고의 미디어 서비스 OTT 등은 이제 모두 온라인 쇼핑 기능을 갖추고 있다. 소비자는

---

(9) 출처 https://www.trade.gov/market-intelligence/korea-cross-border-e-commerce-market

제품 리뷰 및 가격, 구매 및 플랫폼과 관련된 새로운 온라인 지불 솔루션으로 지불하는 원 스톱 쇼핑 경험을 원하기 때문에 플랫폼의 인기가 높아지고 있다.

해외직구에서 물류업체의 배송대행지|배대지 역할은 점점 중요해질 것이다

해외직구는 국내 소비자가 외국의 온라인 쇼핑몰 등을 통해 물품을 직접 구매 수입 하는 것으로, 거래형태에 따라 직접배송, 배송대행과 구매대행의 세 유형으로 구분된다.

직접배송은 해외 온라인쇼핑몰에서 직접 상품을 구매해 배송받는 방식이며, 배송대행은 해외 온라인쇼핑몰에서 구매 후 배송대행 사업자를 이용해 물품을 배송받는 방식이다. 구매대행은 구매대행 사업자를 통해 상품이나 서비스를 구매해 배송받는 방식이다.

이중 특히 해외직구에서 안정적인 증가세는 해외직구를 할 때 직배송이 안 되는 해외 쇼핑 사이트에서 중간 배송대행지 배대지 의 역할을 하는 물류업체가 중요해 질 것이다. 직배송이 안 되는 해외 사이트에서 중간 배송지 역할을 하는 물류업체를 '배대지'라고도 한다. 즉, 해외주소를 제공해주고 그 주소를 통해 제품을 대신 받아 한국으로 배송해주는 물류업체를 가리킨다.

보통 해외 사이트 직구는 직배송이 되지 않는 곳이 많기 때문에 배송대행지가 꼭 필요하다. 최근에는 대형 해외 온라인쇼핑몰 등 직접배송이 가능한 곳이 점차 증가하고 있긴 하나, 소형 전문몰은 여전히 자국 내 배송만 하는 경우가 많으므로 배송대행 또는 구매대행을 이용해야

하는 경우가 많다.

온라인 기반의 스마트물류시스템과 첨단 ICT 도입은
시대 흐름이 되고 있다

코로나19는 비대면 온라인 커머스 시장범위를 글로벌 시장으로 확대
시키고 있다. 글로벌 소비자의 구매 패턴은 '다품종 · 소량 · 다빈도' 형
태와 온라인 커머스로 급격히 바뀌고 있다. 오프라인에 의존한 폐쇄적
인 물류 시스템으로는 이러한 변화를 감당할 수 없는 단계가 곧 도래할
것이다. 온라인 기반의 스마트물류시스템과 첨단 ICT 도입은 더 이상
선택이 아니다. 피할 수 없는 시대 흐름이 되고 있다.

아마존, 알리바바, 징동 등 글로벌 이커머스 기업들이 대규모 자금
투자를 통해 스마트 물류를 최우선으로 추진하는 이유가 바로 여기 있
다. 2018년 징동은 중국 국내 '24시간 배송' 목표를 넘어, 스마트 물류
를 통해 전 세계 '48시간 배송' 공급망을 구축하겠다는 목표를 밝힌 바
있다.

국내 이커머스 기업들도 심화되는 글로벌 경쟁 속에서 스마트 물류
와 ICT 도입을 통해 글로벌기업들과의 경쟁에서 우위를 확보하는 방안
을 모색해야 할 것이다. 이에 발맞춰 물류도 과거의 대량 수송에서 맞
춤형 운송 쪽으로 전환기를 맞고 있다.

이제 물류기업은 우리 상품의 해외 직접판매에 대응하는 풀필먼트,
통관, 국제배송 역량확충과 해외소싱 상품의 국내에서의 적극 판매에
필요한 국제특송, 통관, 국내배송 역량을 종합적으로 구축해야 한다.
또 소비자에게 실시간 배달정보를 제공할 수 있어야 하고, 이를 위해

서는 물류기업이 상품의 모든 흐름과 데이터를 모니터링하고 분석하고 관리할 수 있어야 하겠다.

23 고립경제와 크로스보더 이커머스[1]

〈이노베이션 바이옴 The Innovation Biome〉저자 구마르 메타는 〈포브스〉기고에서 "코로나19 이후 공유경제 sharing economy 의 시대가 가고 고립경제 isolate economy 의 시대가 올 것"이라고 전망했다.[2]

고립경제를 일컫는 말로 갈라파고스 Galapagos 경제가 있다. 에콰도르 영토인 갈라파고스는 남아메리카로부터 1000km 떨어진 적도 주위의 태평양 16개 화산섬과 주변 암초로 이뤄진 섬들이 있는 지역 명칭이다. 이곳은 찰스 다윈이 '진화론' 집필에 영감을 불어 넣어 준 곳이다. 인간을 포함한 외래종의 발길이 닿지 않아 고유종이 어떻게 환경에 적응하며 진화를 하여 왔는지를 보여주는 좋은 연구 환경을 제공해주었다.

감염병은 고립경제를 가중시키고 있다

---

(1) 이상근, "고립경제와 크로스보더 이커머스", 아웃소싱타임스(2021.3.7.)을 바탕으로 작성되었습니다.

(2) "다른 사람과 같이 쓰면 위험해"…흔들리는 공유경제 유니콘 'W·A·U'", 한국경제신문(2020.4.8)

1918년 처음 발병해 2년간 전 세계에서 5000만에서 1억 명이 희생된 스페인 독감은 1차 세계대전의 전사자 ^{900만 명} 보다 훨씬 많은 수가 희생돼 '20세기 최악의 감염병'으로 일컬어진다. 1918년 당시 조선 인구 1759만중 740만명이 감염되어 14만명이 사망했으며 백범 김구선생도 걸린 독감으로 유명하다.

미국과 유럽 등의 스페인독감 대확산은 1차대전 종전 후 군인의 귀향이 시발점이 되었다. 코로나19 펜데믹 이후 각국이 국경을 걸어 잠근 이유 중의 하나도 인적, 물적 이동과 교류에 의한 감염의 확산 방지였다.

주로 대인 감염으로 확산되는 코로나19는 사실상 섬나라인 우리나라의 경우에도 국경 봉쇄로 국외의 인적 물적 교류를 차단하는 것이 확산방지의 최선책이었다. 코로나19 감염 초기에 국경폐쇄를 주장하는 이들도 있었다. 북한과 베트남 등 극히 일부 국가가 조기 국경 차단의 초강수로 대응했지만, 대부분의 나라는 팬데믹 사태 이후에 국경 차단이라는 극약처방을 실행했다. 우리는 이번 코로나19 팬데믹으로 국가 간의 교류를 전면 중단시키며 스스로 고립을 초래하고 있다.

[그림 33] 갈라파고스　　　　　　　　　　　　　　자료: 중남미 여행업체 소개자료

　갈라파고스 경제는 남태평양의 갈라파고스가 육지로부터 고립돼 고유한 생태계가 만들어진 것과 같이 글로벌 경제에서 고립된 경제에 붙여진 이름이다.

　1990년대 일본은 일본 시장에만 주력하기를 고집한 결과 일본의 IT산업이 세계 시장으로부터 고립경제의 길을 걸었다. 오늘날 유엔과 국제사회의 제재로 북한과 이란이 세계 경제에서 고립된 경제를 걷고 있다. 세계는 미·중 무역전쟁이 더욱 격화되면서 서로의 경제권을 블록화시켜 서로를 고립시키고 스스로도 고립되는 악순환의 징조가 보인다.

　최근에는 코로나19의 대응에 따른 각국의 수출규제와 국경 봉쇄, 물류망 단절 등으로 인해 고립의 강도가 더욱 높아지고 있다. 위드 코로나, 포스트 코로나 시대에는 국가간 단절과 고립은 물론 개인의 삶에도 단절과 고립이라는 화두를 던지면서, 강조되는 키워드는 단연 '고립'과 '언택트'이다.

2021년 사회적 고립도는
34.1%로 역대 최고에 달했다[3]

2022년 1월 7일 통계청 발표에 따르면 2년 주기로 조사하는 사회적 고립도는 2019년 27.7% 보다 6.4%포인트 증가했다. 코로나19로 인한 거리두기 장기화가 1인 가구, 고령층 증가와 맞물리면서 고립 정도가 심해졌다.

[그림 34] 실제 1인 가구 증가와 추계치
단위: 명, ( )는 전년대비 증가율, 자료: 통계청

사회적 고립도는 인적·경제적·정신적 도움을 구할 곳이 없는 사람의 비율이 얼마인지 나타내는 지표다. 몸이 아플 때 집안일을 대신 해주거나, 말동무가 돼 줄 사람이 주변에 없는 비율을 뜻한다. 국민 3명 중 1명은 고립 상태에 놓여 있었다.

2021년 몸이 아플 때 집안일을 부탁할 사람이 없다는 사람 비율이 27.2%에 달했다. 우울할 때 이야기를 할 상대가 없다는 응답자도 20.4%였다. 모두 관련 조사를 처음 시작한 2009년 이후 최고치다. 여성보다는 남성에서 고립도가 높게 나타났다. 연령대가 높아질수록 도움받을 곳이 없다는 사람이 많았다. 50대의 경우 37.1%가, 60세 이상

(3) "3명 중 1명은 사회적 고립…도와줄 사람 없고, 말도 못 했다", 중앙일보(2022.1.7)

에선 41.6%가 사회적 고립 상태로 조사됐다. 고령층 증가와 고립 문제에 사회적 지원이 필요하다는 지적이 나오는 이유다.

청년층에서 취업을 포기한 '니트족'NEET·Not in Employment, Education or Training 이 증가한 것도 사회적 고립과 관련이 있다는 해석도 나온다. 2020년 25~29세에서 비구직 니트 증가율은 24.8%에 달했고, 30~34세도 10%가 넘었다. 이 기간 은둔 생활을 하는 청년층 숫자도 함께 늘었다.

고립경제isolate economy 의 그늘도 짙다

한창 주목받았던 공유경제 sharing economy 의 추락은 '고립경제 도래'의 또 다른 단면으로 평가된다. 차량 공유업체 우버테크놀러지스는 2020년 5월 3000명 추가 감원 계획을 발표했다. 고정 비용 지출 10억 달러 약 1조2200억 원 를 줄이기 위해 직원 3700명을 감원하겠다고 밝힌 지 2주도 지나지 않아 대규모 구조조정 카드를 들고나왔다. 한 달도 안 되는 기간에 전체 인력 25%를 감원하는 것이다. 아울러 45개 사무소도 폐쇄하고 비핵심 사업 부문은 매각하기로 했다.[4]

[표 18] 코로나19로 빠르게 확산되는 고립경제

• 미국·중국 갈등 심화

날짜	내용
2020년 3월	지오리젠 중국 외교부 대변인 "미군이 우한에 바이러스 퍼뜨렸을 수 있다" 발언 중국, NYT · WP · WSJ 주재 미국 기자 강제 추방

(4) "공유경제 지고 고립경제 오나", 매일경제(2020.5.28)

| 4월 | 도널드 트럼프 미국 대통령, 세계보건기구(WHO)가 중국의 코로나19 관련 허위정보 유포 도왔다며 분담금 집행 중단 지시 |
| 5월 | 미국, 공무원연금 중국 주식 투자 금지
화웨이, ZTE등 중국 통신장비업체 사용 금지령 2021년5월까지 연장
중국 외교부 "중국 기업에 대한 불합리한 압박 중단하라"며 반발 |

- 매출 휘청이자 구조조정 칼바람(우버테크놀러지스)

기업명	내용
우버	2020년 5월 직원 3700명 해고 계획 발표 3000명 추가 감원 예정
리프트	4월 인력 982명(17%)해고, 288명 무급휴직 혹은 임금 삭감
에어비앤비	직원 1900명 정리해고

- 1분기 국가별 수출 증감(전년 동기 대비)

국가	수출 증감율(단위:%)
미국	−3.1
중국	−13.4
독일	−4
일본	−5.4
홍콩	−10.7
인도	−12.8
한국	−1.4

- 공유경제 이용자 수 급감(2020년 4월 이용자수 증감율/전년 동기 대비)

공유경제 구분	이용자수(단위:%)
우버	−80

코로나19 팬데믹과 미·중 무역전쟁, 블랙시트 Brexit (5) 등이 복합되면서 4차산업혁명 시대의 대표 키워드인 '공유'에 대한 믿음은 점점 약화되고 있다. 대신 '탈세계화 deglobalization ', '국수주의', '보호주의' 등의 키워드가 더 많이 오르내리고 있다. 특히 '고립경제 isolate economy '가 새로운 화두로 떠오르고 있다.

위드 with 코로나, 포스트 Post 코로나 시대에 강조되는 키워드는 단연 '언택트 비대면 '다. 이런 비대면 경제는 국가 간 고립을 더욱 가중 compounds 시키고 있다. 코로나19는 국가와 지역사회 간 단절과 고립은 물론 개인의 생활에도 단절과 고립으로 대변되는 고립경제 isolate economy 상황을 가져왔다.

글로벌화된 지구촌에서
인위적 경제 봉쇄는 분명한 한계가 있다

코로나19로 국내에서 마스크와 손 세정제를 구하기 어렵게 되자, 그동안 단순히 어렵게만 생각했던 해외직구로 마스크와 손 세정제를 구입하는 사람이 급증했다. 국내상품만 쇼핑하는 이들 소비자는 국내 인터넷 쇼핑몰의 해외직구나, 아마존, 알리바바, 위시 등 해외 직구플랫폼에서 직접 직구를 통해 상품을 구매하는 경험을 했다.

코로나19 사태로 전자상거래는 더 이상 국내 기업 간 경쟁에 머무르

(5) 브렉시트(Brexit)는 영국이 유럽 연합을 탈퇴한다는 의미로, 영국(Britain)과 탈퇴(exit)를 합쳐서 만든 합성어이다.

지 않고, 국가 간 온라인거래 CBEC 시장에서 경쟁이 본격화되는 계기가 되고 있다. 국내 이커머스 기업은 글로벌로 시장을 넓히고, 글로벌 이커머스 기업들은 국내시장을 더욱 거세게 파고들고 있다.

자유무역주의의 근간이 되어왔던 집중생산과 글로벌 분업은 자국이 가장 잘할 수 있는 분야에 집중투자해 효율을 극대화하는 것이었다. 하지만 미·중간 무역분쟁에 이어 터진 코로나19는 2018년부터 가시화되었던 미국과 중국 간 공급망 해체와 재편성을 가속하고 있다.

또 코로나19는 자국에서 직접 생산하지 않던 안전과 건강에 직결되는 전략물자, 식량, 보건·의료·방역, FMCG 일용소비재 의 해외 공급이 단절되면서 글로벌 경제를 혼란 속으로 몰아넣은 경험을 했다. 이런 경험은 '탈세계화', '고립경제'와 '자급자족형 경제'로 다시 돌아가려는 바람을 일으키고 있다.

직구·역직구 방식의 교역은
계속 증가할 것이다

코로나19로 인해 당분간 탈세계화와 자급자족형 경제의 바람은 계속될 것이다. 하지만 무역업무에서는 온라인이 보편적으로 자리 잡았으며, 직구·역직구 방식의 교역은 계속 증가할 것이다.

해외직구와 역직구 교역은 의류, 뷰티, 식품, 영유아용품, FMCG 일용소비재 품목은 계속 증가할 것이다. 보건·의료·방역 품목의 경우도 국가 차원의 수출금지는 장기간 이어지기 힘들 것이고, 특히 개인의 해외직구를 통한 소량 구매는 계속 증가할 것이다.

고립경제의 압박 속에서 해외 온라인 직접판매는
국가 간 경계를 허물고 있다

미국과 중국 빅2의 갈등과 코로나19는 갈라파고스경제, 탈세계화, 고립경제를 더욱 심화시킬 것이다. 하지만 이에 대한 반작용은 해외직접거래 크로스보더 이커머스 라는 새로운 경제가 이 틈을 파고들 것이다. '뉴노멀 New normal' 시대에는 국제간의 무역도 B2B 중심의 대형 콘테이너 단위의 거래보다는 B2C 위주의 소량, 다품종, 개인간의 거래가 새로운 뉴노멀이 될 것이다. 따라서 물류 측면에서도 대량운송보다는 소량의 운송에 적합한 시스템과 배대지와 같은 고객 편의성이 높은 물류서비스가 요구될 것이다.

24 탈집중화와 D2C ^{Direct to Consumer} 물류 ⁽¹⁾

24 탈집중화와 D2C^{Direct to Consumer} 물류⁽¹⁾

2000년대 전후 디지털 트랜스포메이션 ^{DX} 이 본격화된 이후 지난 20 여 년간 시장은 플랫폼 기업들을 중심으로 재편되어 왔다. FAANG ^페 _{이스북, 아마존, 애플, 넷플랫스, 구글} 과 BAT ^{바이두, 알리바바, 텐센트} 와 같은 기업들은 이제는 모든 사람이 아는 기업으로 성장했다. 이들 플랫폼 기업은 여기 서 멈추지 않고 끝없이 플랫폼의 영역을 확장하여 커머스, 물류, 서비 스, 핀테크 같이 우리의 삶과 관련된 많은 영역을 장악하고 있다.

제조사나 수입상, 판매자 ^{Seller} 가 유통플랫폼을 통해 판매 마케팅 전 략을 펼치는데 많은 한계와 어려움이 있다. 플랫폼을 거쳐 판매가 이뤄 진 상품의 실구매 고객 정보나 구매 유형 등의 데이터는 모두 해당 플랫 폼이 갖는 구조다. 코로나19 팬데믹 상황에 대응해 온라인 데이터에 기 반한 마케팅 전략을 펼치려고 해도 실행에 옮기기 어려운 실정이다.

플랫폼 비즈니스의 목표는 시장 독과점이다. 이런 플랫폼 비즈니스

---

(1) 이상근, "탈집중화와 D2C 물류", 아웃소싱타임스(2021.7.5)을 바탕으로 작성되었습니다.

가 위협을 받고 있다. 전 세계적으로 급속히 성장한 플랫폼 비즈니스는 경제 모델의 대세로 자리 잡았으나 빠르게 성장한 만큼 폐해도 나타나고 있다. 따라서 최근 기존의 플랫폼 기업과 연결 고리를 끊는 탈집중화 현상이 정치, 사회, 문화를 넘어 경제에서도 대두되고 있다.

탈집중화 脫集中化 란 어떤 조직의 핵심이 되는 요소들이 한 곳에 집중되어있는 경우, 한쪽으로 편중되지 않도록 비슷한 요소끼리 묶어 분산시키는 과정을 말한다. 탈집중화 현상의 원인은 지금이 그 어느 때보다 소비자의 힘이 강해진 시대라는 데 있다.

D2C 모델은 플랫폼 공룡을 패싱하고
소비자에 직접 판매하는 것을 뜻한다

고객의 파워가 강해진 현실에서 기업은 고객을 직접 만나고, 고객을 분석하고, 고객을 위한 제품을 만들고, 고객의 신뢰를 받는 것이다. D2C Direct to Consumer 직접 판매 모델은 제조기업이 쿠팡이나 네이버 같은 거대 유통 플랫폼을 거치지 않고 직접 온라인 자사몰, 소셜미디어 SNS 등에서 소비자에게 직접 제품을 판매하는 방식이다.

따라서 많은 기업들이 소비자와 소통과 자체 판매망을 강화하여 소비자 데이터를 적극 수집하는 등 소비자와의 직접적인 상호작용 interaction 을 강화하는 방향에서 D2C 전략을 세우고 있다.

D2C 모델의 장점은 유통플랫폼에 의존하지 않고도 소비자들의 취향과 소비성향 같은 데이터를 직접 확보해 마케팅과 생산에 활용할 수 있다는 점이다.

이와 함께 고객 데이터를 확보해온 유통플랫폼이 PB Private Brand 상품을 만들면서 자신의 경쟁자로 떠오르는 상황도 기업들의 D2C 모델로 전환하는 큰 요인 중 하나이다. 미국의 제조기업들은 공룡 플랫폼 아마존이 고객 데이터를 활용해 PB 상품을 만든다는 의혹이 불거지자 탈 脫 아마존을 감행하기 시작했다.

다른 한편으로 플랫폼이 요구하는 판매 수수료나 입점 조건도 무시할 수 없다. 나이키가 2020년 매출 성장세에 비해 영업 이익이 더 크게 증가한 것도 온라인 플랫폼에 내야 하는 판매 수수료가 줄어든 덕분이다.

아마존, 알리바바, 쿠팡 같은 막강한 온라인 플랫폼에 판매를 의존하던 기업들이 이들을 패싱하고 자체 앱이나 소셜미디어를 통해 직접 소비자와 연결하는 D2C모델로 속속 전환하고 있다. 시장조사 전문기관 스태티스타에 따르면 미국의 경우 D2C 시장 규모는 2019년 766억 달러에서 2020년 1115억 달러로 커졌다. 2023년에는 1749억 달러로 커질 것으로 예측된다.

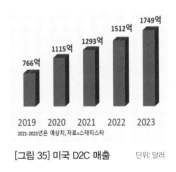

[그림 35] 미국 D2C 매출   단위: 달러

와비파커, 달러쉐이브클럽과 같이 처음부터 D2C로 성장한 대표적인 기업 외에도 나이키, 에르메스와 같은 글로벌 1위 브랜드들 역시 이러한 흐름에 동참하며 자사몰을 강화하고 있다.

나이키는 2019년 11월 매출이 보장된
거대 유통망 아마존을 떠나는 모험을 택했다

나이키는 D2C를 통해 고객 데이터에 대한 장악력을 키울 수 있었을 뿐 아니라 유통비용을 줄일 수 있었다. 아마존 사이트에서 자사 제품을 팔지 않겠다고 선언한 이래 D2C 채널을 중심으로 전체 실적이 향상되고 있다.

나이키의 2020년 9~11월 매출은 전년보다 9% 늘어난 112억 달러 약 12조 5000억 원, 영업이익은 30% 증가한 15억 달러를 기록했다. 온라인 판매는 84% 급증했다. 2021년 6~8월 2022회계연도 1분기 엔 매출과 영업이익이 각각 전년동기 대비 16%, 20% 늘어났다. 디지털 솔루션 플랫폼 전문업체 플래티어의 이상훈 대표는 "나이키의 탈아마존 이후 D2C는 이커머스 트렌드로 자리 잡았을 뿐 아니라 많은 기업이 시장 진입을 서두르는 상황"이라고 말했다.[2]([그림 36][3] 참조)

기업은 고객을 '자사 몰'로 유치하는
방안을 고심 중이다

최근 국내 식품 유통 업체들을 관통하는 키워드는 D2C 강화다. 상품을 잘 팔리게 하기 위해선 당연히 쿠팡이나 네이버와 같은 플랫폼에 제품을 입점시키는 것이 필수가 된 시대다. 하지만 최근 벌어지는 이커머

---

(2) "몸집 키우는 D2C기업… M&A시장 큰손으로", MBN뉴스(2021.12.19.)

(3) 출처: https://blog.naver.com/newheater/222101238305

스 기업들의 최저가 경쟁에 따라 제조기업들은 플랫폼이 빈번하게 경쟁사보다 싼값에 제품을 납품해 달라는 요청을 받는 것으로 알려졌다.

힘이 센 플랫폼이 이런 제안을 건네면 이를 수용할 수밖에 없다. 제조기업으로서는 상품을 최저가로 판매하고 높은 수수료까지 지불하는 구조는 불합리하다. 상품을 팔아 매출은 발생해도 마진이 거의 남지 않아 수익성도 크게 떨어진다.

LG생활건강이 쿠팡의 최저가 납품 요구에 쿠팡에서 철수하는 결정을 한 것으로 알려졌다. 삼성전자도 자사 앱이나 홈페이지를 통해 스마트폰 같은 주요 제품을 판매하는 D2C 사업을 키우겠다는 전략을 밝혔다. 애플이 자사 스토어를 통해 제품 30%를 판매하고, 코로나19로 인해 온라인 판매가 급증한 상황에서 삼성도 D2C로 눈을 돌리기 시작했다.

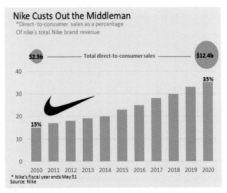

[그림 36] 나이키 온라인스토어를 통한 소비자직접판
매 D2C 비중
자료: statista

무엇보다 이러한 현상은 비단 소비재에 국한되지 않는다. 세계 최대의 전기차 회사인 테슬라는 자동차는 당연히 딜러십 네트워크를 통해 팔아야 한다는 상식을 깨 버리고, 고객이 1억원이 넘는 고가의 자동차를 온라인에서 결제하게 만들고 있다.[4]

우리나라의 이커머스 시장은 2020년 기준 150조 규모의 세계 5위이다. 특히 국내의 경우 아직 미국의 아마존이나 중국의 알리바바처럼 독과점으로 시장을 점유한 전자 상거래 기업이 없는 상황이다. 앞으로 네이버, 쿠팡, 이베이, SSG, 롯데ON, SK 11번가 등 국내 기업 뿐 아니라 아마존, 알리바바, 구글, 페이스북 등 해외 회사들까지 국내 이커머스 시장에 큰 관심을 가지면서 치열한 경쟁과 인프라 투자로 결전을 준비하는 상황이다.

디지털 네이티브에게 맞춤형 상품과
서비스를 제공하는 기업만 생존한다

소비의 중심으로 떠오른 디지털 네이티브 Digital Native 세대 1977-1997년 생 는 단순하게 컴퓨터를 잘 다루고 인터넷을 능숙하게 사용할 줄 아는 차원을 넘어서 사회적 관계, 소통 방식, 구매 행태 등에서 기존 세대와 많은 차이를 보인다.

이미 국내 인구의 44%를 차지하는 디지털 네이티브세대는 기존 세대와 다른 가치관과 사고, 생활방식으로 새로운 트렌드를 만들어 가면서 새롭게 시장을 재편해 기존 소비성향과 구매 패턴을 바꿔 놓고 있다.

여기에 코로나19로 비대면이 일상이 되고, 디지털 트랜스포메이션

---

(4) 김형택, 〈D2C 시대 디지털 네이티브 브랜드 어떻게 할 것인가?〉, 이비즈북(2020.9)

DX 의 영향이 커지면서 기존 오프라인 중심의 유통과 판매는 변화될 수밖에 없다. 특히 기업이 소비자와 직접 만나는 D2C 모델은 플랫폼기업으로부터 주도권을 지키려는 제조기업 뿐 아니라 유통기업, 소상공인, 온라인 셀러, 인플루언서까지 깊은 관심을 갖게 했다.

국내의 D2C 모델은 버티컬 Vertical 상품과 서비스를 중심으로 성장하고 있다

국내의 D2C 모델은 차별적 고객 경험과 콘텐츠의 힘에 기반하여 패션이나 화장품 같은 버티컬 Vertical 상품과 서비스를 중심으로 빠르게 성장하고 있다. 이러한 버티컬 커머스에서 사업이 성장할 수 있는 토양은 인스타그램, 페이스북, 유튜브와 같은 SNS이다.

D2C 대표 기업으로 꼽히는 브랜드엑스코퍼레이션은 2017년 8월 설립돼 소셜미디어 기반 마케팅을 바탕으로 사세를 확장해왔다. 20·30대 여성에게 인기 있는 애슬레저 일상복으로 활용 가능한 스포츠웨어 브랜드 젝시믹스, 스트리트웨어 브랜드 믹스투믹스, 위생 습관 브랜드 휘아 등을 운영한다.

2014년 설립된 에이피알은 온라인 자사몰 중심의 판매 전략을 펼치며 메디큐브, 에이프릴스킨 등 뷰티 브랜드 등을 운영한다. 아이유가 입은 트레이닝복으로 유명한 패션 브랜드 널디, 건강기능식품 글램디도 이 회사 브랜드다. 2021년 9월엔 뷰티 제품 개발 역량을 강화하기 위해 코스메틱 제조업자개발생산 ODM 업체 노디너리 지분 17%를 사들이며 2대 주주로 올라섰다.

마약베개, 블랙몬스터 다운펌으로 유명한 블랭크코퍼레이션은 일찍

이 소프트뱅크벤처스 선택을 받으며 주목받았다. 2017년 소프트뱅크벤처스가 65억 원 규모의 이 회사 상환전환우선주 [RCPS] 를 인수하며 가능성을 인정한 것이다. 매출은 2016년 41억원에서 2019년 1315억 원으로 수직 상승했다.[(5)]

D2C 모델은 물류 시스템과 네트워크 구축이 중요하다

D2C 모델은 백화점이나 대형 몰, 대형 온라인 플랫폼 등 거대 유통 플랫폼 등을 거치지 않고 소비자에게 직접 제품을 판매할 수 있는 새로운 커머스 방식이다. D2C는 고객 맞춤 생산과 마케팅, 유통, 주문접수 등과 함께 물류 시스템과 네트워크 구축이 중요하다.

D2C 모델은 기업이 직접 수집한 데이터를 기반으로 제품을 만들어내는 C2M Customer to Manufacturer 사업으로 확장할 수도 있다. 제조사가 온라인에서 수집한 데이터를 기반으로 고객의 취향이나 구매 습관, 잠재 수요 등을 분석해 맞춤형 제품을 생산하는 방식이다. 이는 소비자는 원하는 제품을, 판매자는 더 큰 마진을, 생산자는 더 많은 일감을 챙길 수 있어 모두가 윈-윈이다.

유통 공룡과 커머스 시장에서 경쟁해야 하는 기업들은 기존의 온·오프라인 중간의 유통 채널을 거치지 않고 다이렉트 채널을 활용하는 D2C 모델과 정기적으로 상품과 서비스를 제공하는 구독 모델에 주목하고 있다. D2C나 구독 모델의 물류는 재고를 보관하고 풀필먼트 서비스를 제공할 수 있는 물류창고 DC 가 필요하다. 또 고객 가까이 위치해 배송거점 Depot, Camp 과 도심 풀필먼트센터 MFC. Dark store, Smart store 도 필

(5) "몸집 키우는 D2C기업…M&A시장 큰손으로", MBN뉴스(2021.12.19)

요하다. 운송시스템으로는 DC와 배송 거점를 연결하는 미들마일 Middle mile 운송과 당일배송, 새벽배송, 즉시배송까지 책임지는 라스트마일 Last mile 배송시스템과 더불어 이들을 원스톱으로 연결하는 통합물류 솔루션 구축도 필요하다.

유통공룡과 경쟁하는 D2C 기업에겐
'쿠팡' 수준의 물류 경쟁력 확보가 필요하다

플랫폼 기업과 대형유통 기업은 쿠팡에 이어 이베이를 인수한 신세계 SSG.com, 그룹내 택배와 물류기업을 가진 롯데ON에 이어 GS도 기존의 CVS, 홈쇼핑, 마트, Fresh의 통합운영과 메쉬코리아 지분 투자, 배달의 민족의 비마트와 제휴 등으로 물류시설과 배송시스템을 독자적으로 구축해 가고 있다.

하지만 대부분의 제조와 유통기업들은 취급물량, 기술력, 투자비용 면에서 독자적으로 물류시스템 수행하기에 어려움이 많다. 때문에 이들 기업은 정부의 '한국형뉴딜'의 일환으로 추진되는 '스마트물류체계 구축 사업[6]' 중 스마트 공동 물류센터 조성과 수도권 대형

---

(6) 스마트 물류체계 구축에는 육상물류, 해운물류, 유통, 물류 R&D 총 4개 분야가 있다.
    육상 물류 분야에서는 중소기업 스마트 공동물류센터, 대형 E-Commerce 물류단지 조성, 스마트물류센터 인증제 도입 등을 추진한다. 해운 물류 분야에서는 항만배후단지, 스마트 공동물류센터 구축, 항만 통합 블록체인, 플랫폼 확대 등의 사업이 진행될 예정이다.
    유통 분야에서는 농산물 등 공공급식 식자재 거래, 관리 통합플랫폼 및 축산물 온라인 경매플랫폼 구축 등이 추진될 예정이다. 물류 R&D 분야에서는 로봇, IoT, 빅데이터를 활용한 첨단배송 등 스마트 물류기술 개발사업을 추진한다.
    스마트 물류 체계를 구축하는데 필요한 핵심기술은 총 7가지가 있다.
    ① 도심 물류 인프라가 부족하거나 부실하면 배송 비용이 증가하거나 교통이 혼잡해지는 등의 문제가 발생한다. 이러한 국민 불편을 해결하기 위해 '공공 인프라 기반 도시공동 물류기술'의 개발이 필요하다.
    ② 택배 과포장으로 인한 폐기물 증가, 다량의 화물차 운행으로 인한 대기오염 문제 등을 해결하기 위해 생활물류 안전, 환경부하 저감 배송 및 포장기술의 개발이 필요하다.
    ③ 택배량 급증으로 배송기사 업무 환경 개선이 절실하다. 이러한 문제를 해결하기 위해 배송기사 협

E-Commerce 스마트 물류단지 구성에 관심을 집중하고 있다.

특히, 스마트 공동 물류센터 조성은 도심 공공 유휴 부지 등을 활용하여 중소 물류업체가 이용하는 공동 물류시설을 공공에서 직접 설치 및 관리하는 정책으로 D2C로 유통공룡과 경쟁해야 하는 제조 · 유통기업과 중소물류기업이 협업을 통해 물류시설과 배송시스템을 공동으로 구축하는데 도움이 되는 사업으로 공공차원의 적극 지원이 필요하다.

물류 Logistics 의 향후 20년은
1990년대 중반 이후의 IT 발전에 비견될 것이다[7]

20년 뒤에는 '트럭 운전수가 운전면허를 보유할 필요가 없고', '로봇이 화물을 배달하고', '트럭이나 물류센터의 가동이 전부 공유되는' 게 '보통'의 일이 될 수도 있다. 그런 미래를 남보다 빨리 창조할 수 있다면 로지스틱스 업계의 GAFA가 될 수 있다.

미래의 로지스틱스는 거의 모든 물류 서비스가 택배처럼 플랫폼화될 것이다. 화주와 물류회사의 계약은 필요한 물건을 필요한 장소에 정확하게 운반한다는 내용으로 바뀐다. 물류를 핵심역량으로 삼지 않는 화주는 물류 관리라는 본래 자사에서 대응할 필요가 없는 업무에서 해방

업용 스마트 말단배송 및 고밀도 보관기술 개발을 위한 연구가 추진된다.
④ 기업 니즈에 부합한 디지털 정보가 부족하고, 이로 인해 발생하는 행정비용이 과다 발생하기 때문에 '공공물류 디지털 정보 통합관리 플랫폼 구축 기술' 개발을 계획하고 있다.
⑤ 신선류 및 의약품 등의 화물관리체계 부재는 국민안전 위협 및 서비스 신뢰도가 하락으로 이어진다. 이를 개선하기 위해 화물 상태정보관제, 관리 및 안정성 확보 기술이 필요하다.
⑥ 물류산업 디지털화 지원체계 미흡으로 국내 물류 경쟁력이 약화되고 있어 물류 비즈니스 활동을 지원하고 디지털 솔루션을 제공하는 자원 관리 기술이 필요하다.
⑦ 혁신적 물류비용 절감과 고부가가치 산업 도약을 위해 표준화 및 화물 운송 관리체계 구축이 필요하다. 물류 분야 인증체계 구축 및 실증 검증 기술의 마련이 필요하다.
자료: 〈2021년 디지털 물류실증단지 조성사업〉, 국토교통부(2021.5.18)

(7) 오노즈카 마사시, 〈로지스틱스 4.0〉, 에밀(2019.11)

될 것이다. 물류회사는 운송과 보관·하역이라는 작업을 위탁받지 않고 '물건을 운반하는 가치'를 제공하는 존재로 변할 것이다.

D2C 모델은 물류 서비스가 경쟁력의 핵심이 될 것이다

D2C 경쟁에서 물류기업이 고려해야 할 핵심 사항은 제품을 소비자에게 얼마나 빨리 배송할 수 있는지 여부다. 소비자들은 오늘 오후에 주문한 제품이 다음 날 집으로 배송되는 것에 익숙해져 있다. 이를 가능케 하기 위해서는 고객이 주문한 제품을 창고에서 꺼내고, 제품을 담을 상자를 가져오고, 정확한 주소로 배송할 준비를 마쳐야 한다. 이런 완벽한 과정은 미국에서만 하루 수백만 번씩 반복되고 있다. 보다 빨리, 보다 저렴한 제품 배송을 위해 또다른 형태의 D2C 혁신이 보이지 않는 곳에서 일어나고 있다.[8]

(8) 로런스 인그래시아, 〈D2C 래볼루션〉, 부키(2021.3)

25 개인 맞춤화되는 디지털 기반의 구독경제[1]

구독경제 Subscription Economy 는 소유경제 Owned Economy , 공유경제 Sharing Economy 에 뒤 이은 경제 모델로 각광받고 있다. 뉴노멀 시대의 소비 트랜드는 과거 '소유'에서 '사용'으로, 다시 차별화된 '경험'에 더

---

(1) 이상근, "개인 맞춤화되는 디지털 기반의 구독경제", 아웃소싱타임스(2021.7.19.)을 바탕으로 작성되었습니다.

가치를 두는 패러다임의 변화가 계속되고 있다.

구독서비스는 MZ세대[(2)]를 중심으로 전 세계적으로 큰 인기를 모으고 있다. 디지털 네이티브 MZ세대는 다양하고 차별화된 경험, 가성비, 편리함을 추구한다. MZ세대는 본인이 직접 선택하는 주문형 서비스에서 다른 세대에 비해 더 큰 만족감을 얻는다.

스마트폰에서 클릭 몇 번으로 세탁, 다림질, 요리 등 귀찮은 집안일에서 해방될 수 있고, 별도의 주문없이 화장품, 면도기, 식재료를 집에서 받을 수 있다. 고가의 자동차, 가전제품도 구매하지 않아도 다양한 여러 제품을 사용하고 경험할 수 있다. 이런 측면에서 구독경제는 앞으로 다양한 분야에서 주류 비즈니스 모델로 부상할 것으로 예상된다.

구독경제는 예전부터 존재하던 비즈니스 모델이다. 신문이나 잡지, 우유 등을 구독하는 것처럼 일정 기간 구독료를 지불하고 상품과 서비스를 받을 수 있는 경제활동을 일컫는다. 지정된 날짜에 주기적으로 해당 상품을 배달해주기 때문에 필요한 제품을 매번 사는 번거로움을 덜 수 있다.

---

(2) 1980년대 초~2000년대 초 출생한 '밀레니얼 세대'와 1990년대 중반부터 2000년대 초반 출생한'Z세대'를 아우르는 말. 2022년 현재 10대 후반에서 30대의 청년층으로 휴대폰, 인터넷 등 디지털 환경에 친숙하다. 이들은 변화에 유연하고 새롭고 이색적인 것을 추구하며, 자신이 좋아하는 것에 쓰는 돈이나 시간을 아끼지 않는 특징이 있다.
2020년까지 MZ세대(15~40세)는 세계 인구의 33%를 차지했다. 그러나 앞으로 베이비붐 세대 비중이 줄어드는 점을 고려하면 2040년에는 50% 이상을 차지할 것이라는 전망이다. 모건스탠리는 미국 인구의 4분의 1을 차지하는 Z세대(1996~2010년 사이에 출생한 7800만 명)가 오는 2034년께 미 역사상 가장 수가 많은 세대로 등극한다고 분석했다. 대출, 소비 등 금융업 전반에서 막대한 비중을 차지할 것이라는 예측이다.
베이비부머 부터 부의 이전이 시작되는 것도 MZ세대에 금융사들이 주목할 수밖에 없는 이유 중 하나다. 전후에 태어난 베이비붐 세대는 현재 세계적으로 가장 많은 부를 소유하고 있는 계층이다. 그러나 이들의 노화와 사망 등에 따라 자산이 MZ세대로 향후 20년간 이전될 전망이다. 미국에서는 5년마다 1조3000억달러가량의 자산이 자녀 세대로 옮겨간다. 베이비부머 사망이 늘어나기 시작하는 2036~2040년에는 자산 이전 속도가 지금보다 두 배가량 빨라질 것이라는 게 전문가들의 예상이다. 금융산업 조사·컨설팅 회사인 셀룰리어소시에이션에 따르면 MZ세대는 2042년까지 약 22조달러를 상속받을 전망이다.   [네이버 지식백과] MZ세대 [MZ Generation] (한경 경제용어사전)

주류 비즈니스 모델이
소유-〉 공유-〉구독경제로 진화하고 있다

소유경제와 공유경제, 그리고 구독경제 모델은 각자의 장단점이 있다. 소유 방식은 가장 단순한 형태의 자산 활용 방식으로, 소유자는 배타적 권리를 보유한 채 자산의 효율을 극대화한다. 공유방식은 높은 가격의 자산을 합리적인 가격으로 사용할 수 있는 통로를 마련해 준다. 구독방식은 자산 이용의 진입장벽을 낮춘다.

기업은 이 세 방식을 유기적으로 결합한다. 기업은 직접 소유한 자산을 공유하거나 개인이 소유한 자산을 다른 이가 공유할 수 있도록 플랫폼을 구축하기도 한다. 최근엔 소유와 구독이 결합된 형태의 모델도 등장했다. 소비자는 다양한 형태의 모델 중 자신의 성향과 맞는 제품과 서비스를 선택할 뿐이다. 기업의 매출 구조도 변하고 있다. 구글과 아마존, 애플은 점차 구독 매출 비중을 높여가고 있다. 구독 모델을 사업 기반으로 삼은 스타트업은 매우 빠른 속도로 성장하고 있다.[3]

최근 주류 비즈니스 모델은 소유경제는 공유경제로, 공유경제는 구독경제로 바뀌고 있다. 구독경제의 도래는 소비가 매번 번거로운 구매 과정을 건너뛰고 즉각적인 이용으로 바뀌고 있음을 보여준다.

구독경제가 주류로 떠오르는데는
다음 3가지 강점에 기인한다[4]

---

(3) 심두보, 〈구독경제 101〉, 회사밖(2021.6)

(4) 전호겸, 〈구독경제 소유의 종말〉, 베가북스(2021.3)

254 공급망 불확실 시대_물류의 재해석 RE: Logistics

첫째, 고객들의 락인(LOCK-IN)이다

소비자들은 수입이 감소하면 당연히 지출을 줄인다. 자연스레 기업이나 가게 입장에서는 매출이 줄어든다. 구독서비스는 제품과 서비스에 대해서 기업이 선금을 받기 때문에 경제 위기가 오더라도 그 여파가 즉각적으로 반영되지 않는다. 구독경제의 방식은 기업의 현금흐름 Cash Flow 에 큰 도움이 된다. 불황 속에서 고객은 새로운 제품이나 서비스를 늘리지 않지만 기존에 구독하고 있는 제품이나 서비스는 가장 마지막에 해지할 확률이 높다. 자연스레 생활에 스며들어 있는 것이다. 구독서비스 회사들은 갑작스러운 경제 위기에 대응할 수 있는 물리적인 시간이 있다. 이는 엄청난 강점이다.

둘째, 목돈을 필요치 않는다

대부분의 구독서비스 제품과 서비스는 금액을 매월 또는 정기적으로 지급하기 때문에 한 번에 지출하는 금액이 적다. 아무리 필요한 제품과 서비스일지라도 목돈이 들어가야 한다면 경제적으로 어려운 상황에서는 부담스러워서 구매를 주저할 수밖에 없다. 구독서비스에서는 백만원짜리 제품이나 서비스를 수십 개월로 분할 지출한다. 구독자는 오늘 백만 원을 지출하는 것이 아니라 적은 금액으로 제품과 서비스를 받는다. 당장 현금 흐름이 좋지 않은 기업이나 개인 입장에서는 구독서비스를 선호할 수밖에 없다.

셋째, 기업은 사업 예측이 가능하다

구독서비스 기업은 불특정 다수에게 물건을 파는 것이 아니다. 구독자라는 단골에게 제품과 서비스를 제공하는 것이다. 구독자의 ID를 통하여 취향과 필요 사항 등의 빅데이터를 수집하여 고객에게 적합한 제품과 서비스를 맞춤 제공할 수 있다. 물리적 시간을 가지고 불황에 적합한 구독서비스 비즈니스모델을 만들 수 있다. 불황이 오면 기업들은 미래에 대한 불확실성 때문에 불안에 떤다. 하지만 구독서비스 기업의 경우 사업 예측이 수월하다. 그 말은 곧 불황이 또다른 기회가 될 수 있다는 말이다.

구독 서비스 모델은 서비스 제공 방식에 따라
무제한형, 정기배송, 렌탈로 구분할 수 있다.

먼저 무제한형 ^{넷플렉스 모델}은 일정 금액을 지불하면 언제, 어디서나 원하는 만큼 사용할 수 있도록 제공하는 방식이다. 단일 콘텐츠를 소비하는 것보다 무제한으로 이용하는 것이 가능하기 때문에 고객의 입장에서 비용을 절감할 수 있다. 월정액 요금제를 가입하면 무제한으로 소프트웨어, 콘텐츠 서비스를 사용할 수 있다.

정기배송형은 일반적으로 디지털네이티브 브랜드들이 많이 사용하는 형태로 일정 금액을 지불하면 정해진 기간에 제품을 배송해주는 방식이다. 고객이 번거롭게 제품 선정 및 구매 선택 시간을 소비할 필요 없이 개인의 취향에 맞는 제품을 정기적으로 배송해 주기 때문에 비용 및 시간을 절약할 수 있다. 주로 일상생활에서 많이 사용하는 면도기, 칫솔, 셔츠 등의 생활용품 및 의류 등의 분야에서 많이 활용한다.

렌탈형 ^{정수기모델}은 일정 금액을 지불하고 제품을 빌려서 사용하는 소비형태로 주로 고가의 상품을 일시에 구매하기 어려운 경우 주로 사용하는 소비형태이다. 자동차, 미술품, 정수기 분야에서 렌탈서비스가 많이 활용된다.

[표 19] 구독경제 Subscription economy 의 세 가지 모델[5]

	넷플릭스 모델	정기배송 모델	정수기 모델
주요 적용 상품	술, 디지털콘텐트 커피 병원, 헬스클럽, 영화관 관람, 동영상 및 음원	면도날, 란제리, 생리대, 칫솔, 영양제 등 소모품	자동차, 명품, 옷, 가구, 매장 등 고가제품
이용방식	월 구독료 납부 후 매월 무제한 이용	월 구독료 납부 후 매달 집으로 수차례 배송	월 구독료만 납부하면 품목 바꿔가며 이용가능
대표업체	무비패스 (월 9.95달러 내면 매월 영화관 관람 가능)	달러쉐이브클럽 (월 9달러 내면 매달 면 도날 4~6개씩 배송)	캐딜락 (월 1800달러 내면 모든 차종 바꿔가며 이용가능)

디지털 기반 구독서비스는 개인화라는
새로운 가치를 부여해 고객의 관심을 사로잡고 있다

기존의 서비스 요금을 단순히 월정액으로 바꾸거나, '정기적'이라는 구독 개념을 넣는다고 구독 서비스가 완성되는 것은 아니다. 새로운 소비 트렌드로서의 디지털 기반 구독 비즈니스 모델은 개인의 니즈와 취향을 적극 반영한 개인화된 맞춤 서비스라는 의미를 내포한다.

구독모델은 사실 친숙하고 오래된 비즈니스 모델이다. 그러나 디지털 기반의 구독 비즈니스 모델은 기존의 '정기적'이라는 구독 개념을 넘어 개인화된 서비스라는 의미를 내포한다.

넷플릭스 Netflix 와 스포티파이 Spotify 처럼 인공지능, 빅데이터를 활용

---

(5) "'소유'도 '공유'도 싫다… 난 구독하며 산다", 머니투데이(2018.8.2.)

하여 고객에 대한 철저한 분석을 통해 고객의 취향에 따른 맞춤형 서비스를 제공하는 것이다. 컨텐츠와 SW에서 주류로 떠오른 구독비즈니스는 일상용품에서도 범위를 확장해가고 있다.

구독 서비스의 원조인 미국의 버치박스 BirchBox 는 구독 회원에게 유명 브랜드 화장품의 샘플을 멋진 박스에 담아 배달해 주는 서비스로 유명하다. 여성들은 민감한 피부 때문에 미리 샘플 화장품을 써 보고 피부 트러블 등 문제가 없다면 정품을 구입하는 경우가 많기 때문에 버치박스는 유명 화장품 브랜드 샘플을 제공하고 고객이 마음에 들면 정품을 구매하는 'Try-Learn-Buy' 서비스를 지향한다.

샴푸회사 펑션오브뷰티 Function of Beauty 는 고객이 제출한 모발 유형과 원하는 기능을 바탕으로 인공지능 알고리즘을 활용하여 맞춤형 샴푸를 합리적인 가격에 제공한다. 자신에게 맞는 샴푸를 찾은 고객은 이 상품을 정기 배송으로 받을 수 있게 된다.

달러 쉐이브클럽 Dollar Shave Club 은 고객들이 홈페이지에서 면도기 종류를 선택하고 매달 일정 금액을 지불하면 면도날이 배송되는 형태로, 2중날 면도기를 선택하면 4달러에 스테인리스 스틸 면도날 5개가 정기적으로 배송된다.

기존의 약국 시스템은 환자 입장에서 보면 불편한 점이 너무 많았다. 필팩 Pill Pack CEO, TJ Parker는 온라인 정기 약 배달 서비스를 통해 고객 개개인을 위해 디자인된 온라인 약국 네트워크를 구축하였다. 필팩의 비즈니스 모델을 살펴보면 주요 고객은 당뇨, 고지혈증, 고혈압 등의 질환으로 인해 정기적인 약 복용이 필요한 환자다.

큅 Quip 은 사람들의 치아 건강 유지를 위해 매우 중요한 예방 과정을 보다 합리적인 가격으로 간단하고 즐겁게 만들어 주는 엔드 투 엔드 솔루션 end to end solution '을 제공하는 것이 목표다.

아마존 프라임은 재무제표에서 구독서비스 Subscription Service 로 표시되는데, 2020년 기준 아마존은 252억 달러라는 구독서비스 매출을 보고하고 있다. 아마존 프라임의 연회비는 199달러인데 2020년 기준 1억 8천만 명이 구독하고 있으며 회원들에게는 무료배송과 더불어 다양한 콘텐츠 서비스도 무료로 제공된다.

미국이라는 넓은 시장에서 익일배송이라는 엄청난 일이 아마존에 의해 구현되고 있고 그 대상은 1억 8천만 명이다. 연회비 119달러를 내고 대부분의 쇼핑을 아마존에 집중하고 있는 고객이 무려 1억 8천만 명이라는 뜻이다. 물론 아마존은 이들이 무엇을 구매하는지 혹은 무엇을 보고 구매하지 않았는지 모두 알고 있다.

국내 구독서비스 시장은 40조를 넘어섰다

KT경제경영연구소에 따르면 국내 구독 경제 시장 규모는 2016년 25조 9000억 원에서 2020년 40조 1000억 원으로 50% 이상 증가했다. 국내에서 디지털 기반 정기배송모델의 구독서비스는 2011년 뷰티 쇼핑업체 '미미박스'가 국내에 처음 도입했다. 당시 정기적으로 사야 하는 면도기와 면도날을 일정 주기마다 배송해주는 서비스를 선보였고, 스킨케어와 메이크업 제품 등 새로운 뷰티 아이템을 고객 맞춤형으로 배송해 인기를 끌었다.

'탈 脫 통신' 전략을 내세운 이동통신사들의 신성장 동력으로 구독경제가 부상하고 있다. 매달 일정한 구독료를 내고 제품이나 서비스를 정기적으로 이용하는 것이 새로운 소비패턴으로 떠오르자, 통신사들도 온라인 동영상 서비스 OTT 부터 게임 · 식음료 프랜차이즈 · 교육 등 다양한 구독서비스를 속속 선보이고 있다. 통신사들은 특히 오랜 기간 구축해 온 멤버십 혜택과 구독서비스를 연계해 구독경제 시장을 주도하겠다는 전략이다.

직장인을 위한 청소/세탁/요리 등 '집안일 정기구독 서비스'도 이용자가 계속 증가하고 있다. 모바일 세탁 스타트업 의식주컴퍼니의 비대면 세탁 서비스 '런드리고'를 이용하면, 원하는 시간이면 언제든 세탁을 맡길 수 있다. 청소 업체인 '미소'의 가사 도우미 정기구독 서비스는 거실/침실, 설거지, 주방 청소, 욕실/베란다 물청소, 세탁기 빨래, 정리 정돈 등 다양한 청소 서비스가 제공된다.

'해피문데이'에서 생리대 정기구독 서비스를 이용하면, 최대 30%의 상시할인과 무료배송 서비스를 받을 수 있다. 또 해피문데이는 개인 맞춤형 앱으로 호르몬 변화를 확인할 수 있는 기능을 제공하며, 홈페이지/앱/SNS 등 다양한 통로로 월경 관련 정보를 알리는 일에 동참하고 있다. 건강관리 서비스 스타트업 '케어위드'의 맞춤 영양제 정기구독 서비스 '필리'이다. 이용자는 개인 정보를 입력한 뒤 필요한 영양분을 확인하고, 이에 따라 영양제를 추천받으면 된다.

'와이즐리'의 면도기 정기구독 서비스를 이용하면 매월 8,900원 가격으로, 와이즐리가 개발한 면도기 핸들과 면도날을 교체 시기에 맞춰서 받을 수 있다. 동원홈푸드가 운영하는 온라인 장보기 마켓 '더반찬'은 매주 새롭게 바뀌는 35가지 반찬 중 원하는 걸 고르는 '7데이', 매일 정해진 식단 중 원하는 요일에만 주문할 수 있는 '정기식단' 2가지 정기

구독 서비스를 제공한다.[6]

구독 비즈니스 모델은 기업에게
고객충성도, 가격주도권 등 장점을 제공한다

첫째, 고객의 소비행태를 추적·수집할 수 있고
이 데이터를 통해 개인화된 맞춤서비스를 제공할 수 있다.

구독을 통해 유입된 고객의 구매 데이터를 기반으로 맞춤형 서비스를 제공할 수 있으며 변화하는 고객 취향을 분석해 신상품 기획 및 신규 비즈니스 확장이 가능하다. 쿠팡은 멤버십 프로그램인 '로켓 와우 멤버십' 회원을 대상으로 빠른 장보기, 출산/유아동, 식품, 생활용품, 뷰티, 주방용품, 반려동물용품 등으로 정기 배송 품목을 넓히고 있다.

둘째, 개인 맞춤서비스로 고객의 충성도를 높일 수 있다.

기업은 구독 서비스를 통해 고객에게 일회성 구매에 비해 차별화된 제품이나 서비스를 제공함으로써 버티컬 사업 영역에서 차별화를 시도할 수 있다.

셋째, 서비스에 락인 Lock in *된 고객을 대상으로*
가격 주도권을 가질 수 있다.

넷플릭스, 아마존 플러스는 고객의 반응을 살피면서 금액을 조정하여 고객 반응에 따라 다양한 가격대의 서비스 제공할 수 있었고, '미디

---

(6) "자취 편하게 하는 방법, 이젠 면도기 · 청소 · 빨래도 '구독'"IT동아(2021.7.7)

어 왕국' 디즈니는 2021년 미국에서 운영하고 있는 스포츠 OTT^Over The Top 서비스 ESPN+의 구독료를 17%가량 인상한다고 발표하는 등 가격의 주도권을 가질 수 있다.

넷째. 구독 고객이 제품이나 서비스를 이용하기 전
미리 비용을 지불해 안정적인 현금흐름을 확보할 수 있다.

소니는 게임 구독 서비스 'PS PLUS'는 2020년 1월 기준 회원 수 3880만 명으로 2014년 이후 매출과 이익 모두 증가하는 추세이다. 뉴욕타임스도 2020년 8월 기준 디지털 구독 서비스를 이용하는 유료 회원 수가 650만 명을 기록하고 있다.

다섯째. 정기적이고 규칙적인 현금을 확보할 수 있다.

구독 서비스 모델은 구독 기간에 따라 매출이 장기적이고 반복적으로 발생한다는 장점이 있다. 저렴한 비용으로 제품을 구매할 수 있어 고객 진입장벽이 낮아 단기간에 손쉽게 고객을 확보할 수도 있다.

여섯째. 신규 고객을 유치비용보다 현재 고객 유지가
1/6~1/7 정도로 적다는 점을 감안하면 기업에도 큰 장점이 있다.

구독서비스는 일정한 구독 기간이 지나면 자동으로 갱신되기 때문에 고객 유지비용이 적게든다.

일곱째. 구독서비스 제공기업은
재고 관리나 물류, 배송에 있어 계획적인 운영을 할 수 있다.

다음 달, 또는 다음 연도에 얼마나 많은 고객이 제품이나 서비스를 구매하는지 예측할 수 있기에 재고 관리나 물류, 배송에 있어 계획적인 운영을 할 수 있다.

구독 비즈니스의 성장에는 정기배송에 필요한
고객 맞춤 물류시스템이 필요하다

이를 위해 '배달의민족', '마켓커리', '헬로네니쳐' 등 스타트업 기업은 별도의 구독서비스 전용 물류시스템 구축에 나섰고, HY ^{옛 한국야쿠르트} 를 비롯한 물류시스템을 이미 구축한 기업은 기존의 배송인프라를 중심으로 취급품목을 넓혀가는 시도를 하고 있다.

기존 기업의 물류시스템을 가진 기업은 이 강점을 바탕으로 물류와 유통사업의 강화를 도모하고 있다. HY의 전동카트에는 야쿠르트 외에 끼리치즈, 골드브루 ^{컵커피} , 하루야채 마스크팩, 마켓오 디저트, 잇츠온 ^{가정간편식} 이 담겨져 있다.

서울우유 등 우유 배달망도 전국적으로 조밀한 배송인프라를 가지고 있다. 아워홈, 삼성웰스토리, CJ후레쉬웨이 등 Food 서비스 기업도 전국적인 식자재의 물류시스템과 심야배송 인프라를 활용한 식품 정기배송에는 큰 강점을 가지고 있다.

쿠팡, 위메프, 티몬 등 이커머스 기업은 비식품군에서 식품군으로 상품군을 넓히고 있다. 쿠팡은 2015년 3월 정기배송서비스를 시작한 이후 빠른장보기, 출산/유아동용품, 식품, 생활용품, 뷰티, 주방용품, 반려동물용품 등의 상품을 취급하고 있다.

CVS ^{편의점} 기업들은 전국적으로 기업당 10,000개 이상의 매장과 상온상품 · 저온식품까지의 물류를 처리할 물류능력 _{물류센터, 배송차량, 정보시스}템 등과 새벽배송시스템을 갖추고 있어 구독서비스의 진입에 용이하다.

유통기업은 높아지는 고객의 물류서비스 니즈와
물류비용 증가가 큰 부담이다

구독비즈니스는 유통기업에게 대량 계획구매를 통해 가격 협상력을 강화할 수 있고, 물류측면에서 예측 가능한 물류 운영을 가능하게 한다. 이는 물류센터 내 적정 재고 유지와 계획적인 작업, 계획배송을 가능케 해 안정적이고 균질화된 물류서비스를 제공할 수 있다. 또 물동량의 예측과 조정이 가능해 가동률과 생산성이 향상되며, 고객의 니즈에 맞는 물류서비스를 가능케 한다. 또한 AI, 빅 데이터를 활용한 자동주문, 예측배송, 미리배송, 고객맞춤 포장, 선호 시간대 배송, 상품별 배달 장소지정 등의 물류서비스가 가능해져 고객의 충성도를 높이는데 크게 기여할 것이다.[7]

(7) 이상근, "면도기도 '구독'하는 시대, 물류는 잘 따라오고 있나요?", 로지스팟 물류연구소 19(2021.8.30)

26 재난물류의
베이스캠프가 된 유통기업[(1)]

코로나19는 아마존이 '아마존드'[Amazoned (2)]란 부정적인 이미지를 벗
는 기회였다. 코로나19 공포는 미국, 일본, 유럽에서 '패닉 바이[panic buy]
[: 사재기]'가 이어졌다. 코로나19 상황에서 많은 생산시설이 폐쇄되었고,
상품 공급의 불확실성은 높아지면서 사람들이 생필품 고갈에 대한 불
안감을 느꼈다. 사람들이 내 눈앞에 생필품을 두고 불안감을 해소하려
사재기를 하는 것은 극히 당연하다.

미국에선 코로나19 확산이 본격화된

2020년 3월, 전국의 공급망이 무너졌다

코로나19가 팬데믹으로 발표된 후 미국뿐만 아니라 유럽, 북아프리

---

(1) 이상근, "포스트 코로나19, 뉴노멀시대 물류는? ⑫재난물류의 베이스캠프가 된 유통기업", 아웃소싱
  타임스(2020.8.17)을 바탕으로 작성되었습니다.

(2) '아마존에 의해 파괴된다', '아마존에 의해 점령당한다'는 뜻의 신조어다. 세계 최대 전자상거래업체
  인 아마존이 사업 영역의 경계에 국한되지 않고 공격적인 사업 확장을 펼치면서 기존의 시장 질서를
  파괴하고 점령한다는 의미다. 출처:네이버 지식백과(시사상식사전)

카, 아시아 등의 마트에 사람들이 화장지, 물 같은 생필품을 사기위해 몰려들었다. 미국에선 온라인 주문이 폭주해 페덱스, UPS 등이 제대로 배송 업무를 수행할 수 없었다.

미국에는 생필품 부족을 넘어 병원들은 마스크, 손세정제 등 의료용품이 턱없이 부족했다. 트럼프 행정부도 아마존 배송망을 통해 의료기기 유통을 요청했다. 아마존은 미국 전국의 물류센터와 배송망을 가동시키면서 병원들의 의료 장비 부족은 빠르게 해소됐다. 아마존은 빌앤멜린다게이츠재단 Bill & Melinda Gates Foundation 과 협력해 미국 시애틀에서 가정용 진단키트 배송과 픽업 서비스도 제공했다. 그러자 캐나다 정부도 나서서 아마존에 의료장비 유통에 도움을 달라고 요청했다.

'코로나19 시대 최대 승자는
아마존'이 될 수 있는 절호의 기회였다

코로나19 사태가 팬데믹으로 격상된 후 소비자들은 아마존을 찾기 시작했고, 아마존에 의존했다. 마트, 슈퍼에 가는 것이 두려워진 사람들은 아마존에서 주문했다. 생필품 수요가 전 세계적으로 급증하면서 생필품 재고가 바닥나기 시작했고, 아마존의 배송 서비스에도 차질이 일어났다. 이에 아마존은 미국에서 사재기가 발생한 생필품과 의료용품을 중심으로 우선순위를 정해 아마존 물류창고에 대한 입고, 재고 보충, 배송 업무가 신속히 이뤄질 수 있도록 했다. 판매자 중에 코로나 19로 폭리를 취하려는 업체들을 골라내 100만 개 가까운 상품을 판매 목록에서 지웠다. 아마존이 배송이 가능한 필수품으로 분류한 상품에는 유아용품, 의료용품, 가정용품, 식료품, 산업 및 과학관련 용품, 애완동물 용품, 도서 등이 포함됐다. '파이낸셜타임스'는 "아마존이 코로나 19 시대에 적십자의 역할을 하고 있다"고 보도했다.[3]

코로나19는 아마존이 특정 산업에 진출하면 기업들이 줄줄이 망하고 업계를 초토화시키는 '공공의 적'이자 무시무시한 존재를 의미하는 '아마존드' Amazoned 란 부정적 이미지를 벗고 '코로나19 시대 최대 승자는 아마존'될 수 있는 절호의 기회였다. 더욱이 미국은 온라인 쇼핑 비중이 10%대 초반에 불과하다. 언텍 트랜드의 빠른 확산은 아직도 90% 가까운 시장을 확장할 충분한 여지를 갖고 있다.

국내에서 사재기 없는 '기현상'에는
안정적인 생필품 공급망이 큰 역할을 했다

과거 사스, 메르스 등 감염병 재난 시 우리나라에도 생필품의 사재기는 있었다. 그러나 유통기업들은 이때 학습효과로 충분한 상품 확보가 유통에서 중요한 경쟁력으로 판단했다. 경쟁기업보다 판매 가격을 낮춰 충성 고객을 확보하려면 대량매입으로 상품 구매가를 낮춰야 한다는 계산에서 대량매입으로 많은 재고를 확보하기 시작했다. 유통기업들은 소비의 중심이 온라인으로 넘어가면서 온라인에 최적화된 플랫폼들을 갖추기 위해 과감한 투자를 시작했다. 온라인 고객들의 편의를 위한 이커머스와 물류의 연계 서비스를 강화한 '쿠팡', '마켓컬리'가 우리 생활 속 깊이 들어왔다.

온라인 기업들은 예측할 수 없는 고객 주문대응과 빠른 배송을 위해

---

(3) "봉쇄 뚫고 전세계 배송하는 아마존…"코로나 승자는 온라인 유통", 한국경제신문(2020.4.7)

정기적으로 대량 소비하는 생필품을 중심으로 3자판매(오픈마켓(4), e마켓플레이스(5) 등) 보다는 대량 직매입하여 재고를 자체 물류센터에 확보하고 자체 배송시스템 구축해 유통과 물류를 합체화시키고 있다.

또한 기존 오프라인 유통 대기업 롯데와 신세계도 오프라인 매장 축소, 사업 구조조정과 함께 온라인 유통 플랫폼과 물류 인프라 확장을 추진하고 있다. 올(All)라인을 추구하는 홈플러스, 이마트, 롯데마트 같은 대형마트와 라이프스타일플랫폼(Life Style Platform) 구축을 목표로 전진 배치된 CU와 같은 편의점과 롯데슈퍼와 같은 SSM, 비마트, 요마트 등 온라인슈퍼와 온라인 편의점 등의 유통 인프라가 우리 생활 가까이에서 생필품의 안정적인 공급망을 구축하고 있다.

이런 국내 유통기업들의 노력이 코로나19로 사회적 혼란이 계속됨에도 불구하고, 국내에선 전세계를 강타한 생필품 사재기 열풍에서 벗어나는데 일조하고 있다.

---

(4) 판매자와 구매자에게 모두 열려 있는 인터넷 중개몰(온라인 장터)을 말한다. 개인과 소규모 판매업체 등이 온라인에서 자유롭게 상품을 거래할 수 있다. 오픈마켓은 인터넷 쇼핑몰에서의 중간유통마진을 생략할 수 있어 기존의 인터넷 쇼핑몰보다 비교적 저렴한 가격대로 물품 공급이 가능하다. G마켓 옥션 인터파크 등이 대표적 오픈마켓이다. 이들은 플랫폼을 제공한 대가로 상품을 등록한 사용자로부터 수수료를 받는다. 판매자와 구매자 간의 직거래 장터이기 때문에 매매 과정이 신속하다.
[네이버 지식백과] 오픈 마켓 [open market] (한경 경제용어사전)

(5) 일반 e-commerce나 e-business가 기업과 소비자 사이의 비즈니스를 인터넷 등으로 전환시켜 놓은 것이라면 e-마켓플레이스는 공급자와 소비자 사이를 연결해주는 중계자의 역할을 인터넷 등의 뉴미디어를 통해 하는 것이다. e-마켓플레이스는 공급자 기업에 속하지 않고 공급자와 소비자를 연결시켜주는 것이 가장 큰 핵심이다. 주로 B2B(기업간 거래)에 많이 이용된다. 수익은 거래 성사에 대한 커미션이 가장 중요한 부분이고 일부 e-마켓플레이스는 등록비 등의 수익모델을 가지고 있는 경우도 있다. 기업은 e-마켓플레이스의 신뢰성을 통해 한번도 본적도 들은 적도 없는 기업과의 거래에 대한 위험을 줄일 수 있으며, 또한 e-마켓플레이스와 기업들간의 e-procurement(조달)시스템을 통해 보다 쉽게 상품 구매가 가능해 많은 비용절감 효과를 가져올 수 있다.
[네이버 지식백과] e-마켓플레이스 (매일경제, 매경닷컴)

국내는 언제든 원하는 생필품을 구할 수 있다는
'가용성 휴리스틱'이 작동했다

우리나라도 2020년 2월 잠시 사재기가 있었지만 마트와 집 앞의 슈퍼마켓, 편의점 등 오프라인과 온라인의 유통 채널에서 언제든 물건을 구매할 수도 있다는 확신으로 이내 안정되었다.

2020년 4월 CJ대한통운이 2월 1주부터 3월 2주 ^{2월 1일~3월 14일} 까지 자사 택배 송장 데이터 1억 8000만 건을 분석한 결과 발표가 이를 뒷받침한다. 신천지대구교회 신자인 31번 확진자가 발생한 2월 18일 이후 생수, 통조림, 라면 등 사재기 상품 주문이 3일간 급등했다가 이후 안정세를 보였다.

분석 결과 2월 4주 ^{23~29일} 에 생수와 라면, 통조림 등 비상물품 주문량이 전주 대비 약 3배 수준으로 늘었다. 31번 확진자 발생 이후 첫 주말인 2월 21~23일 주문이 몰렸다는 분석이다. 코로나19가 장기화할 것이란 불안감이 소비에 반영된 시점이다.

2월 3주와 4주 사이 통조림은 4만 건에서 14만 건 ^{약 420만 개/박스당 24~36개} 으로 3배, 라면은 12만건에서 31만건 ^{약 930만개/박스당 30개} 으로 두 배 넘게 물량이 늘었다.

그러나 이 기간 전주 대비 2.5배까지 치솟았던 라면 배송량은 3월 1주 ^{1~7일} 와 2주 ^{8~14일} 에 전주 대비 각각 39%, 33% 감소세를 기록하며 안정세로 돌아섰다. 2월 4주에 2.5배로 늘었던 생수 역시 같은 기간 41%, 25%씩 줄어들면서 평시 수준으로 회복했다. 코로나가 본격 확산하기 시작한 초반에 사재기 조짐이 일부 나타났지만, 안정적인 배송을 확인하면서 평시 수준으로 회복했다는 것이다.

연세대 바른ICT연구소의 김미예 박사는 "필요한 물품을 언제든지 살 수 있다는 경험을 반복해 그 불안을 느끼지 않았다. 이러한 긍정적 경험의 반복은 이른바 '가용성 휴리스틱 availability heuristic [6]'으로 작동한다. 언제든 내가 원하는 생필품을 구할 수 있다고 직관적으로 판단하는 것이다"[7]

우리 국민들은 우리나라의 제조와 물류, 유통의 공급망은 믿을 수 있다는 긍정적인 경험이 쌓여 사재기에서 피해갈 수 있었다. 코로나19 위기속에서 우리나라의 유통·물류기업이 이러한 긍정적 경험은 주는 큰 역할을 했다는 데는 이견이 없다.

편의점도 재난구호물류시스템을 구축해
지역사회 공헌 인프라로서 역할을 수행하고 있다

편의점 업계는 전국 물류센터와 점포를 기반으로 재난 지역에 체계적인 긴급 구호 거점 역할을 수행하는 사회적 인프라 역할을 하고 있다. 전국 약 4만 5000개 대규모 점포망과 물류센터, 배송시스템을 활용해 긴급 재난 상황 발생 시 구호 거점 역할을 수행하고 있다.

지난 2015년 CU BGF리테일 를 시작으로 GS25 GS리테일 , 이마트24, 롯데유통군 등 기업들은 지자체, 행정안전부, 전국재해구호협회 희망브리지와 '재해구호 분야 민관 협력을 위한 업무협약'을 통해 체결했다. 이를 통해 24시간 가동하는 긴밀한 소통 체계가 갖춰져 있어 재난 재

---

(6) 가용성 휴리스틱(availability heuristic)은 어떤 사건이 일어날 가능성이나 확률을 판단할 때, 마음 속에서 쉽게 떠오르는 예를 통해 보편적인 사례로 판단해 결론을 내리는 사고 전략(Tversky and Kahneman 1973)

(7) 김미예, "코로나19, 감염병을 통해 보는 사회적 신뢰의 단면", SKT뉴스룸(2020.5.3.)

해 상황을 보고받는 즉시 피해 지역 인근 물류센터에서 생필품을 지원할 수 있는 재난구호 물류시스템을 구축했다. 이 같은 시스템 구축은 신속성을 높인 것은 물론, 지원 품목 다양화에도 기여했다. CU는 전국 주요 물류센터에 모포, 수건, 속옷, 체육복, 매트, 비누 등 재해구호물자 세트를 상시 보관하고 있다. 특히 장기 보관 시 부패 가능성으로 구호물자 세트에 포함되지 못했던 생수, 라면, 즉석밥 등 식품도 편의점 물류센터를 통해 지원 품목에 포함시킬 수 있게 됐다.

2010년, 2020년 재해로 고립된 지역에서 편의점 역할이 더욱 부각됐다

기상 악화로 접근이 불가능한 도서지역은 지역 편의점에서 식품과 생필품을 선제적으로 공급해 재난구호 사각지대 해소에 도움을 줬다. CU는 울릉도 주민들이 기상 악화 때문에 장기적으로 섬에서 나오지 못하는 경우 점포 내 상품들을 선제적으로 공급하고 있다. GS25는 2010년 연평도 포격 당시 운영 중이던 해병대 PX 상품을 지역 주민에게 제공하기도 했다.

2020년에도 장마 피해가 본격화되자 GS25, CU, 이마트24 등 편의점을 통해 재난구호물품은 약 3만개가 경기 남부, 대전, 충남, 부산 등 호우 피해가 발생한 지역 이재민에게 물품이 전달됐다. CU는 경북 영덕과 대전에 경기도 이천에 긴급 구호 물품을 기부했다. 이천시 율면 산양저수지 둑이 무너져 인근 주민들이 긴급 대피했다. CU는 이천시의 지원 요청을 받은 즉시 인근 진천의 BGF 중앙물류센터 등에서 장호원과 율면으로 생필품 컵라면·즉석밥·생수 포함 을 배송했다. GS25도 충북 단양군의 이재민에게 즉석밥, 라면, 생수 등 500인분 규모의 식료품을 지원했다. 폭우로 고립된 부산 동구 한 아파트 주민들에게 생수 약 1000개를 전달했다. 이마트24도 용인물류센터에서 보낸 생수, 컵라면 등 2800여 개의 긴급 구호 물품을 용인시청 재해구호 창고로 보냈다. 또 경북 영덕군에 생수 1천 개, 부산 동구에 생필품 2천 개를 배송했다.

2022년 8월 서울·수도권의 기록적인 폭우로
이재민이 발생하자 유통업계가 발빠른 구호 활동에 나섰다

CU를 운영하는 BGF리테일은 광주·여주·의왕·과천·화성·가평·안양 7곳에 긴급 구호물품을 지원했다. BGF리테일은 지원 요청을 받자마자 행정안전부·전국재해구호협회와 구축한 재난 긴급 구호 활동 'BGF브릿지'를 가동해 BGF로지스 광주센터 등 4개 물류센터를 통해 구호물품을 피해 현장으로 긴급 배송했다. 구호물품은 생수·두유·자양강장제·초코바·컵라면·파이류 등 총 1만 5000여 개 규모 식음료들이다.

롯데 유통군은 서초구·관악구 등 피해가 심한 지역을 중심으로 생수·음료·컵라면 등으로 구성한 긴급구호물품 9000여 개·생필품이 담긴 구호키트 400여 개·임시대피소 칸막이 120여 개 등을 지원했다.

이마트24는 구로구·인천 남동구, 평택시에도 구호 물품을 전달했다. 전달한 구호물품은 생수·음료·컵라면·초코바 등 총 1000여 명분, 1만4000여 개다. GS리테일은 집중 폭우로 큰 피해를 입은 서초구 주민을 위한 긴급 구호물품을 대한적십자사를 통해 전달했다. 전달한 구호물품은 도시락·바나나·생수 등으로 피해 지역 주민들에게 필요한 먹거리 상품을 중심으로 구성했다. 삼다수를 판매하는 '제주특별자치도개발공사'는 제주삼다수 500㎖ 4만 4800병을 피해 지역에 긴급 지원했다.[(8)]

재난 시에는 빠르게 구호품을 전달할 수 있는
ICT기반의 재난유통·물류시스템의 구축이 필요하다

이를 위해선 재난물류의 베이스캠프인 유통기업과 이해관계자들의 공동 기획과 협업을 통해 안전 재고와 대체 공급처를 확보해 생필품의 안정적 확보와 운영이 중요하다. 또 지진, 홍수와 화산폭발 같은 자연 재해는 기반 시설을 파괴해 사용 불가로 만들고, 코로나19 같은 전염병은 특정 지역을 완전히 봉쇄토록 만들어 우회할 수밖에 없도록 만든다.

재난물류는 불확실성 가운데 유연성을 확보해야만 성공할 수 있다. 또 물적·인적자원이 절대 부족한 상황이 지속되고, 수송수단과 연료를 확보하는 일이 쉽지 않기 때문에 모든 가상 시나리오 설정하고 유연한 대처가 필요하다.

---

(8) "수해 피해 돕자"…**구호물품 지원 나선 유통업계, 뉴스1(2022.8.11)**

27 멀티 페르소나 소비자와 제조·유통·물류의 합체[1]

미래세대인 Z세대 1995년~2005년생 는 기성세대의 '10인 人 1색 色 '이나 선배 세대의 '1인 1색'의 문화와는 다른 '1인 10색'의 세대로 다른 세대와 다른 유전자를 갖고 태어났다. 이제 대부분이 성인이 된 Z세대는 4차산업혁명 시대의 도래와 함께 가정, 학교, 직장 등 우리 사회 전반에 걸쳐 문화, 소비, 생산, 서비스, 물류 등에서 그 영향력을 행사하기 시작했다.

2019년 12월 대한상공회의소 "트랜드코리아 2020: 유통트랜드에의 함의" 제목의 강의에서 김난도 교수는 "소비자는 아침과 저녁 다르고 집에서와 밖에서 다르다. 근무시간 전인 회사 출근 엘리베이터에서와 근무시간과 퇴근 후 다르다. 혼자 있을 때 다르고 여럿 있을 때 다르며, 일상에서 다르고 여행가서 다르다. 딸일 때 다르고 아내일 때 다르고, 엄마일 때 다르다. 이렇게 우리는 모두 조금씩 정체성을 바꿔가면서 살아간다."고 했다. 이런 MZ세대 소비자를 한마디로 "천 개의 가면을 쓴 멀티 페르소나 소비자들"로 명명했다.

또한 "유튜브 할 때 다르고, 페이스북 할 때 다르고, 트위터 할 때 다르며, 인스타그램 할 때 다르다. 하나의 SNS 채널에서 복수의 계정을 번갈아가며 사용하기도 한다. 나를 표현하기 위한 수많은 온라인 활동이 이제는 진짜 나를 숨기는 도구가 되어가고 있는 것이다. 정체성의 지나친 노출과 교묘한 숨김은 '좋아요'와 '팔로워'로 통칭되는 '느슨한 연대' 그리고 '디지털 허언증'과 관계가 깊다."고 했다.[1]

익명성 인터넷 커뮤니티의 확산과 수많은 SNS의 등장으로 인간의 변검술은 그 어느 때보다 쉬워졌다. 매체의 상황에 맞는 다면적 커뮤니케이션이 필요한 시대이다.

세계적으로 E2E, 연결성 강화, 개인중심경제로 전환하고 있다

4차산업혁명 시대는 쇼셜 미디어, 모바일, 애널리틱스 Analytics , 클라우드와 같은 최신 디지털 기술을 통해 사람, 기업, 정부 간 상호 관계도 끊임없이 변화하고 있다. 세계적으로 E2E Everyone to Everyone 경제로의 패러다임 전환, 연결성 Connectedness 의 강화, 개인중심경제 Individual centered economy 의 전환 속도가 빠르다.

개인이 원할 때 즉각 개인의 위치, 성향 등을 분석해 맞춤형 생산과 서비스를 제공하는 온디맨드 On Demand 서비스 이용이 늘어나고 있다. 이미 제작된 상품만을 고르는 공급자 주도형 대량 소비시대는 저물고 개인화된 극소규모의 수요가 새로운 트렌드로 등장하고 있다.

---

(1) 김난도, 〈트렌드 코리아 2020〉, 미래의창(2019.10)

최근 제조업은 '개방형 제조서비스 FaaS, Factory as a Service (2)'와 '無 공장 제조 기업 Factoryless Goods Producers (3)'의 확산으로 시제품과 제품 생산에서 맞춤형 차별화가 쉬워졌다. 유휴 공장과 스타트업을 연결해주는 미국의 Maker's row의 기본 아이디어는 같은 제조시설이더라도 소유주에 따라 다품종 소량생산, 소품종 대량생산, 맞춤형 대량생산 등 선호가 다른 점에 기반을 두고 있다.

한국전자통신연구원 ETRI 도 스타트업과 중소기업이 인터넷을 통해 아이디어 시제품 제작을 의뢰하거나 신제품 제작을 의뢰하면, IoT 기반 스마트팩토리에서 이 제품을 생산하고 이를 온라인 마켓플레이스를 통해 제품을 고객에게 전달하는 개방형 제조서비스를 시작하였다. 이 개방형 제조서비스는 개인과 기업에게 개별 수요 욕구 에 대응하는 '맞춤형생산'이 가능하다.

소비자의 다면성에 대응하는
제조·유통·물류의 융합 통합 전략이 필요하다
천 개의 가면을 쓴 소비자들을 상대해야 하는 스마트시대의 기업은

---

(2) 개방형 제조 서비스는 개인 맞춤 생산을 지원하는 사물인터넷(IoT) 기반 스마트 팩토리를 개인 또는 기업에게 서비스의 형태로 제공하는 개념이다. 개인화 제조 스마트 팩토리와 개방형 제조 서비스 플랫폼으로 구성된다. 출처 : 인더스트리뉴스(http://www.industrynews.co.kr)

(3) 출처: 한국무역협회 국제무역연구원. '무공장 제조업체의 부상과 시사점' 보고서, 2015.5
상품기획, 연구개발(R&D), 디자인 등에 역량을 집중하고 제조는 외부 생산시설을 활용하는 무(無)공장 제조업체가 늘고 있다. 2002년과 2012년 사이 S&P 500대 기업내 제조업체수는 239개에서 225개로 감소했지만, 무공장 활용기업의 수는 67개에서 105개로 크게 증가한 것으로 나타났다.
무공장 제조기업은 외부 생산 자원을 활용한다는 측면에서 아웃소싱 전략으로 볼 수 있다. 과거 아웃소싱 활용 동기가 비용절감을 위한 것이었다면 최근에는 상품기획, R&D 등에 집중하는 '제조업의 서비스화(Servitization)' 관점으로 이해할 수 있다.
△부품의 모듈화 및 표준화 진전 △3D 프린팅 등 제작도구 보급 △제조 전문기업 인프라 확산 등으로 무공장 제조방식이 점차 확대되고 있어 우리 중소기업들도 제품 경쟁력 강화를 위해 무공장 제조방식을 전략적으로 활용해야 한다.

고객맞춤화 Customizer 와 개인화 Personalization 를 넘어 개별 소비자의 다면성에 대응하는 제조·유통·물류의 융합 통합 적 전략이 필요하다.

다보스포럼 2016 에서는 4차산업혁명의 정의를 "물리적 세계 현실 과 사이버 세계 가상 과 바이오세계 인간 의 3개의 세계의 융합이 만드는 산업혁명"으로 정의했다. 즉, 4차산업혁명은 인간을 위한 물리적 세계 현실 과 사이버 세계 가상 의 융합에 의한 혁명이라고 정의하고 있다. 이 혁명의 바탕에는 인공지능 AI , 사물인터넷 IoT , 빅데이터, VR/AR, 로봇, 바이오 등의 기술혁신이 있다.

4차산업혁명으로 형성된 스마트 시대에는 더 이상 산업 간의 영역을 고집하기는 어렵다. O2O 서비스는 유통과 서비스에 물류가 연결되면서 실체가 있는 서비스로 전환되면서, 물류 · 유통 · 서비스가 합체된 새로운 형태로 우리 생활 속으로 들어왔다.

제조업은 서비스화되고, 서비스는 현실의 기반 Device 이 없이는 그 힘을 발휘하기 어렵다. 유통업은 제조업으로, 제조업은 유통업으로, 이들은 물류서비스를 합해져 통합적은 플랫폼을 만들어야만 천의 얼굴을 가진 소비자에 대응할 수 있다.

아마존은 온라인, 오프라인 유통과 물류, 제조의 통합 플랫폼을 구축했다

천의 얼굴을 가진 소비자에 대응하기 위해 아마존과 알리바바같은 기업은 온라인과 오프라인 유통의 합체, 여기에 제조의 합체, 다시 물류의 합체를 빠른 속도로 진행하고 있다.

아마존은 미국 전체 가구의 34%가 반경 8Km 내에 거주하는 홀푸드 Whole Food , 오프라인 서점 Amazon Books와 화상인식, 센서퓨전, AI, 머신러닝 Machine Learning 으로 무장한 아마존 고 Amazon Go 를 통해 오프라인에 진출하면서 온라인과 오프라인 유통의 경계를 허물고 있다.

또한 아마존은 유통과 제조의 경계를 허물고 있다. 2018년 7월 현재 아마존은 아동복의 'Moon & Back', 커피의 "Amazon Fresh", 화장품의 'Beauty Rules', 남성의류의 'Proform' 여성의류 '7 Goals', 스낵의 'Happy belly' 등 68개의 자기 브랜드와 건전지, 가구 등을 'Amazon Basic'을 통해 제조 플랫폼 Manufacturing Platform 을 구축하고 있다.

아마존은 물류와의 경계도 허물고 있다. 아마존이 UPS, 페덱스, 미국우체국 USPS 등 물류회사와 파트너십을 맺고, 수억 달러를 지불하면서 책부터 가구까지 모든 것을 배송했었다. 그러나 2013년 크리스마스 시즌 때 UPS의 배송이 늦어지면서 고객에게 사과했던 경험 이후 자체 배송을 준비하면서 물류에 과감한 투자를 해왔다.

아마존은 2014년 4월부터 자가트럭을 보유하기 시작하면서 육상

수배송을 내재화했다. 2017년 12월 현재 약 6,000대의 트럭을 보유하고 있다. 해상 운송은 2015년 11월 우리나라의 Forwarder와 같은 NVOCC ^{Non Vessel Operation Common Carrier} 면허를 미국 연방해사위원회 Federal Marine Commission 으로부터 취득했다. 항공운송은 2015년 12월 자체항공기 도입을 발표하고 2016년 8월 현재 40여 대의 보잉 767를 리스하여 'Amazon One'이라 명명했고, 2017년 2월 켄터키 인근 지역에 $1.5B을 투자하여 신규공항 건설을 발표했다.([그림 37][4] 참조)

[그림 37] Amazon One 출처, 아마존

창고 운영과 네트워크 확장을 위해 2017년 한 해에만 26개의 풀필먼트 Fulfillment 센터를 신설했고, 미 전역에 50개가 넘는 풀필먼트센터를 운영 중이며, P&G 등 기업으로부터 확보한 물류센터는 200여 개를 훨씬 넘는다.

물류 내재화의 기반에는 119불의 연회비를 납부하고, 연 평균 1,400불을 아마존에서 소비하는 아마존프라임 Amazon Prime 회원수가 1억 명

(4) "아마존, 아마존 항공에 화물기 추가 투입", 물류신문(2020.6.5.)

(미국 전자상거래 이용고객의 32%)을 돌파(2018년 8월)하여 119억 불(약14조 원)의 회비를 익일 무상 배송을 위한 재원으로 확보하고 있다.

아마존의 물류플랫폼은
4차산업혁명 기술을 탑재하고 있다

SWA Shipping with Amazon, FBA Fulfillment by Amazon 시스템에 예측배송, 자율주행차, 물류로봇 키바 Kiva 웨어러블 팔찌, 드론 옥토콥터: Prime Air, 아마존 대쉬 Dash, 아마존 라커 Locker 등은 아마존이 보유한 기술이다.

여기에 수중창고, 벌집물류타워, 공중물류센터, 달리는 열차 이동창고 등 신기술 특허와 하이퍼 루프 Hyperloop 와 드론을 이용한 신개념 배송시스템, 막대한 물류 인프라가 유기적으로 결합되면 하루에 몇 번씩 바뀌는 소비자에 대응이 쉬워질 것이다.

아마존은 무려 27년간 이익에 관계없이 R&D와 서비스 확장에 많은 금액을 투자해왔다. 그 결과 가장 강력한 배송 네트워크를 구축한 유일한 기업이 있다면 아마존뿐이다.

아마존은 자율트럭의 필수적인 기술들인 카메라, 레이더, 라이더 센서를 개발할 개발자들, 이들이 획득한 데이터를 통해 사물과 이벤트를 감지하는 융합 알고리즘 Fusion Algorithm 을 개발할 인공지능 소프트웨어 엔지니어들을 확보하여 보그 Borg 를 개발하고 있다. 비밀 R&D 조직인 아마존 랩 Amazon Lab 126 에서 1,000명 이상의 고급 엔지니어들이 연구에 몰두하고 있다.

따라서 자율트럭과 로봇과 드론을 투입하여 고객들이 주문한 아이템을 가장 빠르게 배송할 수 있는 '라스트 마일 last mile ' 서비스 시스템을 특허상으로 모두 갖추었으며, 실제로 거의 갖춘 유일한 기업이다.

이러한 관점에서 아마존은 앞으로 수년 내에 자율차+로봇+드론을 이용한 배송 서비스를 시작하게 될 것이다.[5]

허마센성은 소비패턴 분석, 매장정보화, 플랫폼·물류·모바일결제 생태계를 구축했다

알리바바 마윈회장은 2016년 10월 알리원 개발자 컨퍼런스에서 "머지않아 전자상거래란 말이 사라질 것"이라고 천명하였다. 온라인 만으로 존재하는 커머스는 더 이상 생존하기 힘들고, 온라인 커머스와 오프라인 커머스, 물류가 연결을 넘어 하나로 '합체[6]'된 '신유통'이 New Normal이 될 것이라 선언했다. 장융 張勇 알리바바 최고경영자 CEO 는 "허마센성 盒馬鮮生 은 오프라인 매장을 열기 위한 것이 아니라 온라인상의 쇼핑몰 텐먀오의 소비 데이터 분석 능력을 활용해 오프라인에서 허마와 다른 일련의 유통 브랜드를 통해 중국의 신유통 길을 탐색하기 위한 것"이라고 설명했다.

알리바바의 2018년 회계연도 2017년 4월~2018년 3월 실적 보고서에 따르면 신유통이 대부분을 차지하는 '소매 전자상거래의 기타부문' 매출은 전년동기 대비 525% 증가했다. 알리바바 전체 매출에서 차지하는 신유통 비중도 6%로 전년동기 대비 4% 상승했다.

---

(5) 차원용외, 〈특허로 살펴보는 아마존의 물류혁명〉, 진한엠앤비(2021.12)

(6) 최윤식, 〈엔데믹 빅체인지 7〉, 김영사(2022.7)에서는 합체 대신 '용해溶解/dissolution'라는 용어를 사용했다. 시장 질서를 유지해왔던 경계가 허물어지면 기존 산업 간 용해, 기존 산업과 미래 산업 간 용해도 강제로 일어난다. 용해는 고체가 초기의 용매에 균일하게 녹아 완전히 섞여 액체화되는 현상이다. 핵심은 '완전히 섞였다'는 것이다. 완전히 섞인 상태는 함께 섞이는 각기 다른 결정 구조들이 원자 혹은 이온, 분자 상태까지 쪼개져서 합해지는 상태다. 산업에서 변혁적 기술이 만들어내는 경계 파괴와 용해는 결정 구조를 파괴하고, 연결하고, 합치는 과정을 반복하는 공격적 행위다.

온라인과 오프라인, 물류를 결합한 알리바바의 신유통 허마셴성의 성공 요인으로 차이종신 蔡崇信 알리바바 부회장은 ①빅데이터를 통한 소비추세 분석 ②유통매장 정보화를 돕는 기술력 ③플랫폼·물류·모바일 결제 등으로 구성된 안정된 생태계 등 3가지를 꼽았다.

구매력을 바탕으로 세계 최고의 가격 경쟁력을 갖춘 알리바바가 글로벌 물류 시스템까지 갖추게 된다면 멀티 페르소나 소비자화 되는 전 세계 전자상거래 시장에서의 패권 장악도 가능할 것이다.

앞으로 물류센터나 매장은 생산기능을 추가해 개인맞춤형 생산을 쉽게 할 것이다

소비자의 다면성에 대응하기 위해 B2C물류는 대량 생산 보다 소량 소규모 스피드 생산이 가능해야 한다. 대형공장의 컨베이어 생산 방식 보다는 소량 다품종 생산이 가능한 셀 Cell 생산방식이 보편화될 것이다. 이에 따라 물류센터나 매장은 생산기능이 추가될 것이다.

이는 개인맞춤형 생산을 쉽게 한다. 아디다스 Adidas 는 스토어팩토리 Store Factory 를 통해 2시간 반 만에 개인 맞춤상품을 제조해 판매하고 있다. 럭셔리 브랜드 구찌 Gucci 의 온라인 단독 컬렉션에서는 다양한 컬러와 이니셜을 선택하여 자신만의 감성이 담긴 단 하나뿐인 오피디아 토트백과 에이스 스니커즈를 디자인할 수 있다.

3D프린팅 발전은 킨코스 Kinko's 같은 전문점에서 주문 즉시 맞춤 생산을 가능하게 한다. 자라 창업주 아만시오 오르데가는 "자라의 경쟁자는 3D프린터로 미래의 의류회사는 디자인을 팔 것!"이라 했다. 자라의 매장은 고객의 주문 즉시 생산, 보관, 판매, 배달하는 통합기능 공장,

물류센터, 매장 으로 변신할 것이다.

B2B, B2R물류는 제조방식이 ATO ^{Assembly to Order} 로 변함에 따라 공장이 아닌 매장과 물류센터에서 고객수요 맞춤형 조립과 부가가치서비스 ^{Value Added Service} 를 통해 최종 생산하는 지연전략 ^{Postponement Strategy} 이 일반화되고, 조립을 넘어 생산 전 공정을 수행하게 될 것이다.

물류센터는 개인화된 극소 수요 대응이 가능한 맞춤형 생산 ^{MTO: Make To Order} 에 부응하는 센터로 기능이 전환될 것이다. 이에 따라 물류센터는 넉다운 ^{Knock down} 방식으로 생산된 모듈 ^{부품} 들을 물류센터에서 보관. 조립. 가공하거나 AS와 온라인 판매까지도 대응이 가능하여야 한다.

조달, 생산, 물류의 JIT ^{Just in Time} 시스템은 재고를 극소화시킨다. 따라서 물류센터 입지도 산업공단, 항만 인근의 대형센터에서 소비자의 개별화된 수요와 납기 ^{긴급배달. AS 등} 에 대응하기 쉬운 도심내 소규모 물류센터 수요가 늘 것이다.

미래 물류센터는 '밸류네트워킹 ^{Value Networking} ' 거점이 될 것이고, 운항 중인 선박, 이동 중인 열차나 배달차량은 생산과 보관, 배달을 동시에 수행할 것이다

스마트 시대의 물류는 조달, 생산, 물류 전 과정에 재고없는 JIT시스템을 지향하고, 공장, 매장, 물류센터는 기능이 통합되어 주문 즉시 생산, 보관, 판매, 배달 기능을 수행할 것이다.

운항중인 선박, 이동중인 화물열차, 배달차량 등 운송수단은 머지않은 미래에는 ^{무인} 생산과 ^{무인} 보관, ^{무인} 배송의 통합 기능 수행할 것이다. 아마존은 3D프린터를 탑재한 트럭을 이용해 운송 시간을 줄이는 방안도 검토하고 있다. 이 서비스는 완성품을 운반하는 기존의 개념을 파괴하고 주문을 받은 제품을 움직이는 차 안에서 제조하면서 배송지로 이동해 배송 시간을 단축한다.

뉴노멀 시대 새로운 트랜드는 소비자 맞춤형 생산과 서비스를 넘어 다면성과 변검술에 능한 소비자의 극소규모의 수요에 대응하는 제조 유통 물류 통합플랫폼의 등장이 필요하다.

28 공유물류 기반의 탄력적 물류네트워크 구축⁽¹⁾

우리나라 기업이 4차산업혁명, 위드 코로나 ^{With Covid} 시대에 트렌드세터 ^{Trend Setter} 로 시장의 주인공이 되려면 새로운 핵심 경쟁력을 갖추는 준비와 변신이 필요하다. 글로벌 기업은 과거 WTO, FTA로 경제의 국제화가 가속되는 과정에서 제조비용과 유통비용, 관세의 비중은 감소한 반면, 국제간의 교역 증가로 물류비용은 증가되면서 물류관리의 중요성을 인식하게 되면서 좀더 고객에 최적화되고 시스템화된 물류가 필요하게 되었다.

제조, 유통, 서비스 영역에 속한 업무가
물류로 편입되고 있다

최근 유통시장과 제조시장이 급격히 스마트화, 무인화, 개인화, 온

---

(1) 이상근, "공유물류 기반의 탄력적 물류네트워크 구축이 필요하다", 무역경제신문(2021.1.29.)을 바탕으로 작성되었습니다.

라인화, 모바일화로 직접거래로 전환되고 있다. 따라서 종전에 공장과 매장에서 수행하던 제조와 유통, 서비스의 고유업무는 상당부분 물류업무로 편입되었다.

제조영역에서는 소비자의 원츠 Wants 와 니즈 Needs 에 맞추기 위해 구매 직전의 마지막 단계에서의 생산 지연전략 Postponement Strategy, 풀필먼트 Fulfillment, 개인 맞춤형 3D프린팅 생산이 새로운 전략으로 주목받고 있다. 이에 따라 전통적인 제조영역 중 일부는 물류영역으로 편입되고 있다.

유통영역에서는 점포 오픈 전 심야시간의 상품 입고, 매대 진열, 재정렬, 반품 수거와 무인 점포의 검품, 검수, 매대 진열 등이 물류업무로 넘어오고 있다. 설치, 교환과 반품, 수리와 부품교환 등 서비스 업무영역도 물류업무로 넘어오고 있다.

물류기업은 핵심 경쟁력을 갖춘
트렌드세터로 변신이 필요하다

급변의 시대에 물류기업이 트렌드세터[2]로 미래 글로벌 물류시장의 주인공이 되려면, 새로운 핵심 경쟁력을 갖추도록 준비하고 변신이 필요하다. 이런 측면에서 물류산업의 새로운 핵심 경쟁력은 물류의 '자동화 · 무인화 · 효율화'와 '탄력적 물류 네트워크 공유물류, 공동물류'의 구축을 생각할 수 있다.

---

(2) 트렌드 세터(trend setter)는 '시대의 풍조나 유행 등을 조사하는 사람, 선동하는 사람'이란 뜻. 소비자의 원츠(wants)나 니즈(needs)를 민감하게 캐치하고 다음 시대의 동향, 경향으로서, 혹은 패션 경향으로 준비한다든지 제시한다든지 하여 많은 사람들을 그 방향으로 관심을 갖도록 리드하는 사람을 말한다. 출처 [네이버 지식백과] (패션전문자료사전, 1997. 8. 25., 패션전문자료편찬위원회)

첫 번째 핵심 경쟁력인 '물류 자동화 · 무인화 · 효율화'는
4차산업혁명 시대에는 필연적이다

인구구조 변화 및 인건비 상승 등으로 물류기업의 부담이 가중됨에 따라 선진국 및 선도 물류기업은 첨단 ICT를 활용한 물류자동화, 무인화와 효율화를 통해 서비스 향상과 비용 절감을 추진하고 있다. 4차산업혁명의 핵심기술인 빅데이터, 로봇, 드론, IOT, AI, VR/AR 등 ICT 기술을 이용한 효율화와 최적화 기업만이 경쟁에서 생존할 것으로 예상된다.

두 번째, 핵심 경쟁력은 공유물류, 공동물류를 통한
'탄력적 물류 네트워크의 구축'이다

항만, 하역시설과 장비, 물류창고, 터미널 등 물류시설, 화물차량, 컨테이너, 물류 장비 등 하드웨어와 ICT 기반의 소프트웨어 역량을 충분한 갖추어야 한다. 하지만 단일 기업 차원에서 물류의 하드웨어와 소프트웨어 역량을 다 갖추고 사업을 하기는 현실적으로 어렵다.

개별 물류기업이 단독 소유하거나 전용하던 경직적 물류 네트워크에서 벗어나 고객 니즈 Needs 에 탄력적으로 대응이 가능한 유연한 물류 네트워크 확보가 핵심 경쟁력 요인으로 대두되고 있다. 이런 측면에서 물류기업은 공유물류와 공동물류에 기반을 둔 '탄력적 물류 네트워크' 구축으로 핵심 경쟁력을 갖추는 것이 필요하다.

[그림 38] 공동운송시스템/ 공동집하시스템

자료: 삼영물류 블러그

'탄력적 물류 네트워크'는 물류기업들 간의 '공동 물류 플랫폼' 구축, 클라우드 소싱을 통한 물류 '공급자-수요자 매칭', 기존 자산 활용 ^{직원} ^{배송} 이 있다.

먼저, 물류기업들 간의 '공동물류 플랫폼' 구축은 정부나 물류기업이 중심이 되어 물류시설, 차량, 장비 등을 공동 이용하는 플랫폼을 구축 하는 시스템이다.

공동물류 플랫폼 중 '공동운송 시스템'은 소량화물 ^{LTL Less than Truck} ^{Load} 혼재로 과거엔 육상운송 주선업체를 중심으로 서비스를 제공했 다. 현재는 삼성SDS ^{Cello}, CJ대한통운 ^{Hello} 과 스타트업 기업인 '로지스 팟', '부릉', '트래드링스', '고고X', '우버 프라이트 ^{Uber Freight}' 등이 운송 인 ^{트럭 운전사} 과 소비자 ^{화주} 를 연결해주는 서비스에 새롭게 진입했다.

공동물류플랫폼 중 '공동집하 시스템'은 배송 물량이 적은 소도시는 여러 택배회사의 집배를 동시에 수행하는 복합 택배대리점의 공동집배와 '국내긴급상업용서류 ^{일명 파우치} 송달업자'의 도심 빌딩 공동 집배도 실행되고 있다.

[그림 39] 공동보관시스템/ 물류장비공동이용

자료: 삼영물류 블러그

공동물류플랫폼 중 '공동보관 시스템'은 '복합물류터미널', '내륙컨테이너기지 ^{ICD Inland Container Depot}, '산업단지 공동물류센터'가 있고, 앞으로 구축될 '도시첨단물류단지' 등이 있다. 이는 개별기업의 투자재원 부족과 물류시설의 난립 방지, 시설이용의 효율성을 높이는 공동물류에 필요한 시설이다.

공동물류플랫폼 중 '물류장비의 공동이용'은 팔레트 풀 시스템 ^{Pallet Pool System}과 렌털 지게차 등이 대표적이다. 앞으로는 물류로봇, 드론, 3D프린터, 자율운행화물차, 무인보관함 등의 공동사용도 예상된다.

둘째, 클라우드 소싱을 통한 물류 공급자-수요자 매칭은

4차산업혁명, 공유경제 환경에서 ICT 기반의 클라우드 물류서비스

배달, 보관, 물류센터내 작업 등 **를 수요자**(기업, 개인)**와**

공급자(물류기업, 개인) **사이에 매칭하는 것이다.**

이 시장에서는 수요자가 제공자 역할을 동시에 하는 시스템으로 진화하고 있다.

[그림 40] 탄력적 물류네트워크

자료: 삼영물류 블러그

배달서비스 모델은 일반인이 배달서비스를 제공하는 '딜리브 Deliv', '우버이츠 Uber Eats', '아마존 플렉스 Amazon Flax', '쿠팡 플렉스 Cupang Flex'' 등이 있다.

또한 '배달의 민족', '요기요'와 '배달통' 등 배달 스타트업 기업들은 유통기업과 음식점 등이 소유하고 있던 배달 수단을 공유플랫폼에 편입시키고, ICT를 통해 배달의 효율성을 높였다. 이 영향으로 중국음식점 배달 라이더 Ryder 등은 급속히 줄이고, 유통기업과 음식점의 영업범위는 매장에서 온라인으로 더 확대할 수 있었다.

공급자 측면도 물류기업과 전업 배달자 외에 일시적인 휴직, 휴업자 외에 출퇴근과 출장, 여행 등 모든 이동시 배달 업무를 수행할 수 있게 되었다. 앞으로는 이동하는 모든 사람이 배달이라는 공유경제에 참여할 수 있다.

피기비 Piggy Bee , 무버 Mover , '프렌드쉬퍼 Friend shipper ' 등 스타트업은 대중의 여정을 통해 새로운 공유경제 배송시스템을 만들고자 한다. 세계 각지의 사람들은 매일 어떤 한 지점에서 다른 지점으로 이동한다. 지역 내, 지역을 조금 넘어서든 국경을 넘든 모든 이동이 물류와 공유하는 시간이 다가오고 있다.

보관서비스 모델은 우리나라의 '마이창고', 일본의 '오픈로지 Open Logi '와 영국의 'Stowga' 등이 기존 물류창고 내 유휴 공간을 서로 공유하고 사고파는 서비스를 제공한다.

'스토어엑스 Store X ', '클러스터 Clutter ', '커비홀 Cubbyhole ' '쉐어마이스토리지 ShareMyStorage ' 등 스타트업 들은 일반인의 유휴 보관 공간을 공유경제의 보관서비스에 제공하고 있다.

공급자 제공자 는 물류창고의 운영효율을 극대화할 수 있고, 수요자 이용자 는 별도의 물류창고를 보유할 필요가 없어 환경 친화적이며 시 · 공간적 비용을 최소화할 수 있다.

이 트렌드가 더 확대되면 화주기업도 물류장비와 창고 등을 남는 시간에 타사와 공유하여 배달서비스와 보관서비스를 제공하게 될 것이다. 실제로 미국 아마존의 '벤더 플렉스 Vendor Flex '는 아마존 직원이 제조회사 또는 유통회사의 물류센터에서 포장과 배송을 완료하는 것으로 별도로 아마존이 창고를 보유하지 않고도 운영효율을 높이고 있다.

셋째, '기존 자산 활용 ^{직원 배송}'은 월마트 직원들이
퇴근길에 고객이 주문한 상품을 배송하는
'퇴근배송제'를 '탄력적 물류 네트워크' 사례로
들 수 있다.

우리 경제, 우리 물류 산업이 글로벌 경쟁에서 생존하려면
물류분야의 공유물류와 공동물류의 활성화가 반드시 필요하다.[3]

물류산업은 전체 산업에서 꼭 필요한 핵심 경쟁요소로 부상되면서
산업 전반에 걸친 영향력을 끼친다. 따라서 2019년 물류산업의 전망은
제조, 유통 ^{온라인, 오프라인}, ICT, 서비스 등 물류 연관 산업 전체의 동향
을 함께 보는 시각이 필요하다. 이를 위한 물류기업, 화주기업, ICT기
업, 정부, 지자체, 대학 등의 협력이 어느 때보다 필요하다.

---

(3) 이상근, "물류카풀, 공동물류", 아웃소싱타임스(2022.4.25)
우리 정부, 지자체 중심의 공유물류와 공동물류 정책은 계속 수립되고 추진 중이다.
정부는 탄소중립, 기업은 ESG차원에서 기존 자원의 활용 극대화를 위한 공동물류 정책의 수립, 지원
과 실행을 추진하고 있다.
먼저, 제주도의 '제주형 공유물류 플랫폼 구축사업'은 도서지역 특성에 따른 높은 물류비 등 어려움을
개선하고자 공유물류 통합플랫폼을 구축하여 이용자와 공급자 간 물류거래 서비스 매칭 · 역경매, 결
제, 시설정보 공유서비스 등도 추진하는 사업이다.
둘째, 서울시는 주민들의 공용 공간을 활용하여 택배 등 배송을 위한 '우리동네 공동배송센터'를 조성
하여 가정까지 공동배송서비스를 실증하고 있다. 또 재래시장 내 유휴공간을 활용한 마이크로풀필먼
트센터 MFC 를 도입해 보관 중인 농축수산물 등의 신선상품을 즉시 출고할 수 있도록 하는 '우리시
장 신선상품 빠른 배송' 서비스를 검증하고 있다.
셋째, 인천시의 '공유물류망 구축을 통한 당일배송 서비스사업'도 2022년도 국토교통부의 '디지털 물
류서비스 실증사업'에 선정됐다. 인천시는 송도국제도시에서 실시간 통신기술을 기반으로 물류창고
가 아닌! 주차장 등을 활용해 화물차량 간 상품을 전달 · 배송하는 방식으로 소비자와 소상공인을 위
한 공동배송 서비스를 실증하고 있다.
넷째, 김해시 '바이오 의약품 콜드체인 물류체계 구축사업'은 의약품 스마트 공유물류센터 도입을 통
해 특화산업인 의약품을 대상으로 효율적인 콜드체인 물류망을 마련하고, 인근 제약사와 의료기관
등을 연계하는 플랫폼 구축을 준비하고 있다.

[그림 41] 그림 22. 영국 공유창고 stowga   자료: stowga 홈페이지

물류산업은 온라인 _{인터넷, 쇼셜, 모바일} 커머스의 급성장, 4차 산업혁명의 본격화 _{스마트팩토리, 신유통 시스템 구축, ICT산업 성장 등} 같은 긍정적인 요인들이 많이 있다. 특히 물류산업이 일자리 창출효과가 큰 유망 서비스산업에 포함되었다는 것은 정부가 물류산업의 중요성을 뚜렷하게 인식하고 있다는 의미이다.

4차산업혁명 시대를 대표하는 '알파고'와 이세돌의 대결은 수많은 클라우드 컴퓨터와 이세돌 개인의 대결로 볼 수 있다. 그만큼 클라우드의 힘은 강하다.

우리 경제, 우리 물류 산업이 글로벌 경쟁에서 승리하려면 클라우드와 공유물류, 공동물류에 기반을 둔 '탄력적 물류 네트워크' 구축으로 핵심 경쟁력을 갖추는 것이 필요하다. 이를 위한 물류기업, 화주기업, ICT기업, 정부, 지자체, 대학 등의 협력의 어느 때보다 필요한 시기이다.[4]

---

(4) 이상근, "4차산업혁명과 탄력적 물류네트워크", 아웃소싱타임스(2019.1.7)

29 공급망 전체로 확산되는 ESG 경영[1]

ESG, Environmen ^{환경}, Social ^{사회}, Governance ^{지배구조} 는 MZ세대의 등장과 4차산업혁명, 코로나19 팬데믹 등 급속한 경영환경의 변화로 자본시장과 한 국가의 성패를 가를 키워드로 부상하고 있다. MZ세대 소비자들은 내가 구매하는 상품이 어떻게 생산되고 어떻게 유통되고 어떤 물류과정을 거쳐 나에게 오는지, 그리고 그 상품의 제조, 유

---

(1) 이상근, "공급망 전체로 확산되는 ESG 경영", 무역경제신문(2021.8.28)을 바탕으로 작성되었습니다.

통, 판매, 물류 기업의 이념과 가치관, 사회·환경적 책임까지도 상품 선택의 요인으로 고려하고 있다.

UN 글로벌 컴팩트 Global Compact 에 따르면, '지속 가능한 공급망'은 제품 및 서비스의 생애주기에서 발생하는 환경, 사회, 경제적 영향을 관리하고, 건전한 지배구조를 형성하는 것으로 정의하고 있다. 기존 공급망의 개념이 원재료 조달부터 제품의 생산, 유통, 최종 소비자까지로 한정했던 것보다 범위가 확장된 개념이다. 공급망에서 ESG관련 이슈가 발생하면 브랜드 가치하락 뿐 아니라 제품 수급에도 영향을 미치는 등의 예상하지 못한 사안이 발생할 수 있다.[2]

[그림 42] 공급망 ESG 관련 이슈　　자료: 한화투자증권리서치센터

공급망 전반에서 ESG 논의가 확산된 배경은
UN 지속가능개발정책 SDGs 과 파리협정이다.

국제사회는 이행 수단으로 ▲EU의 공급망 실사제도 Due Diligence , ▲ESG 정보공개, ▲탄소중립 이행과정에서의 Scope3 감축 요구, ▲기관투자자의 영향력 행사, ▲중대재해처벌법 등 정책을 추진하고 있다.

---

(2) 박세연, 한화리서치 "공급망 ESG 하도급업체 등 공급망 전반으로 ESG 확대" 한화투자증권 (2021.11.22)

앞으로는 기업의 공급망관리가 ESG의 중요 요인 중 하나로 부각될 전망이다. ESG 투자는 ESG 요인별 리스크를 파악하고, 기업의 대응 프레임워크를 평가에 기초하여 의사결정을 하는 것이다.

유엔환경계획 금융 이니셔티브 UNEP FI [3]가 2012년 선포한 국제협약인 '지속가능보험원칙 PSI'은 지속 가능한 발전 관점에서 기업투자 의사 결정시 기업과 투자자들이 고려해야 할 기업의 비재무적 요소를 Environment 환경, Social 사회, Governance 지배구조 의 3가지 카테고리로 설정했다. 2006년 유엔 책임투자원칙 UN PRI 에서는 책임투자 이행을 위한 중요한 기준을 ESG로 요약·제시했다. 2021년 1월 현재 3615곳 우리나라는 국민연금 등 11곳 이 가입하면서 본격적으로 확산되고 있다.

ESG에는 기업이 지속 가능한 발전을 위해서 비재무적인 요소들을 기존의 재무적인 요소들과 함께 고려해야 한다는 철학이 담겨 있다. ESG는 지속가능경영을 기업 내부에서 추진해오던 '기업의 사회적 책임' CSR; Corporate Social Responsibility 과 유사한 측면도 있지만 지속가능 경영의 초점이 내부에서 외부로 확장됐다는 점에서 차이를 보인다.

ESG는 개별국가와 산업 차원을 넘어 생존을 위해 거스를 수 없는

---

(3) 유엔 환경 계획 금융 이니셔티브(United Nations Environment Programme Finance Initiative, 이하 UNEP FI)는 유엔 환경 계획(UNEP)과 금융부문 간의 공공-민간 파트너십이다. 전 세계 대표적인 은행, 투자펀드사, 보험사 등 200여 금융기관들이 회원으로 등록되어 있다.
UNEP FI는 금융기관의 전반적인 경영활동이 지속가능성을 바탕으로 이루어지는 것을 목표로 한다. 여기에서 지속가능한 경영활동이라 함은 환경·사회·지배구조(ESG) 요인들을 고려하는 리스크 분석을 통한 경영활동이다.
UNEP FI는 리서치와 가이드라인을 통하여 금융기관에게 지속가능금융에 관한 가장 최신 동향과 정보를 제공하고 공유한다. 또한 다양한 컨퍼런스, 세미나 및 트레이닝 워크샵을 열어 금융기관들의 국제적 수준의 리더십 확립을 위해 노력하고 있으며, 정부 및 시민사회의 주요 이해관계자의 네트워크는 물론 금융기관 간의 국제적 네트워크도 형성하고 있다. 그리고 국제회의에서 다양한 부문 및 지역별 그룹에 참여해 국제적 어젠다를 작성하고 발표하는 활동도 진행 중이다. 대표적인 예로 UNEP FI는 2006년 책임투자원칙(Principles for Responsible Investment, 약칭 PRI)을 작성하여 현재까지 900개 이상의 서명기관이 참여하게 하였다.

필수 조건으로 인식되고 있다. 현재까지 직접적인 타격은 미미하지만 ESG를 외면하는 기업은 미래의 생존이 어렵다는 것이 정설로 여겨지고 있다.

기업의 공급망 전 과정에서 ESG 이슈가 발생되면 기업의 브랜드 가치가 저하되는 등 리스크에 직접적인 영향을 받는다. 따라서 글로벌 기업을 중심으로 리스크 헷지 Hedge 를 위해 공급망 내 협력업체들에게 ESG에 관련된 사항들을 요구하고 있는 추세이다.

'환경 Environment '은
선택의 문제가 아니라 생존의 문제다

기업의 지속가능 경영에서 ESG 중 '환경'은 '사회'나 '지배구조'에 비해 더 큰 영향을 미친다. 메가 트렌드 측면에서 13년째 코리아 트렌드 전망을 내놓은 서울대 소비트랜드분석센터는 「트렌드코리아 2019」에서 친환경은 선택의 문제가 아니라 생존의 문제로 인식하고 먹고, 입고, 쓰는 모든 것에 들어가는 환경 부담을 제로로 만드는 '필 必 환경 Green Survival'을 화두로 던졌다. 이는 우리와 같이 살아가는 지구의 전 생명체를 위한 것이다.[4]

친환경 Eco-friendly 에서 필환경 트랜드로 전환하는 시대에 기업은 환경과 미래 세대를 생각하는 선한 기업 이미지를 구축하지 못하면 소비자에게 외면 받을 수 있다. 상품 하나를 구매할 때에도 생산 과정, 포장, 유통, 물류과정 등이 친환경적인지 꼼꼼히 체크하는 MZ 세대가 주요 소비층으로 부상하며 친환경 트랜드는 더욱 확산될 전망이다.

(4) 서울대 소비트랜드분석센터, 〈트렌드코리아 2019〉, 미래의창(2018.10)

친환경의 중요성에 관한 생각은
소비자 직접 행동으로도 이어지고 있다

유럽을 중심으로 확산되는 '플라스틱 어택' plastic attack 이 대표적이다. 유통매장에서 물건을 산 후 포장된 플라스틱과 비닐을 모두 매장에 버리고 오는 캠페인 활동이다. 이는 품질 보존과 무관한 과잉 포장이 얼마나 많은지 눈으로 확인하고, 유통업체와 제조업체에게 플라스틱 포장재를 줄이라는 무언의 압박이다.

제로 웨이스트 Zero Waste 와 프리사이클링 Precycling 운동도 펼쳐지고 있다. 소비자들의 자발적인 참여와 함께 기업들의 친환경 캠페인도 확대되는 추세다. 제로 웨이스트는 생활 속에서 배출되는 쓰레기를 최소화하고 어쩔 수 없는 것은 재활용하자는 운동이다. 이들이 강조하는 것은 재활용 이전에 발생하는 폐기물을 최소화하자는 뜻인 프리사이클링이다.

패션에서도 환경과 자원을 생각하는 컨셔스 패션 Conscious Fashion 바람이 거세다. 새 활용을 의미하는 업사이클링 Upcycling 은 재활용에 대한 고정관념을 깨며 제품을 리디자인 Redesign 한다.

단순히 폐기물을 재사용하는 리사이클링에서 한 걸음 더 나아가, 새로운 가치를 더해 친환경 제품으로 리디자인 하는 것을 의미한다. MZ 세대에게 성공적으로 어필한 지속가능한 패션을 대표하는 친환경 신발 브랜드 올버즈 Allbirds 의 인기 비결은 개념 소비를 지향하는 MZ 세대의 니즈에 부합하는 친환경 제품 전략을 펼친 것이다.

물류영역 ESG에서 가장 이슈는
환경부문의 '온실가스 저감'과 사회부문의 '산업 안전'이다[5]

물류영역 ESG에서 가장 이슈는 환경부문의 온실가스 저감이다. 운송부문이나 물류센터내 보관, 상하역 부문에서 반드시 해결해야 할 숙제이다. 또한 사회부문에서는 산업 안전에서 물류산업은 열악한 작업환경에 개선이 필요한 상황이다.

물류활동은 환경에 영향을 미치는 에너지 등의 소모량이 많아 자원과 에너지 낭비, 환경 저해^{오염} 요소가 많다. 물류는 ^생 산지에서 소비자에 이르기까지 제품의 효율적인 이동에 관한 활동으로서 운송, 보관, 하역, 포장 활동과 지원 활동으로 유통가공, 정보 활동으로 이루어져 있다.

녹색물류 Green Logistics 는 친환경 Eco-friendly , 필 必 환경 Green Survival 과 맥을 같이하고 있다. 녹색물류는 운송, 보관, 하역, 포장 활동에서 에너지를 줄이고, 포장재로 줄이는 등 자원의 재활용, 폐기물의 감소, 에너지의 절약, 친환경 재료의 사용 등을 실현하는 것이다. 녹색물류는 트럭수송의 해운과 철도로의 모덜쉬프트 Modal Shift , 차량의 대형화, 집약화, 공동화 등 여러 추진활동이 있다.

그 중 가장 효과적인 활동은 '공동물류'와 '공유물류'로 차량의 적재율 향상, 공차운행 감소, 복화 復貨 의 활성화, 보관효율의 향상, 작업의 생력화 省力化 등을 통해 탄소 발생량을 줄일 수 있다. 자원활용의 최적화와 환경부하를 줄이기 위한 '공동 물류' '공유물류' 시스템구축이 필

---

(5) 이상근, "필환경(Green Survival)과 리버스물류(Reverse Logistics)", 〈물류트랜드 2022〉, 비욘드엑스(2021.12)

요하다.

> 정부가 2050탄소중립 이행과 NDC2030을 달성을 위해
> 물류업계 전문가들과 동향을 살펴보고
> 우수사례를 공유하는 등 머리를 맞댔다[6]

국토교통부는 물류 분야의 탄소중립을 논의하는 '친환경 탄소중립 물류 콘퍼런스'를 개최했다. 탄소중립은 새로운 국제 패러다임으로, 2015년 파리협정 이후 전 세계가 NDC를 설정, 친환경 규제로 각종 지원책을 강화해 나가고 있다.

우리나라도 2020년 10월 2050 탄소중립을 선언했다. 그로부터 1년 후 2021년 10월에는 2030 국가온실가스감축목표 NDC 를 2018년 배출량 대비 기존 26.3% 감축에서 40% 감축하는 것으로 대폭 상향했다. 특히 수송부문은 2018년 배출량 9810만톤 ^{t} 이산화탄소 환산량 ^{CO2eq} 에서 2030년 6100만t CO2eq으로 약 37.8% 감축해야 한다.

어명소 국토부 교통물류실장은 "물류 분야는 경유 차량 중심의 화물 운송 구조 등으로 인해 온실가스를 많이 배출하고 있어 탄소중립 물류로의 전환이 시급하다"며 "물류산업도 친환경 생태계로 변모할 수 있도록 정부도 친환경 차량 전환, 인프라 구축, 기술 개발 등 필요한 지원을 아끼지 않겠다"고 말했다.

첫 번째 기조 강연자 앨런 매키넌 Alan Mckinnon 독일 퀴네 물류대학 Kuehne Logistics University 교수는 '물류부문에서 궁극적으로 탄소중립을 이루기 위한 탈탄소화 대안'으로 크게 △화물 물동량 자체를 줄이는 것

---

(6) "친환경 탄소중립 물류 컨퍼런스 21일 개최", 전자신문(2021.12.20)

△저탄소 운송수단으로의 전환 △운송수단의 적재 용량을 최대한 활용 △화물 이동에 따른 에너지 효율을 높이기 △화석에너지로부터 탈피 등 5가지를 제언했다.

두 번째 기조 강연자인 루이스 마르티네스 Luis Martinez 국제교통포럼 OECE-ITF 박사는 '저탄소 물류, 기회와 도전'이라는 주제로 현재 진행 중인 해외 주요 국가의 친환경 물류 우수사례 등을 소개했다. 그는 "한국을 포함해 전 세계적으로 화물 운송 시 도로에 의존하고 있는데 도로 운송은 전체 탄소배출의 60%를 차지할 정도"라며 "철도, 해양, 항공로에서 친환경 운송수단을 도입해 에너지 효율성을 높이는 동시 탄소비중을 줄일 수 있다"고 설명했다. 이어 "유럽이 현재 이 같은 방식으로 대응하고 있으며 이를 장기적으로 내다봤을 때 운송의 지역화, 하중계수 개선, 혹은 산업 자체에 불필요한 원자원 소비를 줄이는 효과를 볼 수 있다"고 덧붙였다.

루이스 박사는 "탈탄소화를 조기 달성할 수 있도록 인센트브를 제공하는 등의 제도 시행도 있다"며 "저탄소 배출 에너지원으로 전환하고 이를 촉진하기 위한 부양책을 통해 과감한 목표를 설정할 필요가 있다"고 강조했다.

한국교통연구원 민연주 센터장은 '물류부문 온실가스 감축 대응전략'을 발표했다. 그가 제시한 자료에 따르면 2019년 국내 화물 물동량 19억8300만톤ᵗ 중 도로 수송이 93.13%를 차지했다. 온실가스 배출량은 72억7600만t이며 약 13.5%인 9억8100만t이 수송부문에서 배출됐다. 이 가운데 화물이 31.7%의 온실가스를 배출하는 것으로 추정했다.

민 센터장은 경유 디젤 차 운행이 절대적인 도로화물 의존적 수송체계를 언급하며 "아직 화석연료기반 자동차 생산강국으로 주행세, 탄소세 등 도로화물 운송에 대한 강력한 규제가 어려운 실정"이라며 "여기다 철도 등 친환경 대량화물운송 수단전환에서 경쟁력이 부족하기 때문에 전기, 수소차 등 친환경차 보급 정책 핵심 추진 및 영세성을 극복키 위한 지원책 마련도 절실하다"고 말했다.

친환경물류 사업화 우수사례에서 안진홍 CJ대한통운 부장은 "친환경 경영으로의 패러다임 전환으로 정부와 사회, 투자자 요구가 높아지고 있다"며 "이에 맞춰 지속가능경영체계 구축 및 전사적 탄소저감 친환경 사업 도입 등 경영 패러다임 전환 추진 중"이라고 강조했다. 안 부장은 "전기와 수소차 등 디지털 인프라를 구축해가는 한편, 친환경 패키지 종이로 만든 완충제 도입, 1회용 플라스틱컵을 회수하는 순환 물류 시스템 구축 등을 시행하고 있다"고 말했다.

물류기업에게도 ESG 경영은 생존의 문제다

화주기업들은 공급망 전과정에서 ESG를 구현해야 하기에, 이에 대응하지 못하는 물류기업은 공급망에서 배제될 가능성이 높다. ESG에서 환경과 사회에 대한 부분은 개별기업 차원의 문제를 넘어 조달 · 제조 · 판매 · 유통 · 물류 전 과정과 고객을 연결하는 공급망 참여자 모두가 공동으로 해결해야 할 문제이다.

ESG경영 시대에는 친환경을 넘어 환경을 반드시 생각하는 '필 환경 Green Survival'은 물류기업에게도 선택의 문제가 아니라 생존의 문제이다. 또한, MZ세대가 주요 소비층으로 부상하며 친환경 트랜드는 더욱 확산될 전망이다.

물류는 자원과 에너지 낭비, 환경 저해 ^{오염} 요소가 많아 환경저해 문제해결과 자원 활용의 최적화를 위한 '공동물류' 시스템 구축의 필요가 있고, '공유물류'는 환경 오염 문제를 해결하고 자원의 낭비를 획기적으로 감소시키는 친환경의 주요 추진 활동이 될 수 있을 것이다.

또한 물류산업은 ESG의 사회부분 이슈인 '산업 안전'을 위해 열악한 작업 환경에 개선이 필요한 상황이다. 실제로 해마다 반복되는 물류센터의 화재와 물류 현장의 열악한 근무 환경이 사회적 이슈가 되어 해당 기업의 불매운동이 일어난 사례도 자주 목격된다. 불매운동은 현장을 운영하는 물류기업 뿐 아니라 서비스를 맡긴 화주기업에게도 직접적인 타격이 되었다.

ESG 경영을 하지 않는 물류기업은
공급망 배제와 자본조달의 어려움을 감수해야 한다

물류기업이 ESG를 통해 얻을 수 있는 직접적인 혜택은 공급망 내에서 배제되지 않는 것이다. 화주기업들은 기존 협력(제조, 물류)기업에게 ESG 경영의 실행방안을 요구하고 있으며 신규 협력기업을 선정하는 과정에서 ESG를 중요한 선정요소로 정하고 있다. 따라서 ESG를 실천하지 않는 물류기업은 앞으로 물류협력기업으로 선정될 기회조차 얻지 못할 가능성이 높아질 것이다. 이러한 공급망에서 배제는 물류기업에게 상당한 위기가 될 것이다.

물류업계 친환경 경영 사례

CJ 대한통운

- 2025년까지 친환경 택배 목적기반차량(PBV) 도입
- 폐플라스틱 활용한 친환경 퍼렛트 400개 투입

롯데글로벌로지스

- 친환경 전기화물차 연내 139대, 충전기 48기로 확대
- 물류센터에 태양광 발전 설비 설치 및 재생에너지 활용

한진택배

- 친환경 업사이클링 플랫폼 '플래닛' 구축, 운영

[그림 43] 물류업계 친환경 사례

자료: 전자신문

이에 따라 물류기업은 자체적으로 친환경 전환에 힘을 싣고 있다. 물류기업은 코로나 팬데믹 기간 급속도로 성장한 e커머스 시장의 영향으로 물류 시장 전반에 탄소 배출이 급증하면서 이의 저감 필요성이 커졌다. 따라서 전기·수소차 등 친환경 운송 차량 전환을 확대하는 동시에 친환경 파렛트를 도입해 자원 선순환에도 앞장서고 있다. 태양광 발전소 설치, 친환경 플랫폼 구축 등 타 업종과 협업 사례도 나타나고 있다.

ESG의 비재무적인 평가요소가 재무적인 부분까지 영향을 미치고 있다. 자본시장에서 ESG에 대한 중요성을 높이 평가하면서 ESG 평가가 기업에 대한 투자 여부에 영향을 미치고 있고, 이자율 등 자본조달 비용에도 격차가 생길 것이다.

이러한 공급망 내에서 배제와 투자, 자본조달의 어려움은 물류기업에게는 치명타가 될 가능성이 높다. 바꿔 말하면 ESG를 선제적으로 도입할 경우 이러한 리스크에 벗어날 수 있고, ESG 경영을 통해 시장의 확장과 사업 확대의 기회도 열려있다.

불확실의 시대_
물류의 재해석
RE: Logistics

불확실의 시대_물류의 재해석
리 로지스틱스 ^{RE: Logistics}

#1. 공급망의 불확실은 계속되고 있다

코로나19로 글로벌 공급망에는 큰 변화가 시작됐다

자연재해, 전쟁과 테러, 공급사 파산, 노동쟁의 등 재난 ^{Disruptions} 은 공급망에 큰 영향을 미칠 수 있다. 코로나19와 같은 감염병도 우리 생활에는 심각한 위협을 초래하고 경제에도 큰 혼란과 타격을 주는 재난이다. 결과적으로 코로나19가 공급망 리스크를 가중시키면서 글로벌 공급망에도 큰 변화 조짐이 보이고 있다.

첫 번째 변화는 원·부자재의 글로벌 집중생산과

싱글소싱을 통한 공급망관리에서

멀티소싱의 '탄력적 공급망관리' 로 급속히 재편되고 있다

코로나19는 기존의 정설이었던 재고 최소화와 2차와 1차 협력업체를 거쳐 최종 조립 공정에 이르기까지 낭비 없이 완벽히 동기화한 글로벌 공급망 관리 Global SCM 와 재고를 최소화하는 적기 생산체계 JIT 의 공급망 리스크를 되짚어 보고 위기관리시스템 구축 필요성의 큰 교훈을 주었다.

두 번째 변화는 글로벌 기업은 공급체인의 안정을 위해 안전재고 확보와 조달ㆍ판매 물류망을 동시에 고려한 물류네트워크 재배치 작업에 돌입했다

공급망은 안전 재고와 대체 공급처를 확보해 리스크 방지와 병목이 생기지 않도록 안정적으로 운영해야 한다.

세 번째 변화는 무인 스마트공장은 감염병으로 인한 공장 셧다운을 해결하는 최고의 방책으로 떠오르고 있다

최근 최저임금 역대 최대 상승률을 기록한 우리나라를 비롯하여, 세계적으로 인건비 상승세가 대세다. 반면 회사입장에선 노동생산성이 같은 비율로 오르지 못한다고 판단, 사람보다 훨씬 안정적이고 생산성이 높은 무인화로 대체하려는 추세였다. 코로나19는 이 흐름의 기폭제가 될 것이다.

글로벌 공급망 전쟁이 심상치 않다

중국의 홍색 紅色 공급망과 미국 BBS 바이오, 반도체, 배터리 공급망 간의 마찰이 격화될 것이 예상된다. 시진핑 중국 국가주석은 2021년 양회 전국인민정치협상회의와 전국인민대표자회의를 계기로 내수 위주의 '쌍순환' 전략과 세계 가치 사슬 GVC 의 중심지를 더 강화하는 '홍색 공급망' 전략을 동시에 추진해 중국 중심의 네트워크 체제를 구축하기로 했다. 바이든 정부는 바이오·배터리·반도체 등 이른바 'BBS'로 불리는 핵심 산업의 가치 사슬 중심지를 미국에 둔다. 양국의 경제 정책은 중심축 국가로 성장하기 위해 추진하는 것이다.

바이든 대통령은 중국의 반도체 굴기의 견제를 위해 미국 중심의 반도체 공급망 편성을 위한 '칩4 미국, 한국, 대만, 일본 ' 동맹 참여를 우리 정부에 제안했다. 우리 정부는 한중수교 이후 30년간 비약적인 성장한 양국 교역의 1위 품목인 반도체를 놓고 중대한 선택의 기로에 서게 됐다. 업계에서는 미국이 반도체 원천기술을 다수 보유한 만큼 우리나라는 칩4에 참여하되, 중국과의 협력은 유지해 최대시장을 지키는 전략적 외교가 병행돼야 한다고 목소리가 크다.

중간자 자리에 있는 한국으로서는 어느 한쪽에 치우친다면 더 불리해지는 만큼 과거 정부 들어 중국에 치우쳤던 대외 경제 정책상의 우선순위를 조정해 하루빨리 균형을 찾아야 한다. 이런 선택은 배터리와 바이오 등 미래 핵심산업군에도 확대될 전망이다.

격화되는 미·중 마찰 시대에 양국과의 관계를 어떻게 설정하느냐에 따라 한국 경제의 전망이 달라질 것으로 예상된다. '중심축 사회에서 더 거세질 양국의 네트워크 가담 요구에 어느 편에 설 것인가'와 '앞으로 전개될 디지털 통화 전쟁에 디지털 원화의 위상을 어떻게 찾아갈 것인가' 만큼 중요한 과제는 없다.[1]

---

(1) 한상춘, "미중 경제 패권 다툼 속 한국이 취해야 할 올바른 스탠스", 한경비즈니스(2021.06.30)

#2. 국제공조는 지금의 어려운 경제 상황에서 중요한 해법이 될 수 있다[(2)]

현재 공급망의 붕괴도 미국과 중국 간의 무역과 기술 분쟁에 기인한 바도 크다. 러시아-우크라이나 전쟁 또한 국제공조의 분열 속에서 나타난 대표적인 공급망의 교란으로 해석할 수도 있다. 이 전쟁을 보면서 90년대 이후 이어져왔던 세계화는 사실상 끝났다는 전문가들의 평가도 있다. 물론 예전과 같은 수준의 세계화로 되돌릴 수는 없다. 다만 현재 상황에서 조금씩의 개선을 만들어내는 것은 가능하다.

국제공조가 공급망 교란의 해법이 될수 있는 예를 들어보면 다음과 같다.

첫째, 러시아-우크라이나 전쟁 종식이다

이 전쟁은 국제 공조의 분열 속에서 나타난 대표적인 공급망의 교란으로 해석할 수도 있다. 전쟁이 장기화되며 에너지뿐 아니라 전 세계적인 식량난이 심화될 수 있다. 식량난의 심화는 특히 식량 수입 의존도가 높은 취약한 이머징 국가들에게 상당한 타격을 줄 수 있다. 인플레이션에 대한 예측을 휩씬 어렵게 한다는 점에서, 그리고 성장에 보다 큰 충격을 줄 수 있다는 점에서 조속한 전쟁의 종식이 필요하다.

둘째, 미 · 중 무역과 기술 분쟁의 해결이다

미 · 중 무역과 기술 분쟁은 글로벌 공급망 붕괴와 함께 관세 부과로

---

(2) 오건영, 〈인플레이션에서 살아남기〉, 페이지2북스(2022.5)

인한 직접적 물가 상승 압력을 높인다. 그래서 무역 분쟁이 가시화되던 시기 많은 경제 전문가들은 미국 소비자들이 최대의 피해자이다. 만약 양국 간의 관세가 다소나마 완화된다면 교역이 보다 늘어날 수 있다. 중국산 수입품의 가격이 관세 부과분 만큼 낮아져 보다 낮은 가격에 수입품을 소비할 수 있게 된다. 교역이 늘어나는 만큼 생산이 증가하니 양국의 성장에도 도움을 줄 수 있다.

셋째, 이란의 핵 협상 타결이다

바이든 행정부 이후 이란에 대한 제재가 풀릴 것이라는 기대감이 형성되기 시작했고, 러시아-우크라이나 전쟁으로 인해 글로벌 에너지 공급에 큰 차질이 빚어지자 다급해진 미국을 중심으로 이란과의 핵 협상 속도가 빨라지고 있다. 타결된다면 원유 가격 안정에 일정 수준 도움을 줄 것이다. 교역의 증가도 가져오는 만큼 성장에도 도움을 준다. 성장에는 도움을 주면서 물가는 안정시키는 케이스라 볼 수 있다.

넷째, OPEC+ 산유국들의 증산도
국제 공조의 재개 차원에서 해석해 볼 수 있다

국제 공조를 통해 에너지 공급을 비롯한 공급망 이슈를 일정 수준 해결해 기승을 부리는 인플레이션을 조금이나마 눌러주게 된다면 연준 입장에서는 금리 인상을 비롯한 긴축의 속도를 다소 늦출 수 있다.

미국 금리 인상의 속도가 늦춰진다면 미국 이외 국가들도 성장을 위한 시간을 벌 수 있게 된다. 글로벌 경제라는 비행기는 미국 경제라는 단일 엔진에 의해 추동되는 것이 아니라 미국과 미국 이외 국가의 성장이라는 두 개의 엔진에 의해 추동되는 것이다. 이것이 현재 상황에서 고성장·저물가 국면으로 가는 스토리이다.

#3. 우리 기업의 경기전망은 먹구름이 짙어지고 있다.

산업계의 경기후퇴 recession [3]에 대한 불안감도 커졌다.

2022년 8월 이후 코로나19 변이 오미트론의 신규 확진자가 다시 증가하고 있다. 오미크론 확산으로 대면 경제활동의 위축과 공급망 차질도 장기화되면서 경제 전반에 악순환이 초래되는 양상이다.

전경련이 2022년 8월 25일 발표한 매출액 기준 600대 기업을 대상으로 실시한 기업경기실사지수 조사 결과, 9월 BSI[4] 전망치는 95.8을 기록했다.

전월 86.9 대비 8.9p 반등했지만, 글로벌 경기둔화 우려 등 기업경영의 불확실성이 지속되면서, 2022년 4월 99.1부터 6개월 연속 기준선 100을 밑돌아 장기간 부진 전망이 이어지고 있다.

---

(3) 리세션 recession · 경기 후퇴 은 경기 후퇴 초기국면에 나타나는 침체다. 리세션은 한국과 미국에서 사용하는 정의가 조금 다르다. 미국립경제연구소 NBER:National Bureau of Economic Research 는 GDP 국내총생산 성장률이 2분기 연속 감소하면 경기후퇴로 정의한다. 한국은 실질 GDP 증가율이 두 분기 연속으로 감소하면 일반적으로 침체 신호로 받아들인다. GDP 절대 규모가 아니라 증가율 감소 여부를 따진다. 월가 관계자 "한국은 그동안 마이너스 성장이 거의 없었기 때문"이라고 설명했다. 미국은 실질 GDP 증가율이 감소하면 침체가 아니라 경기 둔화 downturn 라고 부른다. 다만 최근처럼 분기 성장률이 연 3~4%에 달하는 등 비정상적으로 높은 상황에선 분기 성장률이 두 분기 연속으로 떨어져도 '둔화'로 보지 않고 '정점을 지났다'고 표현하는 게 일반적이다.
출처 [네이버 지식백과] (한경 경제용어사전)

(4) BSI((Business Survey Index)가 100보다 높으면 전월 대비 긍정적이라는 것을 의미하고, 100보다 낮으면 전월 대비 부정적 경기 전망을 나타낸다.

업종별 BSI는 제조업 [96.6] 과 비제조업 [94.8] 이 6월부터 4개월 연속 동반 부진했다. 국내 코로나 확진자 수가 4월 이후 최대치를 갱신하면서 대면 서비스업을 포함한 비제조업이 제조업보다 더욱 부진할 것으로 전망되었다. 제조업은 고금리, 고환율 등으로 채산성 [89.9] 과 자금사정 [89.9] 이 특히 좋지 못할 것으로 보인다.

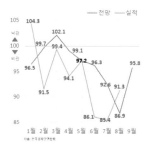

[그림 44] 기업경기실사지수 BSI 추이

세부 산업별 BSI는 제조업 내에서는 섬유·의복 [70.0] 이 소비 위축에 따른 판매 부진·과잉재고로 가장 부진했다. 조사 부문별 BSI를 살펴보면, 고용 [101.8] 을 제외한 모든 부문 채산성 92.8, 자금사정 93.1, 투자 98.2, 수출 98.5, 내수 98.8, 재고 102.1 이 3개월 연속 부정적 전망을 나타냈다. 특히, 수출 [98.5] 과 내수 [98.8] 가 3개월 연속으로 동반 부진한 것은 2021년 2월 수출 92.4, 내수 93.4 이후 19개월 만에 처음이다.[5]

빛바랜 7월 역대 최대 수출 기록

(5) "내달 경기지수, 95.8, 6개월 연속 부진 전망", 조세일보(2022.8.25)

관세청이 발표한 '2022년 7월 월간 수출입현황 ^{확정치}'에 따르면, 7월 수출은 전월 대비 9.2% 증가한 606억 달러를 기록해 17개월 연속 500억 달러 수출실적을 이어간데 이어 역대 7월 ^{당월} 수출실적으로는 최대치를 경신했다.

7월 한달 동안 주요 수출품목 가운데 반도체 ^{전년동월 대비 2.5%}, 석유제품 ^{82.6%}, 승용차 ^{26.3%}, 선박 ^{30.3%} 등은 증가했으나, 무선통신기기 ^{16.0%}, 가전제품 ^{10.1%}, 액정디바이스 ^{41.7%} 등은 감소했다. 주요 수출국 가운데 미국 ^{14.9%}, 유럽연합 ^{16.0%)}, 베트남 ^{6.2%}, 대만 ^{0.7%} 등은 증가했으나, 중국 ^{2.7%}, 일본 ^{1.7%}, 홍콩 ^{41.4%} 등은 감소했다.

같은 기간 수입은 전월 대비 무려 21.8% 상승한 653억 달러로, 무역수지는 48억 달러 적자를 기록했으며, 2022년 1~7월까지 누계 무역수지는 152억 달러 적자를 이어가고 있다. 주요 수입품목 가운데 원유가 전년동월 대비 99.3% 증가한 가운데, 높은 국제 유가로 인해 원유 수입단가는 상승곡선이 이어지고 있다. 이와 관련 올해 4월 원유 수입단가는 배럴당 113.5달러에서 5월 110.7달러로 잠시 주춤했으나, 6월 들어 116.3달러, 7월 118.3달러로 다시 오름세를 보이고 있다.[6]

#4. 물류는 이미 우리 생활 ^{衣食住} 전반에 깊숙이 들어 왔다[7]

---

(6) "빛바랜 7월 역대 최대 수출 기록", 한국세정신문(2022.08.16)

(7) 이상근, 〈뉴노멀시대 물류기업은 사라질까〉, 아웃소싱타임스(2021.3)

금융 등 순수 서비스업을 제외하면 모든 소비재는 생산자로부터 운송, 보관, 가공, 하역, 포장, 정보의 물류 활동을 통해서 소비자에게 전달된다. 1차산업인 농·축·수산품은 일부 가공 작업만을 거쳐 소비자에게 전달되지만, 자동차와 같은 장치산업은 25,000여 개의 부품이 1차 가공, 2차 가공, 조립 공정을 통해 최종 생산하는 복잡한 과정의 공급사슬 Supply chain 을 거쳐 소비자에게 전달된다.

특히 4차산업혁명 시대에는 상품 구매가 오프라인 매장에서 온라인으로 급속히 전환되면서 우리 일상생활, 즉 의·식·주 衣食住 속에서 물류의 역할은 더욱 커지고 있다. 통계청이 발표한 '온라인 쇼핑 동향'을 보면 2021년 12월 온라인 쇼핑 월간 거래액은 온라인이 18.4조 원 모바일 13.6조 원 을 기록했다.[8]

앞으로도 1인 가구와 맞벌이 가구 증가와 ICT의 발달, 5G의 등장에 힘입어 온라인 쇼핑 이용자 수가 계속 늘어날 전망이다. 보스톤컨설팅그룹에 따르면, 2025년 국내 이커머스 규모는 약 220조 원으로, 전체 유통에서 차지하는 비중이 50%를 넘으며 오프라인 유통을 앞지를 것으로 보인다.[9]

온라인 쇼핑의 증가는 물류의 흐름도 기존의 공장-도매상 대리점 -소매점- 소비자의 싱글채널 Single channel 에 더하여, 공장-대형유통점-소비자, 공장- 온라인플랫폼 -소비자의 다채널에 기반을 둔 멀티채널 Multi channel , 옴니채널 Omni channel 에 대응하는 물류시스템 구축이 중요

---

(8) 통계청, "온라인쇼핑동향(2021년 12월)" 2021년 12월 온라인쇼핑 거래액은 전년동월대비 15.8% 증가한 18조 4,052억원이며, 온라인쇼핑 거래액 중 모바일쇼핑은 22.9% 증가한 13조 6,075억원을 기록 ○전월대비 온라인쇼핑 거래액은 5.3%, 모바일쇼핑 거래액은 8.9% 각각 증가 ○온라인쇼핑 거래액 중 모바일쇼핑 거래액 비중은 73.9%로 전년 동월(69.7%)에 비해 4.2%p 상승

(9) 김연희, "디지털 트랜스포메이션을 통한 유통·물류산업 혁명", 유통산업주간 컨퍼런스(2022.6.8)

한 이슈로 떠오르고 있다. 주문하면 다음 날 물건을 받아볼 수 있는 '익일배송'은 온라인 쇼핑몰회사에겐 이미 '기본 서비스'가 됐다. 오프라인 슈퍼, 백화점 등은 익일배송이 아닌 당일 배송으로 전쟁의 양상을 바꾸고 있다. 당일배송은 배달앱을 중심으로, 편의점과 H&B 등 오프라인에서 즉시 상품을 공급받는 업체는 일반화될 전망이다. 심지어 홈쇼핑업체들도 온라인 숍에서 일부 제품을 당일배송하고 있을 정도다. 이제 모바일 쇼핑의 보편화로 고객 맞춤형 소량 다품종에 대응하는 '풀필먼트 Fulfillment'와 당일배송, 새벽배송, 즉시배송으로 대표되는 라스트마일딜리버리 LMD 의 혁신으로 소비자들은 좀 더 자주 적은 양의 물품을 구매한다.

낮아지는 객단가와 물류비 부담은 유통사의 수익을 감소시킬 수 밖에 없게 된다. 하지만 고객맞춤형 물류역량은 유통기업들의 성패를 가를 중요한 무기가 되었고, 물류전쟁으로 표현될 만큼 치열한 양상을 띠고 있다.[10]

#5. 기업에게 '비즈니스 연속성 관리'가 생존의 중요한 요소로 떠오르고 있다

글로벌 경제의 불확실성은 과거 어느 해보다 커졌다. 오미크론 변이 바이러스 확산 우려, 글로벌 공급망 차질, 심각한 인플레이션, 고 高 원자재값, 각국 정부의 막대한 부채 규모, 미국과 중국 G2 를 비롯한 강대

---

(10) 이상근, "물류가 멈추면 생활이 멈출까?", 아웃소싱타임스(2019.5.20)

국들 간의 갈등 양상, '탄소배출제로'라는 기후 목표 등 대내외 리스크
가 커지면서 글로벌 경제는 더욱 어려워질 것이라는 관측이 지배적이
다.[11]

　장기화에 접어든 물류난도 기업들의 경기전망을 부정적 영향을 미치
고 있다. 한국무역협회가 해상·항공 물류 지원을 받은 기업 100개사
를 대상으로 설문한 결과 국내 수출기업의 56%는 물류대란이 2022년
하반기 또는 2023년까지도 이어질 것이라고 답했다.[12]

　또 대한상공회의소가 원자재, 부품 등을 해외에서 조달하는 기업
300개사를 대상으로 실시한 '최근 공급망 불안에 대한 기업실태 조
사'에서도 조사대상 기업의 88.4%가 2022년에도 '지난해의 공급망 불
안이 계속되거나 더 악화될 것'이라고 답했다. 완화될 것으로 내다보
는 응답은 11.6%에 그쳤다. 반면 구체적인 공급망 대책을 세운 기업은
10%가 채 못 되는 것으로 조사됐다.[13]

　이에따라 기업들도 생존을 위한 '비즈니스 연속성 관리 Business
Continuity Management, BCM [14]'가 무엇보다 중요한 요소로 떠오르고 있다.
비즈니스 연속성 관리는 기업 리스크 관리의 일환이며 글로벌화 등으
로 인해 사업환경 변동성이 증가되면서 그 중요성이 급속히 증가되고
있다.[15]

---

(11)　이상근, "불확실의 시대, 글로벌 물류에서 주인공이 되려면",무역경제신문(20 22.2.3)

(12)　"꽉 막힌 바닷길…올해도 '물류대란' 공포", 이코노믹리뷰(2022.2.1)

(13)　대한상공회의소""공급망 불안 계속되지만 대책 못 세워", 물류신문(2022.2.1)

(14)　비즈니스 연속성 관리(Business Continuity Management, BCM)란 한 마디로 말하면 어떠한 위기
　　　상황에서도 그 기업의 핵심적인 업무를 지속적으로 또는 가능한 최단기에 정상화할 수 있도록 행해
　　　지는 기업의 전사적 관리 체계이다.

(15)　KPMG Consulting, 〈비즈니스 연속성 관리전략〉, HUINE(2016.7)

#6. 글로벌 공급망 재편을 예의 주시하고 이에 적극적, 선도적 대응이 필요하다

최근 계속되는 공급망 불안은 기업에 '다시 한번' 위험에 대비한 공급체계 다양성에 비용을 지불하라'는 독촉장을 보낸 셈이다. 글로벌 가치사슬은 전 세계의 정치·경제적인 흐름에 따라 큰 변화를 겪고 있었다. 이러한 GVC 변화의 물결은 코로나19 이후 각국의 대응 정책에 따라 변화의 속도가 더욱 빨라지고 강도가 거세질 것으로 보인다.[16]

코로나19 팬데믹과 연이은 공급망 훼손 사태로 세계 경제질서는 대변혁의 변곡점에 서 있다. 미국 정부의 100일 공급망 검토와 같이 주요국은 새로운 전략 짜기에 여념이 없다. 우리 정부와 기업도 글로벌 공급망 재편을 예의 주시하고 이에 적극적, 선도적 대응이 필요하다.

첫째, 글로벌 경제는 경제적 개념인 GVC에서 정책적 개념인 GSC가 강조되고 있다

미국 등 선진국은 그간 글로벌 가치사슬에서 높은 위상의 영유가 목표였다.[17] 선진국은 끊임없이 경제적 효율성을 추구해 왔으며 부가가치가 높은 제품 설계 및 개발에 특화하고 부가가치가 낮은 제조를 등한시했다. 그러나 미국은 공급망 조사 보고서를 통해 경제적 효율성만을 추구한 데 대한 자기반성을 보였다.

---

(16) 리처드 볼드윈 외, 《코로나 경제전쟁》(2020.4)

(17) 가치사슬에서는 높은 곳으로 올라갈수록 경제적으로 더 큰 이득을 취할 수 있기 때문에 높이 올라가는 것이 목표가 되지만, 공급망은 올라가거나 내려가는 것이 아닌 안정화가 목적이며, 공급망의 안정화는 경제적 비효율성을 동반한다.

코로나19 팬데믹은 원자재 공급이 중단되고 생산 공정이 마비되는 등 글로벌 기업의 GVC에 위기를 가져왔다. 그동안 '비용 절감'과 '효율성'을 핵심 성공요인으로 강조하며 발전해온 GVC는 '의존성 심화'와 '위기관리체계 부실'이라는 취약점이 노출되었다.

주요국 정부와 기업은 경제적 개념에 중점을 둔 GVC Global Value Chain 에 대한 재평가와 함께 GVC의 취약점을 보완한 정책적 개념인 GSC Global Supply Chain 의 다음 전략으로 전환할 전망이다. ①자국 우선주의 기조와 함께 제조 역량 강화가 중요한 전략이 될 것이다. ②미·중 간의 탈동조화 Decoupling 속도가 더욱 빠르게 전개될 것이다. ③공급망이 더욱 짧아지고, 다각화되고, 분산될 전망이다.

둘째, 동맹 Ally . 프랜드 friend 쇼어링 기반의 공급망을 구축할 것이다

주요국은 경쟁적으로 자체 공급망 구축과 공급망 독립에 나선 가운데 장기적으로는 공급망 간의 무한경쟁에 돌입할 전망이다. 중국 중심의 홍색공응련 紅色供應鏈 붉은 연대 네트워크 [18] 과 미국 중심의 칩4동맹, EU의 유럽반도체연합 등과 같은 동맹쇼어링, 프랜드쇼어링 기반의 공급망을 구축할 것이다.

---

(18) 오타 야스히코, 《2030 반도체 지정학》, 성안당(2022.8)
동남아시아에 사는 중국인의 대화에서 '홍색공응련'이라는 말이 오갈 때가 있다. '붉은 연대 네트워크'란 뜻으로 중국 기업으로 이어지는 무역 흐름을 말한다. 자신들이 운영하는 비즈니스를 중국과 관계된 서플라이 체인으로 연결시킬 것인가 하는 이슈 속에서 2015년경부터 자주 듣게 된 말이다. 중국과 지리적으로 가까운 대만에서는 반중국 입장을 취하는 매체들이 '홍색공용에 얽힌다'는 문맥으로 즐겨 사용했다.

#7. 우리 정부와 기업의 대응은?

　이제 글로벌 공급망의 리스크 관리는 선택이 아닌 필수다. 지금껏 글로벌 공급망은 여러 예기치 않은 사건들의 발생으로 병목, 지체, 단절 등 문제가 이어졌다. 언제나 크고 작은 공급망 위험에 노출돼 있는 것이다.

　우리 경제에 직접적인 타격을 준 일본의 반도체 소재 수출규제는 소재 · 부품 · 장비의 대일 의존도를 크게 낮추고 공급선의 다변화와 자립화의 필요성을 제기했다. 또 2021년 중국의 요소수 수출규제는 특정 국가에 대한 과다한 공급 의존성의 리스크를 다시 생각하는 계기가 되었다. 이 사건들을 통해 공급망 리스크에 대비한 법과 제도의 정비와 더불어 선제대응을 담당할 조직이 필요하다는 공감대를 형성했다.

　공급망 리스크는 선제대응만이 그 피해를 최소화하고 빠른 공급망 회복이 가능하다. 새로운 위험에 처할 때마다 어떻게 대응할지를 고민해서는 이미 늦다. 따라서 국가 차원에서 민관이 참여하는 공급망 위험에 대한 발생요소별로 다양한 대책 수립과 이를 주기적으로 검증하는 것이 필요하다. 이는 공급망 리스크가 발생한 경우 범정부 차원의 컨트롤타워에서 새로운 공급망으로 대체, 우회, 복구방안을 마련하여 신속하게 대응할 수 있는 핵심이다.

　이제 우리 정부와 기업은 글로벌 공급망 재구축 움직임을 예의 주시하고, 공급망 리스크에 다음과 같이 대응능력을 높여 나가야 하겠다.

첫째, 범정부 차원의 수입 다변화와 공급망 위험에
선제 대응하는 컨트롤타워의 역할을 더 강화해야 한다.

글로벌 공급망의 위협은 계속되고 있다. 우리나라는 최근 몇 년간 △2019년 일본 수출규제로 인한 반도체 생산 차질 우려 △2020년 중국내 코로나 확산으로 인한 자동차 부품 수급 차질 △2021년 중국 수출 전 검사 시행으로 인한 요소수 수급 차질 등 지속적으로 공급망 관련 리스크를 겪어왔다.

일본 반도체 소재 수출규제는 소재 · 부품 · 장비의 대일 의존도를 낮추고 공급선의 다변화와 자립화 필요성을, 중국 요소수 수출규제는 특정국가에 대한 공급의존성 리스크를 일깨웠다. 이에 정부 차원에서 공급망 리스크에 대비한 시스템 정비와 선제적 대응을 담당할 조직이 필요하다. 이는 리스크 발생 시 주 교역국을 선별해 정보를 수집하고, 각 기업에 정보를 제공하는 체계가 필요하다.[19]

2022년 2월 글로벌공급망 GVC 분석센터가 출범했다

그나마 2022년 2월 글로벌공급망 GVC 분석센터의 출범으로 정보수집과 정보제공은 가능한 조직이 탄생된 것은 다행스러운 일이다. 이 센터의 현재 기능에 더해 국가 차원의 글로벌 공급망의 리스크에 대응하는 ①기본 전략 수립과 ②주요 산업별, 국가별, Port 항만. 공항 별 공급망 지도 작성, ③공급망 대체 · 우회 · 복구방안 수립하고 이를 주기적으로 보완할 필요가 있다.

또 기업이 이를 적극 활용할 수 있도록 주요 교역국들을 선별하여 계

---

(19) 김엘진, "러-우 사태로 전세계 물류 공급망 혼란", 현대해양 2022년 5월호

속 정보를 수집하고 물류, 제조 및 수출입기업에 제공할 수 있는 체계 구축이 필요하다. 수집된 정보의 분석과 관리, 효과적 제공을 위한 정보플랫폼 구축 방안도 마련할 필요가 있다.[20]

'경제 안보를 위한 공급망관리 기본법' 제정과
'경제안보 공급망 관리위원회' 신설 추진을 발표했다.

2022년 2월 14일 제4차 대외경제안보전략회의에서는 산업 분야별로 대응하던 공급망 관리를 넘어서서, 공급망 전체에 대한 범정부 관리 체계를 확립하기 위해 '경제 안보를 위한 공급망관리 기본법' 제정과 컨트롤 타워로서 대통령 직속 '경제안보 공급망 관리위원회'를 신설하고, 재정적 뒷받침을 위한 공급망 안정화 기금 도입을 발표했다. 또 '자원 안보특별법' 제정을 추진 중이다. 2월 28일 관계부처에 따르면 산업통상자원부는 '국가 자원DB[가칭]' 구축의 법적 근거가 담긴 '자원안보특별법' 제정을 추진 중이다.

[표 20] 경제안보를 위한 공급망관리 기본법

조직	– 공급망관리위원회(위원장:경제부총리)신설 – 기재부 내 경제안보 공급망관리 본부 신설
주요 업무	– 수급 위기 품목 지정 및 해제 – 경제안보 공급망 관리 시행계획 매년 수립
민간 의무 조항 신설	– 공급망 시스템 운영 위해 사업자에 필요한 자료 요구 허용 – 외국 특허 제한
민간 지원 조항	– 민간사업자 비축 비용 지원 – 제3국으로 수입처 다변화 시 보조금 지원

안정적인 공급망 관리를 위해 석유나 가스 같은 전통적인 에너지원

(20) 이상근, "공급망 불안정으로 노심초사하는 세계 경제", 아웃소싱타임스(2022.7.4)

외에 수입 의존도가 높은 핵심광물까지 넓히자는 취지다. 특별법은 국가자원DB 구축을 위해 정부의 정보통제력을 대폭 강화한 게 핵심이다. DB 대상은 니켈, 희토류 등 전략광물 대부분이 될 것으로 보인다. 정부는 우크라이나 사태 등 지정학적 갈등으로 촉발된 공급망 위기에 대응하기 위해 공공기관은 물론 민간기업이 보유한 핵심광물 재고 현황도 모두 수집해 데이터베이스 ^{DB} 화 하기로 했다. 주요국의 '자원무기화' 등으로 인해 공급망 리스크가 갈수록 커지고 있어 반도체, 2차전지 등 국가 핵심산업에 필요한 자원이 모두 DB에 포함될 가능성이 높다.[21]

'공급망 관련 3법' 제·개정 추진도 발표했다

2022년 6월 7일 대외경제장관회의에서는 민간의 공급망 안정 노력에 대해 정부가 재정·세제·금융·규제 지원 패키지를 제공하는 '공급망 관련 3법' 제·개정을 추진하겠다고 발표했다. 공급망 3법은 소재·부품·장비산업 경쟁력 강화를 위한 특별조치법 ^{개정} 과 경제안보를 위한 공급망관리 기본법, 자원안보특별법 ^{이상 제정} 을 뜻한다.

최근 글로벌 공급망 불안에 대응해 수입선을 다변화하고 생산시설 확충에 나서는 기업을 정부가 제도적으로 뒷받침하겠다는 것이다. 이는 코로나19 사태를 거치면서 글로벌 공급망이 타격을 입은 가운데 우크라이나 전쟁 장기화로 원자재 수급 불안이 확대된 데 따른 조치다.

정부는 공급망 위험을 관리하기 위해 특정 국가 의존도가 높은 4000여개 품목을 대상으로 위기 징후를 사전에 파악하는 조기경보시

---

(21) "정부 '경제안보법' 만든다…기업 외국 특허 제한하고 기밀제출 강제", 서울경제(2022.2.13)

스템을 가동하고, 이 중 200개 경제안보 핵심품목에 대해서는 맞춤형 수급 관리 방안을 추진하고 있다. 다만 정부 측에서 추진할 수 있는 관리 방안에는 한계가 있는 만큼, 민간 기업에 대한 전방위 지원책을 최대한 강화하겠다는 것이 현재 정부의 방침이다.[22]

둘째, 물류 기업도 공급망의 위험에 대응력을 갖추어야 한다

러시아-우크라이나 전쟁은 우리 공급망 리스크를 종합적으로 검증해 보는 계기가 되어야 한다. 물류기업 입장에선 이번 전쟁이 마무리된 후에는 유사한 상황 발생에 효율적으로 대응하기 위해 더욱 다양한 대응전략이 필요할 것이다.

먼저, 기존의 물류공급망이 단절되면 빠르게 국제물류망의 대체 노선 확보, 운송수단 대체 해운↔항공, 해운↔육로↔철도 등 능력 확보, 대체 공항과 항만발굴, 제3국 경유와 해당 지역 내 운송망 확보, 공급자 지역내 운송망 확보와 전략재고와 안전재고를 보유할 수 있는 적정한 거점 물류센터, 터미널 등 발굴과 확보가 필요하다. 또 보다 역량있는 각 지역별 물류, 항공, 해상, 육로운송 파트너를 확보하고, 물류데이터와 통합물류시스템의 지속적인 업그레이드도 필수적이다.

셋째, 탄력적 공급망 설계, 주기적 스트레스 시험, BCP 도입도 필요하다

기업은 수많은 크고 작은 위험에 노출돼 있고, 위험에 처할 때마다 어떻게 대응할지를 고민해서는 이미 늦다. 따라서 국가 차원에서 공급

---

(22) "공급망 안정 힘쓰는 기업에 세제·금융 패키지 지원", 중소기업뉴스(2022.6.14)

망 단절과 붕괴 대책 수립과 이를 주기적으로 검증하는 것이 필요하다. 또 공급망 리스크가 발생했을 경우 새로운 공급망으로 대체, 우회. 복구방안을 마련하는 것도 시급하다.

이를 위해서는 첫째, 공급망내 리스크 대응을 위한 국가 차원의 '탄력적 공급망 설계 Designing Resilient Supply Chains'가 필요하다. 둘째, 산업별, 지역별 공급사슬내 위험을 인식하고 우선순위를 파악할 수 있도록 주기적인 스트레스 시험 Stress Test 이 필요하다. 마지막으로 국가 차원의 공급망 BCP Business Continuity Plan 도입도 적극 고려해야 한다.[23]

#8. 우리 기업이 갖추어야 할 역량은?

과거 WTO, FTA로 경제의 국제화가 가속되는 과정에서 제조비용, 유통비용과 관세는 크게 감소된 반면, 국제 간의 교역 증가로 물류비용은 크게 증가되었지만, 물류의 중요성을 새롭게 인식하는 계기가 되었다.

제조와 유통산업은 빠르게 스마트화, 무인화, 개인화, 온라인화와 모바일로 전환되고 있다. 이에 따라 공장과 매장에서 수행하던 제조의 지연전략 Postponement Strategy, 풀필먼트 Fulfillment, 개인 맞춤형 서비스가 물류업무로 편입되었다. 무인 점포의 검품, 검수, 진열 등의 업무도 물류업무로 편입되고 있다.

---

(23) 이상근, 〈뉴노멀시대 물류기업은 사라질까〉, 아웃소싱타임스(2021,3)

하지만 글로벌과 국내경제는 오미크론 확산, 글로벌 공급망 차질, 에너지 가격 급등, 원자재가격 급등, 인플레이션, 경기후퇴, ESG 강화 등 대내외 리스크가 커지며 미래를 예측할 수 없다. 물류산업은 경제전 망에 극히 예민할 수 밖에 없다.

물류산업이 4차산업혁명과 뉴노멀 시대에 연관산업을 주도하는 핵심 요소로 인식되면서 산업 전반에 영향을 끼치고 있다. 따라서 물류산업은 제조, 유통 온라인, 오프라인, ICT, 서비스 등 산업 전반의 동향과 함께 보는 시각이 필요하다.

불확실한 시대가 우리 물류기업에게는 위기의 순간이자, 글로벌 공급망을 주도할 수 있는 중요한 기회이다. 이를 위헤서는 다음의 세가지 역량을 갖추어야 하겠다.

첫째 역량은 '물류 자동화·무인화·지능화'로 4차산업혁명 시대에는 필연적이다

인구구조 변화와 인건비 상승 등으로 물류 업계의 부담이 가중되고 있다. 물류 서비스 니즈 Needs 도 점차 고도화되고 있다. 선진국과 글로벌 물류기업은 첨단 ICT를 활용한 물류 자동화, 무인화와 효율화를 통해 서비스 향상과 비용 절감을 추진하고 있다. 4차산업혁명의 기술인 빅데이타, 로봇, 드론, IOT, AI, VR/AR 등 ICT 기술을 이용한 효율화와 최적화 기업만이 경쟁에서 생존할 것으로 예상된다.

둘째 역량은 '탄력적 물류 네트워크 공유물류, 공동물류 의 구축'이다

항만, 하역시설과 장비, 물류창고, 터미널 등 물류시설, 화물차량,

컨테이너, 물류장비 등 하드웨어와 소프트웨어를 개별 물류회사가 소유하거나 전용하던 경직적 물류 네트워크에서 벗어나 고객 니즈에 탄력적으로 대응이 가능한 유연한 물류 네트워크 확보가 핵심 경쟁력 요인으로 대두되고 있다. '탄력적 물류 네트워크'는 기업들 간의 '공동 물류 플랫폼' 구축이 있다.

셋째 역량은 '클라우드 소싱' 역량이다

4차산업혁명, 공유경제에서는 물류서비스의 이용자 ^{기업, 개인} 도 물류기업과 같은 제공자 역할을 할 것이다. 이세돌과 '알파고'와 대결은 이세돌 개인과 수많은 클라우드 컴퓨터와의 대결로 볼 수 있다. 그 만큼 클라우드의 힘은 강하다.

이외에도 물류 서비스의 고도화와 효율화를 위한 시스템도입과 함께 물류 전문인력의 육성도 필요하다.

#9. 공급망 불확실시대_물류의 재해석
RE: Logistics

'공급망의 재설계 RE-Design ' '물류의 재해석 RE-Interpretation '

불확실 시대의 'RE Logistics ^{물류 재구축} '는 비용 · 품질 · 서비스와 같은 핵심 경영 요소의 획기적 향상보다는 G2 중심의 정치와 이념에 기반하여 재설계될 전망이다.

먼저, 물류는 '비용 절감'과 '효율성' 위주의 TPS Toyota Product System

와 JIT ^{Just In Time} 에서 '공급망 안정 ^{Supply Chain Stability}' 방향으로 재구축될 것이다.

둘째, 비용 절감과 효율성을 핵심 성공 요임으로 강조하며 발전해 온 GVC ^{Global Value Chain} 관리에서 공급망 ^{Supply Chain} 관리 중심으로 재구축될 것이다.

셋째, 글로벌 공급망은 동맹 ^{Ally} 쇼어링과 프랜드 ^{Friend} 쇼어링으로 재편될 것이다. 오프 ^{Off} 쇼어링에서 리 ^{Re} 쇼어링·니어 ^{Near} 쇼어링을 넘어서, 중국 중심의 홍색공응령 紅色応鏈 붉은 연대 네트워크 과 미국 중심의 칩 동맹, EU의 유럽반도체연합 등과 같은 동맹 쇼어링, 프랜드 쇼어링 기반의 공급망을 구출할 것이다.

지금 우리는 극도로 불확실한 공급망의 시대에 살고 있다. 우리 기업이 글로벌 공급망 안정을 유지하기 위해서는 물류기업뿐 아니라 화구기업, 플랫폼기업, ICT기업, 정부, 지자체, 연구기관, 대학의 구성원 모두의 협력과 공조가 필요한 시점이다.